Carl Trueman afirma la f. claridad y con excelente criterio. La inspiración y la autoridad de las Escrituras, la expiación, la justificación, la importancia de la teología sistemática y de los credos y confesiones históricas de fe, reciben aquí una afirmación rotunda. El Dr. Trueman teme que en el momento en que nuestro loco mundo necesita más que nunca el Evangelio completo, éste se está debilitando seriamente por la influencia del posmodernismo, el consumismo y la pérdida del sentido de la historia, tanto en la iglesia como en la academia cristiana. El autor se alegrará si estos ensayos le hacen pensar, pero se alegrará aún más si le convencen de que piense -y actúe- como un evangélico sin vergüenza o complejos.

Paul Helm
Becario de enseñanza, Regent College, Vancouver

Carl Trueman abre las ventanas oscuras de la superficialidad que se han cerrado en la Iglesia Evangélica Occidental del siglo XXI para permitir que la brisa fresca y vigorizante del pensamiento evangélico robusto haga su trabajo revitalizador. El Dr. Trueman no teme dejar pasar ninguna idea o práctica contemporánea sin cuestionar, por muy santificada que esté por el consenso "evangélico". Pero este libro no se trata de la teología barata de las revistas para vender o periódicos amarillos. Por el contrario, se trata de un análisis y un comentario cuidadoso y bien pensado, profundamente fundamentado en la teología bíblica y reformada, que se aplica con una claridad y precisión refrescantes. El Dr. Trueman tiene el ingenio de un Chesterton evangélico moderno, la visión profética de un Francis Schaeffer y la accesibilidad de un John Stott. Este es un libro para leer y releer. Es un "tratado para nuestros tiempos" muy necesario.

Melvin Tinker
Vicario, Iglesia Parroquial de San Juan, Newland, Hull, Inglaterra

Los libros que son recopilaciones de ensayos no dependen tanto del tema como del autor para atraer nuestro interés. No puedo pensar en un escritor y teólogo evangélico cuyas obras lea con más ganas que las de Carl Trueman.

Mark Dever
Pastor principal de la Iglesia Bautista de Capitol Hill, Washington, D.C.

Los escritos de Carl Trueman se han convertido en un tema de conversación, y con razón, ya que abarcan la amplitud de los intereses evangélicos y reformados, los locos y los cuerdos, en un estilo totalmente propio. Sin perder nunca la oportunidad de tomarse las cosas con un sentido del humor, su ingenio y perspicacia se combinan para analizar y (si se me permite citar un Trekky-ismo) "ir donde ningún hombre ha ido antes". Este libro es una lectura esencial, incluso si algunos de los golpes llegan a casa con demasiada facilidad. La iglesia necesita este análisis profético de nuestras iglesias y organizaciones egocéntricas.

Derek W. H. Thomas
Ministro de Predicación y Enseñanza,
Primera Iglesia Presbiteriana, Columbia, Carolina del Sur

Carl Trueman se ha dado a conocer en los últimos años como historiador académico, tomando la antorcha de estudiosos como Richard Muller y llevándola más allá. Su esmerada y muy rigurosa erudición ha sido de gran utilidad para los evangélicos que trabajan en los períodos de la Reforma y la post-reforma. La primera parte del libro es de este orden. En la segunda parte del libro, sin embargo, Trueman se libera, abandona las cortesías del debate académico moderno y se desata. Aquí tenemos reflexiones breves, agudas y emocionantes sobre todo, desde el canto de los salmos hasta el debate sobre los homosexuales dentro de la Iglesia. Sus brillantes caricaturas e hilarantes asideros no desvirtúan su cuidadosa reflexión, sino que contribuyen a demostrar una sabiduría y una claridad muy necesarias hoy en día. Este libro le será entretenido de leer, y le educará.

A.T.B. McGowan
Ministro, Iglesia de Escocia del Este, Inverness, Escocia

Una de las afirmaciones centrales de Carl Trueman en este libro es la importancia de las palabras. Dios es un Dios personal, que habla, y se nos revela tanto en la Palabra encarnada como en la Palabra escrita de las Escrituras. Las palabras están en el corazón de la teología de la Reforma y en el corazón de toda piedad verdadera. Esta colección de ensayos y observaciones muestra que el autor no sólo reconoce estos hechos, sino que los emula: como maestro de la Palabra él mismo, su enfoque de una variedad de temas demuestra su deseo y capacidad creativa para aplicar la totalidad de la Biblia a la totalidad de la vida. Este libro le desafiará, estimulará, informará y enseñará. Contiene una gran riqueza de sabiduría en un pequeño compás, y confirma el lugar del Dr. Trueman como uno de los teólogos más dinámicos del evangelicanismo contemporáneo.

Iain D. Campbell
Ministro, Point Free Church of Scotland, Isla de Lewis, Escocia

Hay una creciente compañía de "profetas" presbiterianos que escriben estos días, pero Carl Trueman es el único que se divierte claramente cuando lo hace. *Reporte Minoritario* es una mezcla fascinante: es más juguetón cuando va en serio, muestra sin esfuerzo su credibilidad en la calle cuando rechaza la cultura popular, y hace reflexionar de forma inestimable cuando probablemente está equivocado. Se trata de un libro erudito, urbano, ingenioso y oportuno al servicio del pensamiento protestante ortodoxo.

Timothy Larsen

Profesor McManis de Pensamiento Cristiano, Wheaton College, Wheaton, Illinois)

REPORTE
MINORITARIO

Pensamientos impopulares sobre todo, desde
el cristianismo antiguo hasta el calvinismo
zen

TEOLOGÍA PARA VIVIR
Fe y Palabra

CARL R. TRUEMAN

Impreso en Lima, Perú

REPORTE MINORITARIO

Autor: © Carl R. Trueman
Traducción: Yarom Vargas
Revisión de traducción: Jaime D. Caballero
Diseño de cubierta: Billy Jerry Gil Contreras.
Revisión de estilo y lenguaje: Yarom Vargas
Serie: Fundamentos para la Interpretación Histórica

Publicado originalmente en ingles bajo el título: *Minority Report: Unpopular Thoughts on Everything, from Ancient Christianity to Zen-Calvinism* @2008 Christian Focus Publications Ltd, Ross-shire, Great Britain. Todos los derechos reservados.

Editado por:
©TEOLOGIAPARAVIVIR.S.A.C
José de Rivadeneyra 610. Urb. Santa Catalina, La Victoria.
Lima, Perú.
ventas@teologiaparavivir.com
https://www.facebook.com/teologiaparavivir/
www.teologiaparavivir.com
Primera edición: Setiembre de 2021
Tiraje: 1000 ejemplares

Hecho el Depósito Legal en la Biblioteca Nacional del Perú, N°: 2021-09502
ISBN: 978-612-5034-05-2

Se terminó de imprimir en setiembre de 2021 en:
ALEPH IMPRESIONES S.R.L.
Jr. Risso 580, Lince
Lima, Perú.

TABLA DE CONTENIDOS

DEDICATORIA

Para John y Peter

INTRODUCCIÓN

La siguiente colección de escritos se presenta como un volumen complementario de mi anterior libro para Christian Focus Publications, *El Salario de las Piruetas* (The Wages of Spin).[1] Se trata de un libro complementario en el sentido de que, al igual que

---

[1] *El Salario de las Piruetas* es el primer volumen conteniendo una colección de ensayos por Carl Trueman. El libro será publicado por la Editorial Teología para Vivir en diciembre del 2021. Recomendamos encarecidamente leer los dos títulos de manera conjunta dado que tocan temas similares. Sobre el titulo del libro *El Salario de las Piruetas*, Carl Trueman comenta:

> Es un intento de obtener una risa fácil jugando con la idea de la "paga o salario del pecado" (Ro. 6:23) y recogiendo el lenguaje contemporáneo de "giro", pero también quería hacer un punto serio que gran parte de lo que pasa por el evangelicanismo moderno es un giro o volantín en cierta medida. Las palabras en la actualidad se utilizan de una manera que no se ha utilizado tradicionalmente, y las ideas se tergiversan, y se hilan, para adaptarse a las agendas particulares. Quería indagar un poco en eso. Y al decir esto, ciertamente no me eximo de dar vueltas, creo que es algo que como pecadores, si se quiere, todos somos propensos a hacer en cierta medida cuando hablamos.

El titulo original del libro en ingles es *The wages of spin*, lo cual es un juego de palabras, que suena en ingles de manera similar a la frase de Romanos 6:23, "The wages of sin" (La paga del pecado). El punto del libro es la manera como el evangelicanismo contemporáneo ha tomado cosas que "suenan" evangélicas, pero les han dado un volantín, un giro o una pirueta, de tal manera que aun suenan evangélicas, pero en realidad no lo son. Es un juego de palabras, refiriéndose a que de la misma manera que "la paga del pecado" (the wages of sin) es la muerte, "la paga de las piruetas" (the wages of spin", también ha sido el decaimiento espiritual de la iglesia. [Nota editorial].

un miembro del equipo directivo de Christian Focus describió el volumen anterior como un libro sin tema y sin un mercado evidente, éste cumple los mismos criterios de pesadilla para el departamento de marketing.

Dejando a un lado la ligereza, esta colección representa la continuación del proyecto que inicié en el primer libro: es una colección de ensayos y escritos más cortos, extraídos principalmente de mi columna mensual *El Salario de las Piruetas* para la revista electrónica Reformation 21 (www. reformation21.org), cuyo objetivo general es provocar a los lectores a pensar de forma más crítica sobre su fe y el mundo que les rodea. Mi propósito es, ante todo, hacer que la gente se siente y piense; que estén de acuerdo o no conmigo es algo secundario. También espero que demuestren que las viejas ortodoxias de la fe cristiana no tienen por qué ser tediosas, pomposas, anticuadas o aliadas de una piedad polvorienta, inactiva y cadavérica.

La primera parte del libro consta de cuatro ensayos más largos que quizá requieran algún comentario a modo de introducción para situarlos en su contexto. El primer capítulo es una versión revisada de mi conferencia inaugural como profesor de Teología Histórica e Historia de la Iglesia en el Seminario Teológico de Westminster (*Westminster Theological Seminary-PA*), Pensilvania, en 2005. Por la propia naturaleza del género, se trata de un amplio manifiesto para la práctica de la disciplina de la historia de la Iglesia en el marco de un seminario.

Al exponer mi programa filosófico y metodológico para la historia de la Iglesia en Westminster, me centro en la historiografía defectuosa que subyace en algunos enfoques posconservadores de la tradición reformada, no porque no crea que el tipo de preguntas que se plantean algunos posconservadores no sean importantes, sino porque creo que una comprensión histórica precisa de la tradición cristiana es esencial para un enfoque verdaderamente crítico del presente, y una articulación fructífera de la fe entregada de una vez por todas en el contexto contemporáneo. El capítulo dos apareció por primera vez en *Themelios,* la revista teológica evangélica que dirigí de 1998 a 2007. En él recojo los pensamientos de dos hombres que murieron en 2003: Carl Henry, líder evangélico y pensador estadounidense, y Edward Said, intelectual, crítico literario y activista político palestino. Yo me había beneficiado de ambos: como joven cristiano, los escritos de Henry me habían ofrecido un modelo de escritura evangélica reflexiva; luego, había desarrollado un amor por la obra de Said porque compartíamos una pasión mutua por las novelas de Joseph Conrad, un interés por las lecturas políticas de los textos literarios y una apreciación de los mejores aspectos de la teoría crítica posmoderna, así como una profunda sospecha del impacto desempoderador que el posmodernismo, en su versión más arcana y trivial, podía tener.

El capítulo tres se publica aquí por primera vez. A finales de 2006, me vi envuelto en un debate en Internet sobre la innegable Negación del Holocausto del desconcertantemente popular (en algunos círculos) Rousas J. Rushdoony, con algunos de sus seguidores más desagradables. Más o menos al mismo tiempo, fui invitado por el Foro Veritas del Bryn Mawr College a dar una conferencia en la primavera de 2007. El estudio de Hannah Arendt sobre Adolf Eichmann, un clásico del periodismo y el análisis cultural del siglo XX, parecía la elección obvia. La conferencia fue tan bien como todo lo que he hecho; pero el debate posterior fue un desastre.

Alguien que se autodenomina "filósofo judío secular postmoderno" me dio una gran paliza (intelectualmente hablando). Resultó ser un oponente muy diferente y mucho más formidable que los diversos evangélicos de mediana edad, falsos posmodernos, cuya teología a menudo parece poco más que un intento de hacer frente a sus crisis de mediana edad y a la desconexión generacional con la cultura juvenil. La experiencia con Bryn Mawr fue aleccionadora y humillante, mucho menos agradable pero mucho más instructiva que un mero sermón para la galería; y, como dice Nietzsche, "lo que no me destruye me hace más fuerte".

También fue una lección saludable de que la apologética va más allá de demostrar las presuposiciones inconsistentes de la posición de un oponente; a mi oponente esa noche no le importaba eso. Refutar un libro o una idea abstracta es una cosa; refutar a un oponente de carne y hueso es otra muy distinta.

El capítulo cuatro fue un artículo difícil de escribir. Se trata de una reseña crítica de *"¿Ha terminado la Reforma?"* (Is the Reformation Over?), un libro de Mark Noll y Carolyn Nystrom. A lo largo de los años he recibido numerosos actos de amabilidad y estímulo personal por parte de Mark Noll, y criticar con respeto y caridad a alguien que es una figura tan respetada y distinguida, así como alguien por quien siento gran afecto y respeto, no es tarea fácil. Una carta de Mark en respuesta a la reseña indicaba que ni se había sentido ofendido por lo que yo decía, ni se había dejado convencer por ello. Sin embargo, sigo creyendo que la Reforma **no** ha terminado y que perdemos elementos centrales del evangelio y de la vida cristiana si pensamos que sí.

Los artículos de la segunda parte son más cortos y hablan por sí mismos. Tratan temas tan dispares como el propósito de la historia, los blogs, la cultura pop, el canto de salmos, *American Idol*, las narrativas del "hombre santo" de la iglesia antigua y el zen-calvinismo. Espero que ofrezcan modelos de lo que podría ser un enfoque crítico del cristianismo y la cultura y que ayuden al lector a reflexionar más profundamente sobre estas y otras cuestiones. Al igual que con *El Salario de las Piruetas* (The Wages of Spin*)*, termino con un intento de imitación, esta vez de una historia de Sherlock Holmes, que apareció por primera vez en *Themelios*.

Como siempre, es necesario agradecer a todos los que han ayudado a hacer posible el libro. En Christian Focus, Willie Mackenzie ayudó a llevar a cabo el proyecto de principio a fin, con una paciencia ilimitada, buen humor y una incredulidad casi total cuando finalmente presenté el manuscrito.

También hay que dar las gracias a Derek Thomas y Jeremy Smith, de Reformation 21. Al momento de escribir este artículo, soy el colaborador que más se queja de la revista electrónica, y estoy muy agradecido a estos dos señores por animarme y por filtrar la correspondencia más desagradable. Los cristianos escriben los mensajes de odio más espectaculares y carentes de humor; lo que motiva a la gente a perder su tiempo de esta manera es un misterio para mí, pero tales cartas y correos electrónicos me animan perversamente a seguir sacudiendo las jaulas; y también proporcionan algunos de los mejores materiales satíricos para gente como Rodney Trotter, Tony "el Caballero" Pinocho, el reverendo Sanc T. Monious, y mis otros amigos del blog Ref21.

Afortunadamente, también hay quienes tienen una visión más positiva de mis escritos y estoy muy agradecido a aquellos lectores de espíritu más generoso que se han tomado el tiempo de escribir para animarme a lo largo de los años, y que también han estimulado mi pensamiento sobre numerosos asuntos a través de sus reflexivos comentarios y preguntas. Esas amables notas valen más que el oro.

También hay que dar las gracias a otras personas por su ayuda menos directa. A Ligon Duncan y C. J. Mahaney por su constante apoyo en oración, sus amables palabras y su sólida sabiduría. A Dave Strain y Paul Levy por su compañerismo en el Señor y su entretenida hospitalidad cada vez que paso por Londres. A Sandy Finlayson por mantenerme cuerdo (relativamente hablando) en el Seminario Teológico de Westminster. A Bill Edgar por animarme constantemente a escribir. A Hunter Powell, mi alumno estrella en Westminster, ahora candidato al doctorado en la Universidad de Cambridge, por su entusiasta estímulo durante los últimos años. A Jen Troutman y Martha Dunson por dirigir las Asuntos Académicos de forma tan eficiente que el Decano aún tenía tiempo para escribir. A Pete Lillback y Dick Dabney por su sólido apoyo y amistad durante los interesantes tiempos del Seminario.

Y, por supuesto, mi mayor deuda, humanamente hablando, es con mi esposa, Catriona, por su amor y su constante amistad. Por último, no debo olvidar a mis dos hijos, John y Peter. Por fin papá ha conseguido dedicarles un libro.

PRIMERA PARTE

1.1. RABIA, RABIA CONTRA LA LUZ EN SU AGONÍA

Introducción

Al no haber podido encontrar una cita adecuada de Bob Dylan como título para mi conferencia inaugural, he elegido en su lugar un verso de un famoso poema de su homónimo parcial, Dylan Thomas. [2] La estrofa completa dice lo siguiente:

No entres dócilmente en esa buena noche,
La vejez debe arder y delirar al final del día;
Rabia, rabia contra la luz en su agonía.

La razón por la que he elegido como disparo de apertura la arenga de Dylan Thomas contra la resignación pasiva de la vejez frente a la muerte es simplemente ésta: hoy en día, tanto la vejez como la historia de la iglesia se consideran generalmente irrelevantes. En una cultura obsesionada por la juventud e impulsada por el

---

[2] Esta es una revisión de la conferencia inaugural de Carl R. Trueman como profesor de Teología Histórica e Historia de la Iglesia en el Seminario Teológico de Westminster el 16 de noviembre de 2005.

consumo, la vejez es una especie de vergüenza. Es un concepto improductivo, no comercializable; y, en una iglesia que tan a menudo imita a la cultura en general, la historia de la iglesia suele considerarse que tiene poco o nada que decir. Mi propósito, por lo tanto, es lanzar una mirada crítica sobre esta suposición, e indicar que los historiadores de la iglesia del Seminario de Westminster no van a aceptar simplemente el consenso relativo a su irrelevancia, sino que tienen toda la intención de rabiar, rabiar contra la luz en su agonía histórica.[3]

Hay una serie de factores que contribuyen al impulso antihistórico de la era moderna, como ya he argumentado en otro lugar.[4] Sin embargo, basta decir hoy que creo que en una sociedad dominada por las ideologías de la novedad y la innovación— ideologías impulsadas por las agendas de la ciencia, el capital y el consumismo—el pasado siempre se presentará en términos que lo ponen en desventaja en relación con el presente y el futuro. De hecho, en estas sociedades es vitalmente necesario que el pasado sea inferior; es un medio importante para validar el presente y justificar el futuro.

Me atrevo a decir que en Estados Unidos, una nación construida sobre las nociones de una frontera en expansión y del destino manifiesto, una nación cuya autorrealización siempre se ve como algo que está justo en el siguiente horizonte, esta orientación hacia el presente y el futuro es especialmente fuerte. Pero no es sólo en Estados Unidos donde este punto de vista

---

[3] Cabe señalar que Westminster encarna esta tendencia contracultural en el énfasis que da a la historia de la Iglesia en el plan de estudios, con cursos completos sobre la Iglesia antigua, la Iglesia medieval, la Reforma y la Edad Moderna. La mayoría de los seminarios comprimen ahora la historia de la Iglesia en dos cursos, que abarcan desde la Iglesia antigua hasta la medieval, y luego desde la Reforma hasta la moderna.

[4] Véase "Reckoning with the Past in an Anti-Historical Age" en Carl R. Trueman, *The Wages of Spin* (Fearn: Christian Focus, 2004), 15–38.

ejerce su influencia; es un fenómeno occidental en su conjunto, e incluso nuestro lenguaje indica este esquema de valores subyacente: *innovador, original, revolucionario* tienen, en general, connotaciones positivas; *tradicional, conservador, anticuado* tienen, por el contrario, connotaciones negativas. En este marco cultural, ¿puede la historia cumplir otra función que la de un espectáculo ambulante de fenómenos que hace desfilar a los grotescos, los monstruos y las mediocridades del pasado para que el mundo moderno se sienta bien consigo mismo y con su futuro?

Otro problema para la historia como disciplina es el conjunto de filosofías que se agrupan bajo el término general de *posmodernismo.* El posmodernismo ha hecho supuestamente inverosímil toda la idea de los grandes relatos y de la accesibilidad de la verdad en cualquier forma tradicional. En un mundo sin grandes relatos, por supuesto, no puede haber historia en ningún sentido referencial, sino sólo diversos relatos inconmensurables mediante los cuales los historiadores expresan sus propios valores y gustos. La escritura de la historia queda así engullida por las políticas del presente. Los posmodernos nos dicen que, debido a esta visión radicalmente relativizadora, vivimos una época de cambio de época, en la que todo lo que antes era seguro se expone ahora como negociable y volátil, y que se ha producido un cambio de paradigma cultural fundamental.[5]

---

[5] La lectura de Alun Munslow, *Deconstructing History* (Londres: Routledge, 2006), permite comprender el impacto epistemológico del posmodernismo en la práctica de la historia. Se trata de la segunda edición de un libro que se ha convertido en un texto estándar en los enfoques deconstruccionistas de la historia. Un análisis útil y una respuesta reflexiva y moderada al método histórico posmoderno es Joyce Appleby, Lynn Hunt y Margaret Jacob, *Telling the Truth about History* (Nueva York: W. W. Norton, 1995).

Como historiador, por supuesto, nunca me impresionan las afirmaciones sobre acontecimientos de época y cambios de paradigma. Soy demasiado consciente de que todas las épocas han pretendido ser decisivas; el gran Bob Dylan puede haber cantado "Oh mi nombre no es nada, mi edad significa menos", pero nadie ha creído realmente en tales sentimientos sobre sí mismo y su propio tiempo.

Por el contrario, los seres humanos se han comprometido de forma constante y continua en la lucha creativa para transformar la cultura y dejar su huella en el mundo que les rodea. Esto sin duda indica algo sobre el asombroso e impresionante impulso humano de marcar una diferencia, de hacer que mi nombre y mi época sean decisivos. ¿Es el giro posmoderno de importancia para resaltar su época? Sólo el tiempo lo dirá, pero si fuera un hombre de apuestas, apostaría fuertemente en contra de que sea así.

A un nivel más sofisticado, mi escepticismo sobre el posmodernismo tiene su origen en mi atracción por los argumentos de teóricos críticos como Frederic Jameson, Perry Anderson y Terry Eagleton.[6] Ellos sostienen que el posmodernismo, con todas sus ideas vibrantemente creativas, caóticas, desafiantes y emocionantes, es en realidad la lógica cultural del capitalismo tardío, por utilizar la frase de Jameson.

---

[6] Entre las voluminosas obras críticas de Frederic Jameson, véase especialmente *Postmodernism, or, The Cultural Logic of Late Capitalism* (Durham: Duke University Press, 1991); ídem, *A Singular Modernity: Essay on the Ontology of the Present* (Londres: Verso, 2002). La tesis básica de Perry Anderson sobre la posmodernidad se detalla en *The Origins of Postmodernity* (Londres: Verso, 1998). El trabajo de Terry Eagleton posee esa combinación única para alguien que escribe sobre el posmodernismo de ser ingenioso, incisivo y comprensible: véase su *The Illusions of Postmodernism* (Oxford: Blackwell, 1996); ídem, *After Theory* (Nueva York: Basic Books, 2004). Muchos de los ensayos de *The English Novel* (Oxford: Balckwell, 2004) también muestran líneas de crítica respecto a muchas de las afirmaciones metanarrativas de los pensadores posmodernos.

Yo mismo prefiero hablar de la lógica cultural del consumismo avanzado para evitar las implicaciones políticas y escatológicas prescriptivas del marxismo de Jameson, pero su argumento básico es, creo, sólido. Defender esta tesis nos llevaría demasiado tiempo hoy, así que una sola cita del propio Karl Marx tendrá que suficiente. En el *Manifiesto Comunista*, Marx describe con una previsión inquietante la anarquía epistemológica y ética que la modernidad, extendida hasta sus propios límites, globalizada y universalizada, traerá consigo:

> La burguesía ha despojado de su aureola a todas las ocupaciones que hasta ahora se honraban y se admiraban con reverencia... La revolución constante de la producción, la perturbación ininterrumpida de todas las condiciones sociales, la incertidumbre y la agitación eternas distinguen a la época burguesa de todas las anteriores. Todas fijas, las relaciones rápidamente congeladas, con su tren de antiguos y venerables prejuicios y opiniones, son barridas, todas las nuevas formadas se vuelven anticuadas antes de que puedan osificarse. Todo lo que es sólido se funde en el aire, todo lo que es sagrado es profanado, y el hombre se ve por fin obligado a enfrentarse con sentidos sobrios, a sus verdaderas condiciones de vida, y a sus relaciones con los de su clase.[7]

Todo lo que es sagrado es profanado: perdón por el juego de palabras, pero todo el mérito es de Marx por predecir precisamente el tipo de mundo anárquico que produciría tanto el hedonismo filosófico altamente sofisticado de Michel Foucault como las burdas travesuras de los patanes del programa de Jerry Springer.

---

[7] De "El Manifiesto Comunista", en Karl Marx, *The Revolutions of 1848: Political Writings I* (Londres: Penguin, 1973).

Si, por supuesto, el posmodernismo, con todo su desprecio
por la historia en cualquier sentido tradicional, es la ideología del
consumismo avanzado, entonces puede describirse con la misma
facilidad como la ideología por excelencia del Estados Unidos
moderno; de hecho, en el Estados Unidos moderno, y en el
Occidente que sigue el liderazgo social y económico de Estados
Unidos, es sin duda interesante observar que se puede creer en
casi cualquier cosa, por absurda que sea, y que se puede anular
cualquier precedente moral, por bien establecido que esté,
siempre que dicha acción pueda comercializarse con éxito para
mejorar el sueño consumista estadounidense. Ya sea la naturaleza
de la sexualidad humana, la definición del matrimonio o el acceso
al aborto y la eutanasia, la moral pública estadounidense es cada
vez más la del mercado, y la verdad moral es la que las fuerzas
culturales del mercado permiten o, en algunos casos, exigen.

Pensemos, por ejemplo, en la reciente aparición de
fenómenos como el turismo gay y los canales de televisión gay.
¿Sucederían estas cosas si no presentaran oportunidades para
ganar dinero? Y ¿se puede sobrestimar cómo estas cosas
alimentan y refuerzan la normalización social de la
homosexualidad como una elección de estilo de vida (y utilizo la
palabra elección precisamente para señalar la conexión con la
mentalidad del consumidor)?[8]

---

[8] Por supuesto, parto de la base de que la dinámica o la lógica del
mercado es en sí misma compleja y no es algo que se rija simplemente por
la oferta o la demanda. Más bien existe una compleja negociación entre el
proveedor y el consumidor que también tiene en cuenta factores culturales
más amplios, como la historia previa, los valores establecidos, etc. Así, por
ejemplo, programas como *Will and Grace* y *Friends* en EE.UU. o *Eastenders*
en el Reino Unido, que sin duda han hecho mucho no sólo por reflejar sino
también por dar forma a una comprensión cultural más amplia de la moral
sexual, las relaciones, etc., no lo han hecho simplemente presentando una
realidad alternativa que el público ha absorbido de manera acrítica; otros
factores, como el aumento de la renta disponible, los límites y posibilidades

Aquí es donde mi narrativa de hoy se conecta con el evangelicanismo. Si el posmodernismo siempre estuvo destinado a ser la lógica cultural del Estados Unidos moderna, con su economía impulsada por el consumo y sus costumbres culturales, entonces podría decirse que era inevitable que también estuviera destinado a ser la ideología del evangelicanismo, que, con su individualismo, su pragmatismo y su desprecio funcional por la historia, es la religión americanizada por excelencia.[9]

En los últimos años se ha hablado mucho de cómo la iglesia en general, y el evangelicanismo en particular, deben adoptar muchos aspectos de las (confusas) condiciones culturales llamadas posmodernismo.[10] En parte, esto se basa en una historiografía que voy a poner en duda. En primer lugar, sin embargo, quiero llamar la atención sobre el hecho de que los defensores del evangelicanismo posmoderno o post-conservador generalmente consideran que están diciendo algo nuevo. Piden, según ellos, una refundición o revisión fundamental de la teología

---

materiales de la vida urbana profesional, la mayor importancia de los medios de comunicación televisivos en general, junto con muchos otros factores, han desempeñado su papel. Sin embargo, creo que mi punto central es sólido: el mercado es quizás el nexo más poderoso de las fuerzas culturales en el mundo occidental moderno.

[9] El único posible rival de esta caracterización del evangelicanismo como *la* religión estadounidense por excelencia es el mormonismo: véase Nathan Hatch, *The Democratization of American Christianity* (New Haven: Yale University Press, 1989). Para una crítica exhaustiva del impacto del consumismo y de los valores estadounidenses en el protestantismo evangélico de Estados Unidos, véase la tetralogía de David Well, *No Place for Truth* (Grand Rapids: Eerdmans, 1993), *God in the Wasteland* (Grand Rapids: Eerdmans, 1994), *Losing Our Virtue* (Grand Rapids: Eerdmans, 1998), y *Above all Earthly Powers* (Grand Rapids: Eerdmans, 2005).

[10] Véase, por ejemplo, Stanley J. Grenz, *A Primer on Postmodernism* (Grand Rapids: Eerdmans, 1996), esp. 161-74; Stanley J. Grenz y John R. Franke *Beyond Foundationalism: Shaping Theology in a Postmodern Context* (Louisville: Westminster John Knox Press, 2001); también John R. Franke, "Reforming Theology: Toward a Postmodern Reformed Dogmatics", en *Westminster Theological Journal* 65 (2003), 1-26.

evangélica en categorías posmodernas y anti-ilustración. Llegados a este punto, quiero empezar a demostrar el valor de la historia como disciplina crítica aplicando al evangelicanismo posmoderno el principio tan bien articulado por Quentin Skinner, el historiador y filósofo de Cambridge: al leer un texto histórico, señala Skinner, no hay que preguntarse simplemente qué está *diciendo* el escritor del texto; también hay que preguntarse, y más importante, qué está *haciendo* el escritor del texto.[11]

Ahora bien, cuando uno se acerca a los principales textos del evangelicalismo posmoderno y se pregunta qué están diciendo, la respuesta es emocionante: afirman que están abriendo nuevas direcciones radicales para la teología; pero cuando uno se acerca a los mismos textos y se pregunta qué están *haciendo*, la respuesta es algo más sencilla. Lejos de señalar nuevas formas de hacer teología, estos textos se apropian en general de un lenguaje ciertamente nuevo, el del posmodernismo, para llevar a cabo una tarea muy tradicional y consagrada: están articulando un "mero cristianismo" doctrinalmente mínimo y antimetafísico. Al igual que los adolescentes con pantalones vaqueros y camisetas del Che Guevara, parecen enfadados y radicales, pero en realidad son tan culturalmente conformistas y conservadores como un café con leche de Starbucks.

Cualquier historiador que se precie puede ver que esta agenda de "mero cristianismo" tiene un pedigrí bien establecido en la cristiandad. En la época de la Reforma, Erasmo, escribiendo en contra de Lutero, utilizó una combinación de escepticismo renacentista, elitismo intelectual y la enseñanza católica contemporánea sobre la autoridad de la iglesia para argumentar a

---

11 Véase Quentin Skinner, "Meaning and Understanding in the History of Ideas", en *Visions of Politics I* (Cambridge: Cambridge University Press, 2002), 57-89.

favor de un cristianismo que era esencialmente práctico en su orientación y mínimamente doctrinal en su contenido.[12]

En la Inglaterra del siglo XVII, Richard Baxter adoptó una filosofía lingüística sugestivamente afín a la de su contemporáneo Thomas Hobbes para socavar la base metafísica tradicional de la ortodoxia cristiana y ofrecer un relato mínimo de las doctrinas de la fe.[13] A principios del siglo XIX, Friedrich Schleiermacher respondió a la filosofía crítica de Kant fusionando el pietismo, el romanticismo y una inclinación antimetafísica postkantiana para reconstruir las doctrinas cristianas como declaraciones sobre la psicología religiosa, no como verdades teológicas trascendentes. Y el evangelicanismo, desde sus raíces en los avivamientos y el pietismo, pasando por su desarrollo en la cultura pragmática y antiespeculativa de Estados Unidos, hasta su existencia actual como una coalición interdenominacional más o menos amorfa, ha encarnado históricamente en su propia esencia una antipatía por las declaraciones doctrinales precisas y exhaustivas.[14]

Para hacer el punto de relevancia inmediata en el contexto de Westminster, era este tipo de posición evangélica, y no el verdadero liberalismo en el sentido técnico, contra el que Machen luchaba en Princeton antes de 1929. Por lo tanto, parecería al menos discutible desde la perspectiva de la historia que la apropiación evangélica de ciertos aspectos del posmodernismo no

---

[12] Véase Bernhard Lohse, *The Theology of Martin Luther* (Edimburgo: T and T Clark, 1999), 162.

[13] Véase el análisis de la lógica lingüística que subyace a la teología ecuménica de Baxter y su impacto en la naturaleza y el alcance de la formulación teológica en Carl R. Trueman, "Richard Baxter on Christian Unity: A Chapter in the Enlightening of English Reformed Orthodoxy" en *Westminster Theological Journal* 61 (1999), 53-71.

[14] El ejemplo obvio de esto es la recepción dentro de las filas evangélicas de C. S. Lewis, el impacto de cuyo libro, *Mere Christianity*, dentro de los círculos evangélicos americanos ha sido inmenso.

es realmente una ruptura radical con el pasado. Podría ser simplemente una cooptación del último lenguaje cultural para dar una expresión moderna y plausible a un ideal bien establecido y tradicional de "mero cristianismo".[15]

Permítanme hacer una aclaración en este punto para que no se interprete erróneamente que el mero cristianismo es algo malo en sí mismo, un asunto que hay que despreciar. Eso no es en absoluto lo que estoy diciendo. La salvación no depende de que el individuo posea un elaborado sistema doctrinal o un profundo conocimiento de la intrincada y compleja teología. Sin embargo, este no es mi punto.

Lo que sostengo es que el *mero cristianismo*, un cristianismo que carece de esta elaboración doctrinal, es una base insuficiente tanto para construir una iglesia como para garantizar la estabilidad a largo plazo de la tradición de la iglesia, es decir, la transmisión de generación en generación y de lugar en lugar de la fe entregada una vez por todas a los santos. Lo inquietante es que los defensores del mero cristianismo posmoderno no están debatiendo cuánto hay que creer para salvarse; en realidad están proponiendo un manifiesto para la vida de la iglesia en su conjunto, un proyecto algo más amplio y ambicioso. Es la validez de esto lo que cuestiono.

Para volver a mi punto principal: la apropiación ecléctica, simplista y popularizada de la lingüística wittgensteiniana y el compromiso acrítico con la cultura pop encuentran un terreno fértil en un movimiento comprometido no tanto con las implicaciones reales de la filosofía del lenguaje de Wittgenstein como con la desactivación de los problemas a los que se enfrenta

---

[15] Véase D. G. Hart, *Defending the Faith: J Gresham Machen and the Crisis of Conservative Protestantism in Modern America* (Grand Rapids: Baker, 1995).

un movimiento interdenominacional que busca un lugar en esa "mesa" tan mencionada pero algo nebulosa. Al fin y al cabo, el evangelicanismo no se basa en una formulación dogmática exhaustiva, sino en un conjunto de afinidades electivas, de las que sólo algunas son doctrinales.[16]

Por lo tanto, yo diría que, visto así, la contribución a largo plazo del posmodernismo al evangelicanismo se verá en última instancia como algo más de forma que de fondo; ho-hum, el cantante cambia una vez más, pero, en palabras de Led Zeppelin, la canción sigue siendo la misma. Esta es seguramente la razón por la que las expresiones evangélicas del posmodernismo son a menudo tan mansas y poco críticas en comparación con sus homólogas en la academia secular, y por la que rara vez son tomadas en serio por quienes no pertenecen a la subcultura evangélica.

En mi experiencia, ciertamente limitada, no parece que los evangélicos posmodernos quieran comprometerse con las implicaciones filosóficas verdaderamente radicales de las diversas filosofías posmodernas; más bien, los evangélicos se sienten atraídos por el lenguaje del posmodernismo porque facilita una defensa interna, moderna y culturalmente plausible de

---

[16] Los problemas a los que se enfrentaron las conversiones al catolicismo romano del Wheaton College por parte de su profesorado y de la Sociedad Teológica Evangélica por parte de sus titulares ponen de manifiesto el problema al que se enfrentan las instituciones y organizaciones con bases doctrinales mínimas, aunque evangélicas. En los casos de Joshua Hochschild en Wheaton, y de Francis Beckwith en la ETS, ambos hombres hicieron buenas afirmaciones para poder firmar las bases doctrinales pertinentes y, sin embargo, ser buenos católicos. En mi opinión, sus posiciones eran ciertamente discutibles según la letra de la ley, aunque estuvieran en desacuerdo con su espíritu.

la noción evangélica clásica y establecida de un mero cristianismo.[17]

Además, el posmodernismo evangélico a menudo no somete al propio posmodernismo a ninguna crítica radical. En su lugar, parece asumir su validez básica como un hecho y, por tanto, como ideológicamente neutral. El supuesto dominio cultural abrumador del posmodernismo no demuestra, por supuesto, en modo alguno su validez; sin embargo, hay que buscar con ahínco cualquier discusión evangélica post-conservadora seria sobre la posibilidad, tan bien articulada por Jameson, Anderson y Eagleton entre otros, de que el posmodernismo pueda ser en sí mismo un modernismo altamente ideológico extendido hasta sus límites absolutos. ¿La razón de esta laguna crítica? Citando de nuevo a Bob Dylan, nunca haces preguntas con Dios de tu lado; y en la medida en que el posmodernismo es el sistema cultural omnipresente y divino que castra e interioriza imperiosamente toda oposición, y en la medida en que el mero cristianismo es el ideal divino de los evangélicos, no hay necesidad de hacer las preguntas realmente críticas.[18]

---

[17] Por ejemplo, nunca me he encontrado con un cristiano autoproclamado posmoderno que considere que la prohibición bíblica del sacrificio de niños es puramente contingente y contextual; sin embargo, en el entorno universitario en el que trabajé inicialmente como académico tenía numerosos amigos que consideraban que el sacrificio de niños no era algo que se quisiera hacer en la sala común de una universidad británica, pero que también consideraban que cualquier intento de convertirlo en un imperativo moral universal, vinculante para todas las sociedades contemporáneas, era un acto de arrogancia imperial occidental. Abordo algunas de estas cuestiones en mi respuesta a "Reforming Theology" de Franke (véase la nota 9); dejo que el lector decida si su intento de responder al desafío es convincente: véase Carl R. Trueman, "It Ain't Necessarily So", *Westminster Theological Journal* 65 (2003), 311-25; John R. Franke, "Postmodern and Reformed? A Response to Professors Trueman and Gaffin", *Westminster Theological Journal* 65 (2003), 331-43.

[18] Los ejemplos de esto abundan. Tomemos, por ejemplo, el uso que el difunto Stanley Grenz hace de *Star Trek* para la comprensión. Grenz, que

El evangelicanismo posmoderno, al igual que gran parte del
posmodernismo, se presenta al mundo con toda la prepotencia de
una revolución radical. Sin embargo, esto es una ilusión, porque
el resultado final al que aspira es tan antiguo como las colinas, tan
exclusivamente doctrinario como puede ser, y tan tradicional y
conservador como viene: un mero cristianismo anticuado,
articulado en un lenguaje cultural contemporáneo que en realidad
lo hace totalmente impotente para desafiar a la cultura dominante
y, sin embargo, impermeable a la crítica.[19]

---

es raro entre los escritores sobre el postmodernismo por ser capaz de hacer
el tema accesible y entretenido, ciertamente hace numerosas
observaciones útiles sobre cómo se pueden seguir los cambios culturales
más amplios en la sociedad observando cómo se representa a los humanos
frente a los alienígenas en las distintas encarnaciones de la franquicia de
Star Trek, desde la década de 1960 hasta la década de 1990. Sin embargo,
nunca se plantea las preguntas realmente interesantes, como "¿Quién está
pagando por esto?". "¿Por qué proyectan estas imágenes de la forma en que
lo hacen?" "¿Por qué está Star Trek en este canal a esta hora en particular?"
En otras palabras, a pesar de todas las críticas al modernismo por aspirar a
presentar la realidad tal y como es, hay un sentido en el que el propio Grenz
opera con la suposición de que lo que se retrata en Star Trek es, en un
sentido profundo y real, un espejo de la realidad. Véase Stanley J. Grenz, A
Primer on Postmodernism, 1-10. El mismo pensamiento crítico podría
aplicarse a Los Simpson. En lugar de preocuparse simplemente por el hecho
de que Ned Flanders sea un bobo piadoso y, por tanto, por la necesidad de
que la Iglesia se desprenda de esta imagen pública (¡Una intención muy
loable con la que no tengo nada que objetar!), los cristianos deberían
preguntarse primero si la razón por la que son retratados de esta manera
tiene más que ver con la agenda del guionista o de la cadena de televisión
que con la realidad del cristianismo en Estados Unidos. Merece la pena
preguntarse por qué Fox, la cadena más conservadora políticamente,
decide dar a Los Simpson un espacio nocturno justo después de la hora de
la cena.
   [19] El impacto políticamente desempoderador del posmodernismo es
claramente identificado por Terry Eagleton: véase su Illusions of
Postmodernism y After Theory; por analogía, el mismo desempoderamiento
se aplica a la teología y al evangelio.

El problema de la ortodoxia reformada

Esto me lleva a la cuestión de la ortodoxia reformada.[20] La literatura evangélica posmoderna tiene poco tiempo para la Ortodoxia Reformada, caracterizándola típicamente como un ejemplo de cómo el racionalismo de la Ilustración infectó y pervirtió la teología cristiana.[21]

Sin embargo, yo sugeriría que el verdadero problema que el evangelicanismo posmoderno tiene con la ortodoxia reformada no es tanto que sea una forma de racionalismo. Esa afirmación puede ser, y ha sido, fácilmente refutada una y otra vez.[22] La

---

[20] Defino la ortodoxia reformada como el movimiento teológico que surgió después de la Reforma (hacia 1560) y que trató de consolidar las ideas de los primeros reformadores dentro de la cultura más amplia de la universidad y la iglesia, lo que se puso de manifiesto especialmente en el desarrollo de las confesiones eclesiásticas y los catecismos. Además, en el entorno cultural, polémico, eclesiástico y pedagógico cada vez más complejo, la teología reformada durante esta época experimentó una considerable elaboración doctrinal, una elaboración que no debe interpretarse utilizando erróneamente categorías como *escolástica* y *racionalismo* para explicar los desarrollos. El principal estudio sobre la elaboración doctrinal durante este período es el de Richard A. Muller, *Post Reformation Reformed Dogmatics* (de aquí en adelante PRRD), 4 volúmenes (Grand Rapids: Baker, 2003).

[21] La descripción de la ortodoxia reformada en Grenz y Franke, *Beyond Foundationalism*, es muy engañosa. Por ejemplo, aunque se cita el trabajo de Richard A. Muller sobre la cuestión de las Escrituras, los autores no demuestran ningún conocimiento real de su argumento en la forma en que presentan los enfoques ortodoxos reformados de las Escrituras como si llevaran a una antítesis metodológica radical entre las Escrituras y la tradición: véase 102-04. Más allá de este mal uso de Muller, los autores ignoran todo el enorme volumen de estudios sobre la exégesis o el método teológico de los siglos XVI y XVII que se ha producido en este campo en los últimos treinta años, y esta laguna crítica en su argumento alimenta directamente su análisis del tema.

[22] Véase Muller, PRRD 1; véase también Carl R. Trueman y R. Scott Clark (eds.), *Protestant Scholasticism: Essays in Reassessment* (Carlisle: Paternoster, 1999); Willem J Van Asselt y Eef Dekker (eds), *Reformation*

persistencia de la afirmación como verdad recibida indica, por tanto, que hay algo más, aparte de la evidencia real, que la mantiene viva.

Por lo tanto, permítanme un momento de especulación: el problema, sospecho, es más bien que la ortodoxia reformada es, bueno, *ortodoxa*, que ofrece un relato bastante detallado y extenso de la fe cristiana que se opone claramente al mero cristianismo tradicional que los evangélicos han cooptado el lenguaje del posmodernismo para ayudarles a expresar.

Por lo tanto, aquellos evangélicos posmodernos que critican las respuestas ortodoxas a sus posiciones por estar demasiado preocupados por la epistemología, creo que tienen bastante razón: el proyecto evangélico posmoderno no es principalmente epistemológico; es más bien una preferencia estética, ligada a cuestiones de gusto; especulo, pero quizás los evangélicos posmodernos simplemente encuentran desagradables las declaraciones doctrinales extensas y detalladas que aspiran a una validez universal; y su epistemología es en general simplemente instrumental para validar tal preferencia.

De hecho, es discutible que el gusto sea la clave de la verdad en estos días, un cumplimiento de lo que Friedrich Nietzsche (un profeta muy olvidado del posmodernismo) anticipó en *Así Hablo Zarathustra* (Also Sprach Zarathustra): "¿Y me decís, amigos,

and Scholasticism: An Ecumenical Enterprise (Grand Rapids: Baker, 2001); Jeffrey Mallinson, *Faith, Reason, and Revelation in Theodore Beza (1519-1605)* (Oxford: Oxford University Press, 2003); Carl R. Trueman, *The Claims of Truth: John Owen's Trinitarian Theology* (Carlisle, Paternoster, 1997); y Sebastian Rehnman, *Divine Discourse: John Owen's Theological Prolegomena* (Grand Rapids: Baker, 2002).

que no hay disputa sobre el gusto y la degustación? Pero toda la vida es una disputa sobre el gusto y la degustación".[23]

Dado el compromiso de Westminster de defender las Normas de Westminster, es inevitable que los historiadores eclesiásticos de la facultad deban justificar su existencia cumpliendo su papel en esta tarea institucional más amplia. En un nivel podemos hacerlo haciendo lo que he intentado esbozar en la primera sección de esta conferencia: situando las últimas tendencias culturales en el contexto de la historia y exponiendo así como prematuro y acrítico todo el bombo y platillo que tan a menudo lo rodea. Un mundo, y una iglesia, que está enganchado a la novedad como un equivalente cultural de la cocaína crack, necesita la mirada fría y cínica del historiador para ser un testigo profético contra ella. Y no se equivoquen, cuando se trata de mi acercamiento a las pretensiones evangélicas de moda de hacer época, bajo el exterior frío y cínico de este historiador en particular late un corazón de piedra.

---

[23] "Of the Sublime Men", *Thus Spoke Zaratustra*, trans. R. J. Hollingdale (Londres: Penguin, 1969), 140. A pesar de que la literatura hace hincapié en que el posmodernismo representa un giro lingüístico, también se puede argumentar que representa un giro estético, por el que las cuestiones de gusto se convierten en determinantes de lo que se considera verdadero y bueno. Por ejemplo, gran parte de la argumentación antiteísta reciente, como la de Richard Dawkins o Christopher Hitchens, ha hecho hincapié en los resultados desagradables del compromiso religioso al intentar refutar el teísmo como opción viable. Sobre el posmodernismo como movimiento estético, véase Terry Eagleton, *The Ideology of the Aesthetic* (Oxford: Blackwell, 1990); también su aplicación de este enfoque en *Holy Terror* (Oxford: Oxford University Press, 2005). Un ejemplo interesante de este tipo de enfoque lo ofrece John R. Franke en su réplica a mi respuesta a su artículo "Reforming Theology" (véanse las notas 9 y 17). Su respuesta comienza con objeciones a mi tono, por lo que la estrategia retórica es desde el principio una estrategia estética que ayuda a oscurecer las cuestiones más sustanciales planteadas en el intercambio inicial. En otras palabras, la réplica es en sí misma un buen ejemplo de lenguaje postmoderno: véase su "¿Postmoderno y reformado?"

El otro nivel en el que debemos cumplir nuestra tarea como historiadores de Westminster es exponer la historiografía incorrecta en la que se basan los expertos evangélicos posmodernos para descartar con frecuencia la ortodoxia reformada como preludio necesario para afirmar sus propias reivindicaciones teológicas. Es a esto a lo que ahora dedicamos nuestra atención.

La imagen típica de la Ortodoxia Reformada que ofrece el mercado popular evangélico posmoderno es la que encontramos, por ejemplo, en un volumen reciente que ofrece un análisis de la tradición basado en un examen muy selectivo de los escritos de Charles Hodge. La imagen que surge de esta escasa lectura de Hodge se lee primero en Turretin y luego se extrapola como si fuera normativa para toda la tradición Reformada confesional. Al mismo tiempo, se introduce en la mezcla una comprensión de la escolástica como método esencialmente racionalista y deductivo. De este modo, se transmite una imagen particular de la Ortodoxia Reformada a los púlpitos y las librerías que informan al ala letrada del evangelicanismo, una imagen tan deprimente y peyorativa como históricamente inexacta.[24]

---

[24] El retrato, y el uso, de Charles Hodge en Grenz y Franke, *Beyond Foundationalism*, es inexacto y engañoso. Por ejemplo, los autores afirman que básicamente sigue el paradigma escolástico (14). El problema aquí es que el paradigma escolástico, incluso dentro de la Ortodoxia Reformada, podría utilizarse para expresar una variación significativa de opiniones teológicas y contenido detallado; es un error de categoría confundir el escolasticismo con el contenido. Además, al eludir la diferencia entre Hodge y la abigarrada tradición Reformada, también marca la pauta para utilizar a Hodge a lo largo de la obra como referente de lo que dice la Ortodoxia Reformada, obviando así la necesidad de tratar las variaciones dentro de esa tradición en cuestiones doctrinales y hermenéuticas clave. Y lo que es más importante, dado el proyecto constructivo que proponen Grenz y Franke, este movimiento corta efectivamente el siglo XVII como posible recurso para la reflexión teológica contemporánea. No se cita, ni se utiliza, ni siquiera se critica, ninguno de los principales trabajos históricos de, por

En primer lugar, los autores de estas obras no se han comprometido con la variedad y la complejidad de las fuentes del siglo XVII de la ortodoxia reformada, ni con el problema del desarrollo histórico, ni con la erudición secundaria relevante en este campo. Si lo hubieran hecho, se habrían dado cuenta de que, por ejemplo, su definición de la escolástica como esencialmente racionalista es históricamente insostenible.

Alberto Magno, Tomás de Aquino, Juan Duns Escoto, Guillermo de Occam, Jacobo Arminio, Francisco Suárez, John Owen, Johannes Cocceius, Thomas Barlow, Francis Turretin: todos eran escolásticos, pero representan una gama diversa y, en algunos casos, mutuamente excluyente de epistemologías, filosofías y teologías. El método escolástico no exige una determinada posición doctrinal o filosófica; es simplemente una forma básica de ordenar, investigar y describir los objetos de

ejemplo, Richard Muller sobre el método escolástico y la Ortodoxia Reformada, ni ninguno de los trabajos filosóficos constructivos de estudiosos como Antonie Vos y Paul Helm, que se apropian de la teología reformada del siglo XVII para proyectos filosóficos y teológicos contemporáneos. De hecho, también es sorprendente ver que Grenz y Franke parecen seguir manteniendo la teoría del dogma central de la soberanía divina, desacreditada desde hace mucho tiempo, como centro estructural de la Ortodoxia Reformada: véase *Beyond Foundationalism*, 263-64 (donde los autores parecen ignorar que Hodge está citando en realidad el Catecismo Menor de Westminster sobre los decretos, un documento que claramente no da ni el significado estructural ni el dogmático a los decretos que los autores imputan a Hodge). Sobre los defectos fatales de la teoría del dogma central de Basil Hall, Ernst Bizer y otros, véanse los siguientes ejemplos del creciente cuerpo de literatura sobre este tema: Karl Barth, *Church Dogmatics* 2.2, editado por G W Bromiley y T. F. Torrance (Edimburgo: T and T Clark, 1957), 77-78 (donde Barth parece pensar que los ortodoxos reformados prestaron en la práctica muy poca atención a la predestinación, ¡no demasiada!); también Richard A. Muller, *Christ and the Decree: Christology and Predestination in Reformed Theology from Calvin to Perkins* (Grand Rapids: Baker, 1986).

estudio, que se desarrolló en las escuelas (por eso es escolástico), y que no exige ninguna convicción filosófica o teológica.[25]

Además, la suposición altamente controvertida de que el Charles Hodge del siglo XIX es típico de la tradición Reformada debería hacer saltar las alarmas. Si tomamos las áreas en las que Hodge se utiliza con más frecuencia en dicha literatura como representativas de la tradición en su conjunto, las de la epistemología y la revelación, se puede argumentar que éstas son precisamente las cuestiones en las que se desvía más significativamente de la tradición confesional del siglo XVII.

Lo más revelador a este respecto es que Hodge no recoge ni desarrolla la distinción entre la teología arquetípica (en general, el conocimiento infinito de Dios sobre sí mismo) y la teología ectípica (ese conocimiento de Dios que se revela en formas finitas a las criaturas finitas), un punto en el que yo mismo me equivoqué en una discusión sobre Hodge hace algunos años.[26] Esta distinción fue desarrollada formalmente por Francis Junius a finales del siglo XVI, pero tiene sus raíces en el voluntarismo de las concepciones escocesas de finales de la Edad Media sobre Dios y sobre cómo el lenguaje se refiere a Dios.[27]

---

[25] Sobre la definición del escolasticismo, véase James A. Weisheipl, "Scholastic Method" en *New Catholic Encyclopedia* 12, 1145-46; Richard A. Muller, "The Problem of Protestant Scholasticism" en Van Asselt y Dekker, *Reformation and Scholasticism*, 45-64; Carl R. Trueman y R. Scott Clark, "Introduction" en *Protestant Scholasticism*, xi-xix; también Willem J. Van Asselt y Eef Dekker, "Introduction" en *Reformation and Scholasticism*, 11-43.

[26] Véase mi reseña de Alister E. McGrath, *A Passion for Truth: The Intellectual Coherence of Evangelicalism* (Downers Grove: InterVarsity Press, 1996) en *Westminster Theological Journal* 59 (1997), 135-38. Sigo pensando que es discutible que el contenido de la distinción esté presente en Hodge, pero la terminología está ausente, y cualquier impacto crítico que tenga sobre su teología está algo silenciado.

[27] Francis Junius, "Tractatus de Vera Theologia", en *D Francisci Junii Opuscula Theologica Selecta*, ed. A. Kuyper (Amsterdam: Brockhaus, 1882),

En la teología reformada, la distinción funciona de tal manera que delimita el conocimiento humano de Dios y subraya el hecho de que la teología depende totalmente del acto de condescendencia de Dios para revelarse. Esto garantiza que las afirmaciones teológicas sólo son aprehensivas, no comprensivas, de la verdad tal y como está en Dios. El lenguaje puede, pues, ser referencial, pero no hay una simple correspondencia uno a uno entre las palabras humanas y las realidades divinas tal como existen en Dios mismo.

La presencia y la función de esta distinción en, por ejemplo, la *Sinopsis de Leiden* (Leiden Synopsis), o en Francis Turretin, o, más tarde, en Herman Bavinck, denota una sensibilidad teológica a la debilidad innata del lenguaje humano cuando se habla de Dios; y arraiga ese hablar de Dios no en ningún racionalismo verdadero, sino en los actos libres, condescendientes y reveladores del propio Dios. Ese lenguaje sigue siendo referencial, y la verdad sigue teniendo una objetividad innegociable, pero no es racionalismo en ningún sentido reconocible de la Ilustración.[28]

37-101. A. Kuyper (Amsterdam: Brockhaus, 1882), 37-101. La principal diferencia entre el uso escocés de este tipo de distinción y el de los reformados es que, para los escoceses, el problema epistemológico es principalmente ontológico y apunta al problema del conocimiento de un ser infinito por parte de un ser finito; para los reformados, el impacto noético [mental] del pecado es también una parte fundamental del problema.
   [28] *Synopsis purioris theologiae*, I.3-4; Francis Turretin, *Institutio* 3.2.6; Herman Bavinck, *Reformed Dogmatics: Prolegomena*, ed. John Bolt (Grand Rapids: Baker), 212 para la discusión en la literatura secundaria, véase Muller, *PRRD 1*, 225-38; Willem J. Van Asselt, "The Fundamental Meaning of Theology: Archetypal and Ectypal Theology in Seventeenth- Century Thought" en *Westminster Theological Journal* 64 (2002), 319-35. El hecho de que Grenz y Franke, *Beyond Foundationalism*, no aborden esta distinción básica en su crítica a las visiones ortodoxas reformadas de Dios hace que su análisis sea inadecuado. No se puede descartar la Ortodoxia Reformada sobre la base de Charles Hodge: ¿qué pasa con el trabajo básico de Amandus Polanus von Polansdorf sobre los prolegómenos? ¿O los resúmenes de la

Además, la distinción arquetipo/ectípo excluye de hecho cualquier posibilidad de teología natural en el sentido de la Ilustración. No puede haber un conocimiento autónomo de Dios construido independientemente de la condescendencia continua, activa y soberana de Dios. Así, la ausencia virtual de esta distinción conceptual en Hodge marca su desviación de la tradición dominante y lo descalifica efectivamente para ser utilizado como típico en este punto.

También se podría añadir que la presencia omnipresente de la distinción en la ortodoxia reformada del siglo XVII hace que ésta sea algo menos vulnerable a la posterior crítica epistemológica kantiana de lo que podría haber sido el caso. De hecho, es un hecho histórico establecido que fue precisamente el rechazo arminiano de esta distinción lo que dejó a la teología de los Remonstrantes peculiarmente vulnerable a las incursiones del racionalismo en los últimos siglos XVII y luego en el XVIII.[29]

Por lo tanto, tachar a la ortodoxia reformada en su conjunto de racionalista y precursora de la Ilustración es históricamente indefendible. La historia muestra que fueron los arminianos y figuras como John Locke, defensores de una forma embrionaria de mero cristianismo, quienes finalmente tuvieron dificultad para mantener cualquier apariencia de ortodoxia histórica.[30]

---

epistemología Reformada que se encuentran en obras como la *Synopsis purioris theologiae*? Ignorar obras como éstas es fatal para cualquier análisis de la epistemología de la Ortodoxia Reformada.

[29] Van Asselt, "The Fundamental Meaning of Theology", 335.

[30] De hecho, podemos ver las incursiones del racionalismo en la Ortodoxia Reformada precisamente en el trabajo de un hombre como Richard Baxter cuya agenda era la simplificación de la Ortodoxia: ver Trueman, "Richard Baxter on Christian Unity"; ídem, "A Small Step Towards Rationalism: The Impact of the Metaphysics of Tommaso Campanella on the Theology of Richard Baxter", en Trueman y Clark (eds), *Protestant Scholasticism* 147-64.

Este no es el único ámbito en el que la Ortodoxia Reformada es habitualmente tergiversada como preludio de su rechazo. Otra acusación frecuente es que la Ortodoxia Reformada está excesivamente preocupada por la precisión doctrinal pedante y poco más. Esto puede ser así en ciertos casos individuales; pero, tomando prestada una idea de la Asociación Nacional del Rifle, las doctrinas no matan a la gente; la gente mata a la gente. Sí, ha habido muchas cosas desagradables en la historia de la teología reformada, pero eso es producto de lo desagradable de los teólogos y no de una esencia excesivamente dogmática de la ortodoxia reformada. De hecho, un cuidadoso trabajo histórico puede ser beneficioso en este caso. De hecho, cuando uno mira las confesiones que constituyen las expresiones eclesiásticas de la Ortodoxia Reformada, es bastante sorprendente lo económicas que son, definiendo muy claramente los temas sobre los que se pronuncian, pero dejando mucho espacio para el desacuerdo legítimo en las áreas en las que se niegan a hablar.

En comparación con los Cánones de Trento o el Libro de la Concordia luterano, las confesiones reformadas son, en general, concisas y parcas en sus declaraciones.[31] Este patrón se repite en la discusión del siglo XVII sobre los artículos fundamentales (aquellas cosas mínimas que uno debe creer para ser un cristiano creíble). De nuevo, las listas ortodoxas reformadas de tales artículos son notablemente breves. Por lo tanto, reducir la

---

[31] Como fuente de confesiones reformadas, la mejor colección disponible es la de E. F. K. Müller, *Die Bekenntnisschriften der reformierten Kirche* (Leipzig: Deichert, 1903), una colección mucho más completa que la disponible en Philip Schaff, *The Creeds of Christendom*, 3 vols (Grand Rapids: Baker, 1983). La lectura de Müller es una excelente manera de ver la unidad teológica en la diversidad cultural y eclesiástica de la fe reformada en los siglos XVI y XVII.

tradición a una ortodoxia seca, pedante y demasiado elaborada es, de nuevo, históricamente incorrecto.[32]

A propósito del supuesto doctrinarismo de la Ortodoxia Reformada, también cabe señalar que los reformados de los siglos XVI y XVII estaban profundamente arraigados en la tradición teológica occidental en curso. Hay una ironía en la acusación evangélica posmoderna de que la Ortodoxia Reformada implica un aislamiento arrogante de los impulsos teológicos más amplios de Occidente y Oriente. Dado que el propio postconservadurismo parece articular con frecuencia puntos de vista sobre el lenguaje, el conocimiento y, de hecho, sobre Dios, sobre Cristo y sobre la revelación divina, que carecen de precedentes ortodoxos dentro de los límites del cristianismo histórico desde los tiempos patrísticos, tales críticas suscitan preguntas obvias sobre quién es exactamente el que se entrega a la arrogancia con respecto a la tradición cristiana más amplia.[33]

---

[32] Los ortodoxos reformados lucharon largo y tendido para saber exactamente qué artículos del credo cristiano eran necesarios para creer en una profesión cristiana creíble y que se plasmaron en las diversas listas de artículos fundamentales que existen. Aunque no hubo consenso confesional sobre qué artículos exactamente y cuántos debían incluirse, se puede encontrar una lista representativa en Francis Turretin, *Institutes* 1.14.24. Sobre la cuestión de los artículos fundamentales, véase Muller, *PRRD* 1, 406-30; Martin I. Klauber, *Between Reformed Scholasticism and Pan-Protestantism: Jean-Alphonse Turretin (1671-1737) and Enlightened Orthodoxy at the Academy of Geneva* (Selinsgrove: Susquehanna University Press, 1994), 165-87.

[33] Véase, por ejemplo John R. Franke, *The Character of Theology: A Postconservative Evangelical Approach* (Grand Rapids: Baker, 2005). Me intriga la filosofía del lenguaje articulada por John R. Franke, que me parece, en general, una popularización del último Wittgenstein y, sin embargo, carece de claridad en cuanto a si el mundo es o no una construcción lingüística: esta parece ser la idea central de su argumento en las páginas 23–26, sin embargo, la siguiente afirmación ofrece calificaciones cuyo significado preciso es a la vez crucial y dejado sin aclarar por el escritor: "El mundo que experimentamos está mediado por nuestro uso del lenguaje, lo que significa que, *en cierta medida*, los límites de nuestro lenguaje

Sin embargo, para abordar la cuestión de forma positiva,
cuando se analiza, por ejemplo, la obra de una figura como John
Owen o George Gillespie o William Perkins o Amandus Polanus
von Polansdorf o Gisbertus Voetius o Francis Turretin, se
encuentra en todos los casos una amplia gama de fuentes
teológicas históricas utilizadas. Las páginas de sus teologías
rebosan de citas de rabinos, de autores patrísticos de Occidente y
Oriente, de escolásticos medievales, desde Anselmo hasta
Occam, y de teólogos y pensadores contemporáneos, protestantes
y católicos; y los catálogos de sus bibliotecas confirman la voraz
catolicidad de sus hábitos de lectura.[34]

---

constituyen los límites de nuestra comprensión del mundo. Además, dado
que el lenguaje es un producto socialmente interpretado de la construcción
humana forjado en el contexto de interacciones, conversaciones y
compromisos continuos, las palabras y las convenciones lingüísticas no
tienen significados fijos e intemporales que sean independientes de sus
usos particulares en las comunidades y tradiciones humanas. *En este
sentido*, el lenguaje no representa la realidad, sino que la constituye" (26,
énfasis mío). ¿En qué medida los límites de nuestro lenguaje constituyen
los límites de nuestra comprensión del mundo? ¿Qué significa exactamente
decir que el lenguaje no representa la realidad tanto como la constituye?
Estas son preguntas que Franke no parece responder, dejando a este lector
con la sospecha de que quiere tener su pastel y comérselo también cuando
se trata de lenguaje y afirmaciones de verdad.

   [34] Véase Richard A. Muller, "*Ad fontes argumentorum*: Las Fuentes de
la Teología Reformada en el Siglo XVII", en ídem, *After Calvin: Studies in the
Development of a Theological Tradition* (Nueva York: Oxford University
Press) 47-62; también Carl R. Trueman, *John Owen: Reformed Catholic,
Renaissance Man* (Aldershot: Ashgate, 2007), 5-33. Además de los diversos
catálogos de bibliotecas de divinos del siglo XVII que existen (por ejemplo,
los de Arminio, Baxter, Owen), hay una obra fascinante del tutor de John
Owen en Oxford, Thomas Barlow, que es una lista de lecturas básicas
recomendada para los estudiantes de teología en Oxford (presuponiendo,
por supuesto, una licenciatura como requisito previo). Barlow fue un
teólogo, obispo y filósofo ortodoxo vigorosamente reformado, y la
catolicidad de su lista de lecturas (junto con un marcado énfasis en las
obras textuales y exegéticas bíblicas) es muy instructiva para entender la
ortodoxia   reformada   tal   como   existió   realmente: véase   su

De hecho, yo mismo he argumentado que la teología de John
Owen debe entenderse como, en un nivel, una modificación
Protestante de una teología esencialmente agustino-tomista; y el
trabajo de Antonie Vos en Utrecht ha señalado la significativa
dependencia de la teología reformada de la metafísica de Duns
Escoto, particularmente en las discusiones sobre la necesidad y la
contingencia.[35]

Las fuentes teológicas no son más católicas, en todos los
sentidos de la palabra, que las utilizadas por los reformados.
Además, las categorías clásicas del credo, el Trinitarismo y la
Cristología, son fundamentales para el proyecto Ortodoxo
Reformado, lo que da un fundamento católico a toda la reflexión
Reformada sobre Dios y la salvación. [36]

Es cierto, por supuesto, que la Ortodoxia Reformada rompe
con la tradición establecida en áreas clave. Por ejemplo, los
reformados rechazan uniformemente la noción medieval de que
Jesucristo es mediador sólo según su naturaleza humana; en
cambio, insisten en la mediación según ambas naturalezas; y este
cambio se introduce para subrayar que la mediación es el acto de
una persona, no de una naturaleza impersonal. En otras palabras,

---

*Autoschediasmata de Studio Theologiae; o, Directions for the Choice of Books
in the Study of Divinity* (Oxford, 1699).

[35] Véase Carl R. Trueman, "John Owen's Dissertation on Divine Justice:
An Exercise in Christocentric Scholasticism", *Calvin Theological Journal* 33
(1998), 87-103; ídem, *John Owen*, 58; Rehnman, *Divine Discourse*, 62-64,
181; Antonie Vos, "De kern van de klassieke gereformeerde Theologie",
Kerk en Theologie 47 (1996), 106-25; ídem, "Reforma y Escolasticismo" en
Van Assselt y Dekker (eds), *Reformation and Scholasticism*, 99-119;
también Andreas Beck, "Gisbertus Voetius (1589- 1676): Características
Básicas de su Doctrina de Dios", ibíd. 25-26.

[36] Véase Muller, *Christ and the Decree*; también Trueman, *The Claims
of Truth*. Mi tesis central en este libro es que la teología de Owen representa
un intento autoconsciente de integrar el trinitarismo católico clásico y
credencial con las nociones antipelagianas de la gracia en el contexto de las
modificaciones del protestantismo reformado de la cristología occidental.

el impulso más especulativo y metafísico de ciertos aspectos de la teología patrística y medieval se ve atenuado por el énfasis reformado en la importancia de la persona histórica del mediador y la necesidad de hacer justicia a la historia bíblica.[37]

Sin embargo, incluso estas rupturas con la tradición surgen de un serio intento de conectar las nuevas ideas de la Reforma con las antiguas tradiciones de discusión teológica y conceptual. La grandeza de la Ortodoxia Reformada del siglo XVII, y de la tradición del Seminario de Westminster que se sitúa en su línea, es que es posible tener el pastel y comérselo: toda la mejor teología de la iglesia puede ser cooptada en el proceso de formulación teológica. Y el papel de los historiadores eclesiásticos de Westminster es demostrar cómo esta catolicidad se ha manifestado en la historia, y no en un relativismo amorfo o en un mero cristianismo, sino en una formulación confesional clara, completa y basada en principios y en la vida eclesiástica posterior.

Otra área en la que un cuidadoso trabajo histórico puede deshacer de la noción popular de un gran abismo cultural entre el mundo actual y el del pasado es en el ámbito del contexto y la contextualización. Ahora bien, es cierto que hoy disponemos de un mejor vocabulario conceptual para reflexionar de forma autoconsciente sobre las cuestiones de contexto; pero es importante señalar que tanto los reformadores como sus sucesores eran muy conscientes de muchas cuestiones contextuales. A un nivel sencillo, el deseo teológico de producir traducciones de la

---

[37] Véanse las discusiones sobre la ruptura reformada con los paradigmas cristológicos medievales en su insistencia en la mediación de Cristo según ambas naturalezas en Muller, *Christ and the Decree*, 29-33, 142-4; y Trueman, *John Owen*, 80-81. Los ortodoxos reformados eran muy capaces de romper con la tradición cuando la exégesis lo exigía; y el resultado fue una teología considerablemente menos especulativa que sus antecedentes medievales.

Biblia y liturgias en lengua vernácula da testimonio de ello; además, la sensibilidad al contexto se pone de manifiesto en la variación entre los reformadores en asuntos como las prácticas de culto, las relaciones iglesia-estado, el asesoramiento pastoral y la disciplina.

Por ejemplo, la existencia de iglesias extranjeras de exiliados europeos en Londres durante el reinado de Eduardo VI indica una clara conciencia de las diferencias étnicas y un repudio de la mentalidad monolítica de "talla única" que tan a menudo se le achaca a los ortodoxos reformados.[38] Y en una época en la que la agitación política casi continua convirtió el exilio y el desplazamiento geográfico en experiencias bastante típicas para muchos protestantes, las cuestiones relacionadas con estos puntos nunca estuvieron lejos de la superficie. De hecho, Calvino pasó casi toda su carrera teológica como exiliado, e hizo más que su cuota de teología con el trasfondo de las tensiones étnicas entre las antiguas familias ginebrinas y los inmigrantes franceses.[39]

Además, se podría añadir que la Ortodoxia Reformada surgió y se articuló en una variedad de culturas y contextos europeos que se podría decir que eran más diversos en términos de cultura política, social y económica y organización que la del occidente moderno, más bien uniforme, saturado de McDonald,

---

[38] Véase, por ejemplo, Andrew Pettegree, *Foreign Protestant Communities in Sixteenth-Century London* (Oxford: Clarendon Press, 1986).

[39] Todavía no existe ningún estudio importante sobre Calvino y su teología en función de su contexto e identidad como exiliado. No obstante, el excelente trabajo de William G. Naphy sobre el impacto de los patrones de inmigración y las tensiones étnicas en la Reforma ginebrina es muy sugerente del trabajo que podría realizarse en este ámbito: véase su *Calvin and the Consolidation of the Genevan Reformation* (Manchester: Manchester University Press, 1994); sobre la Academia de Ginebra como centro europeo de aprendizaje véase Karin Maag, *Seminary or University? the Genevan Academy and Reformed Higher Education* (Aldershot: Scolar Press, 1995).

MTV y Disney.[40] Incluso los intentos de historiadores marxistas como Christopher Hill de argumentar que el puritanismo apelaba a intereses particulares de clase se encuentran ahora en ruinas. Un cuidadoso trabajo realizado en las últimas décadas ha demostrado que las convicciones religiosas de los siglos XVI y XVII trascienden las diversas categorías, étnicas, de clase, de género, etc., que la teoría crítica posterior podría querer imponer de forma anacrónica.[41]

Una vez más, la historia de la iglesia de Westminster puede hacer una contribución importante en este punto, tanto al subrayar que los problemas de contexto son tan antiguos como la propia fe reformada, como al señalar las formas en que los reformados han abordado esta cuestión en el pasado.[42]

---

[40] Véanse, por ejemplo, los ensayos de Karin Maag (ed.), *The Reformation in Eastern and Central Europe* (Aldershot: Scolar Press, 1997).

[41] Los escritos de Christopher Hill en este ámbito son extensos, pero quizá la mejor expresión de su análisis marxista de la Guerra Civil inglesa sea su obra *The World Turned Upside Down* (Nueva York: Viking Press, 1972). Su enfoque ha sido objeto de numerosas críticas en los últimos años, en los que otras cuestiones (por ejemplo, la religión; la política anglo-escocesa) han pasado a ocupar el centro del análisis: véase Conrad Russell, *The Causes of the English Civil War* (Oxford: Clarendon Press, 1990); John Adamson, *The Noble Revolt: The Overthrow of Charles I* (Londres: Weidenfeld and Nicolson, 2007). Incluso una historia que se centra en "el pueblo" demuestra que las categorías de análisis de la sociedad y la religión del siglo XVII basadas en las clases de Hill son demasiado simplistas y no hacen justicia a la diversidad existente entonces: véase Diane Purkiss, *The English Civil War: Papists, Gentlewomen, Soldiers, and Witchfinders in the Birth of Modern Britain* (Nueva York: Basic Books, 2006).

[42] Algunos pueden objetar que, de hecho, los patrones de inmigración, etc. que occidente ha experimentado durante el último siglo, más o menos, radicalizan la diversidad de la sociedad de una manera sin precedentes. Por ejemplo, muchos de nosotros tenemos ahora vecinos judíos, musulmanes, hindúes, etc. de una manera que habría sido imposible en el siglo XVI. Esto es sin duda cierto, pero me gustaría añadir dos reflexiones para sentar las bases de la respuesta. En primer lugar, estas diferencias deben situarse en el contexto de una gran cantidad de "pegamento" de cultura popular común que, en ocasiones, crea una unidad más profunda de lo que estos otros

Sin embargo, a pesar de toda esta enorme diversidad cultural, lingüística, política, social, geográfica y económica de los siglos XVI y XVII, un examen cuidadoso de los textos primarios de la Ortodoxia Reformada, ya sean escoceses o húngaros, ya sean de un episcopaliano aristocrático, como Daniel Featley, o de un calderero con los pies en el suelo, como John Bunyan, revela a través de la diversidad una voz notablemente coherente y unificada. Los fundamentos del evangelio y de la fe reformada se entendían realmente de forma asombrosamente coherente a través de las fronteras nacionales, lingüísticas, culturales y económicas. Además, está claro que no se trataba de una simple unidad fortuita, sino que surgía de la convicción positiva y consciente de sus diversos defensores de que realmente hablaban con una voz sustancialmente unificada. Una vez más, los historiadores están bien situados para explicar cómo fue posible.

Cualquier estudio histórico de la ortodoxia reformada verá que los teólogos del siglo XVII de, por ejemplo, la Asamblea de Westminster, entendían claramente que la humanidad, hecha a imagen de Dios, era universal. Los seres humanos no eran simples construcciones culturales, a pesar de toda la diversidad que existía entre personas de culturas diferentes. Fue esta creencia en la naturaleza humana la que permitió a los reformados situar el contexto, por así decirlo, en su contexto.

---

fenómenos podrían sugerir (por ejemplo, equipos deportivos, programas de televisión, cadenas comerciales, marcas de diseño, etc.); y también que la situación sobre el terreno en los siglos XVI y XVII era más diversa de lo que puede determinarse a través de un estudio de patrones, artefactos y prácticas culturales de élite. Por ejemplo, el trabajo de Margo Todd, cuyo estudio de las actas de las sesiones de la iglesia a principios de la Edad Moderna revela un mundo mucho más complicado en las bases de la iglesia en los siglos XVI y XVII de lo que sugeriría un enfoque exclusivo en los textos literarios publicados: véase *The Culture of Protestantism in Early Modern Scotland* (New Haven: Yale University Press, 2002).

Mientras que los franceses hablaban francés y vivían bajo una monarquía católica cada vez más absolutista, y los ingleses hablaban inglés y establecían una mancomunidad puritana, y los holandeses hablaban holandés y organizaban la sociedad en sí misma según líneas eclesiásticas-confesionales, la naturaleza humana compartida de cada uno de estos grupos nacionales proporcionaba un horizonte unificado en última instancia.

Esto significaba que la comunicación era posible entre grupos tan dispares, y que el contenido teológico, aunque sólo se producía en contextos espacio-temporales específicos, nunca era reducible a dichos contextos ni estaba limitado por ellos. La cultura era un artefacto de los seres humanos hechos a imagen de Dios. Por lo tanto, la naturaleza humana es lógicamente anterior a la cultura y proporciona el contexto creado definitivo para todos los demás contextos.

El otro polo universal era la teología ectópica, revelada, de la que ya hemos hablado: La revelación de Dios era precisamente eso—una revelación de Dios, no una expresión de la autoconciencia psicológica del individuo o de la comunidad religiosa. En conjunto, el conocedor humano y el conocido divino proporcionaban una fusión de horizontes compartidos y universales que tenían prioridad lógica y metodológica sobre todos los demás contextos particulares. El movimiento hiperkantiano de disolver todo, incluso el ser humano, en el lenguaje era—y, podríamos añadir, es—un anatema para la teología Ortodoxa Reformada. Por eso, las afirmaciones de que las primeras líneas de las *Instituciones de la Religión Cristiana* de Calvino constituyen un principio y un precedente para una reconstrucción contextual posmoderna de la teología reformada no tienen sentido, ni histórica ni teológicamente.

Lo que Calvino está diciendo sus *Instituciones* (Libro I.i) es que nuestro conocimiento de quiénes somos está íntimamente conectado con nuestro conocimiento de Dios y *viceversa*. Si está haciendo una afirmación sobre el contexto, es que Dios, y la imagen de Dios en nosotros, es el contexto definitivo para entender a Dios y a la humanidad y la relación que existe entre ellos; no está sugiriendo que "en la disciplina de la teología debemos tener en cuenta los entornos sociales e intelectuales particulares en los que nos dedicamos a la reflexión y exploración teológica". Por muy importantes que sean, no es lo que Calvino enseña en las *Instituciones* (Libro I.i).[43]

Hay mucho más que podría decirse sobre la tergiversación de la Ortodoxia Reformada en las presentaciones evangélicas contemporáneas: por ejemplo, podría abordar la típica alegación de que los reformados eran simples escritores de texto de prueba que no entendían la naturaleza de la exégesis o la formación canónica. Hoy no tengo, te aliviará saber, tiempo para tratar esto en detalle. Baste decir que el siglo XVII fue la edad de oro de la lingüística protestante, del comentario bíblico, de la criba y cotejo reflexivo de las tradiciones de exégesis, y de la atención cuidadosa a la relación entre el trabajo exegético y la formulación doctrinal.[44]

De nuevo, lo que subyace a todo esto es un compromiso con la Escritura como teología ectópica, como la revelación de un Dios que habla un mensaje a través de palabras humanas finitas.

---

[43] *Contra* Franke, *The Character of Theology*, 13-14.
[44] Sobre esto, véanse los próximos ensayos sobre los métodos exegéticos de los Westminster Divines en Richard A. Muller y Rowland S. Ward, *Scripture and Worship: Biblical Interpretation and the Directory for Worship* (Phillipsburg: Presbyterian and Reformed, de próxima publicación). Para un ejemplo de la integración de las preocupaciones dogmáticas, tradicionales y exegéticas en la formulación doctrinal, véase mi análisis del pacto de redención: *John Owen*, 80-87.

Este compromiso exigía el desarrollo de tales estudios lingüísticos y textuales, pero también controlaba y regulaba esos estudios de manera que hiciera posible la formulación teológica normativa, de hecho imperativa para el bienestar de la iglesia. Las críticas a la supuesta prueba textual Ortodoxa Reformada por parte de autores modernos que no realizan casi ninguna exégesis bíblica al presentar sus alternativas plantean de nuevo cuestiones obvias sobre la diferencia entre lo que aparentemente se dice y lo que realmente se hace.

Tal vez se podría argumentar con cierta justificación que el juego al que juegan hoy los expertos posconservadores no es tanto el de desafiar la exégesis ortodoxa como el de cuestionar la noción misma de que es realmente posible hacer declaraciones teológicas eclesiásticamente normativas sobre la base de las Escrituras. Pero esa es una larga historia, que hay que dejar para otro día. Basta con decir que los historiadores de la iglesia de Westminster tienen la misión de asegurarse de que la historiografía que se esconde detrás de tales argumentos sea expuesta suave pero firmemente como la ilusión que es.

Conclusión

Hay una frase en una de las mejores canciones de la banda "The Who", titulada *Who are you?* (¿Quién eres?), que dice lo siguiente: "Recuerdo haber dado puñetazos alrededor y haber predicado desde mi silla". Espero que cuando recuerde el día de mi inauguración en los próximos años, mis recuerdos sean un poco más positivos que eso. Sin embargo, es parte de la vida académica, especialmente en una institución como Westminster, que uno debe dar algunos golpes y utilizar su silla como un lugar desde el que predicar. De hecho, espero haber sido bastante polémico en algunos momentos; sin embargo, el pensamiento crítico y el compromiso académico requieren necesariamente de la polémica; y dicha polémica es, en última instancia, un ejercicio positivo, saludable y vital. ¿Ganará la historia de la iglesia de Westminster una audiencia en la cultura evangélica más amplia? Posiblemente no. Después de todo, la cultura evangélica más amplia ha bebido profundamente en los pozos antihistóricos de la escena estadounidense contemporánea. La tarea de la historia en sí misma es, pues, una tarea que encuentra poca o ninguna simpatía natural en el mundo actual. Además, el estudio de la Ortodoxia Reformada requiere que hagamos justicia a su sofisticación, sus matices, su catolicidad, su no conformidad con los clichés esperados del consumismo posmoderno. Con la mejor voluntad del mundo, estas no son cualidades especialmente comercializables.

Por lo tanto, sospecho que aquellos que declaran que la teología reformada confesional es una especie de, digamos, racionalismo, textos de prueba y/o dogmatismo a-histórico, seguirán conformando su imagen popular. Al fin y al cabo, cuentan una historia que vende libros, una historia bonita, sencilla y directa que confirma la creencia popular en la superioridad de un presente pragmático, anodino y meramente cristiano que necesita olvidar su pasado y seguir adelante.

El hecho de que esta historia se cuente con un aparato académico necesariamente ligero y que se demuestre que sus principales afirmaciones históricas son falsas no supone un problema especial: dice lo que la gente quiere oír; se ve impulsada por fuertes corrientes culturales; como el propio posmodernismo, oculta engañosamente su conservadurismo bajo el lenguaje del radicalismo; y tiene la ventaja de que los libros que cuentan la verdadera historia de la ortodoxia reformada no son en sí mismos de fácil lectura.

Sin embargo, el departamento de historia de la iglesia de Westminster nunca cederá terreno barato a los arribistas de la historiografía evangélica ni a la estética del mundo evangélico posmoderno contemporáneo. Y, aunque pueda salvar las conciencias estéticas sorprendentemente sensibles de algunos de ellos para convencerse de que nuestras críticas son simplemente de mal gusto, nada más que los desplantes rutinarios de los rabiosos rottweilers reformados, simplemente no es el caso. En absoluto.

Me complace reconocer que las cuestiones que abordan los evangélicos posmodernos y las interrogantes que plantean son muy importantes y deben ser abordadas con reflexión y no descartadas de plano; pero estas cosas sólo pueden hacerse de manera sólida y eficaz sobre la base de una historiografía cuidadosa y precisa. No se pueden criticar las insuficiencias del pasado hasta que no se haya entendido el pasado; ciertamente no se debe abandonar el pasado sobre la base de una caricatura; y el tipo de tergiversaciones históricas que subyacen a ciertos análisis post-conservadores de la tradición se oponen tanto a la posibilidad de tal crítica como a las afirmaciones de las mismas personas de que necesitamos comprometernos con la tradición para hacer frente a los desafíos del mundo contemporáneo.

Por lo tanto, permítanme decirlo de la manera más precisa posible: el vigor de mi crítica a esos escritores está provocado tanto por su historiografía seriamente problemática como por cualquier heterodoxia seria dentro de su teología; de hecho, el lector atento notará que no ofrece ninguna crítica a su teología, ya que eso está fuera del alcance de este discurso.

Es poco probable que este mensaje resulte popular en algunos sectores del mundo evangélico, pero eso no tiene mayor importancia. Ni yo ni mis colegas del departamento hacemos lo que hacemos para ser queridos, populares o exitosos; más bien, hacemos lo que hacemos porque sencillamente nos negamos a permitir que no se cuestione la mitología recibida sobre los males de la Ortodoxia Reformada; hacemos lo que hacemos porque amamos la fe reformada tanto como nos disgusta la escritura histórica de mala calidad; hacemos lo que hacemos para hacer nuestra pequeña contribución a la crítica de los gustos estéticos anodinos de la teología evangélica moderna; y, sobre todo, hacemos lo que hacemos porque permanecer en silencio en un momento como éste sería abdicar de nuestra responsabilidad moral con la iglesia.

En resumen, lo hacemos porque es correcto que lo hagamos. Puede que la luz se esté apagando, pero nosotros nos enfureceremos, nos enfureceremos contra ella; y tengan por seguro que nunca nos entraremos dócilmente a esa buena noche.

1.2. CONCIENCIAS INQUIETAS Y MENTES CRÍTICAS: LO QUE LOS SEGUIDORES DE CARL HENRY PUEDEN APRENDER DE EDWARD SAID

En 2003 murieron dos hombres cuyos escritos me han interesado a lo largo de los años: Edward Said, el gran crítico literario y activista político palestino, murió de leucemia en septiembre; y Carl Henry, uno de los padres fundadores del nuevo evangelicanismo, falleció en diciembre.[1]

Para cualquiera que esté familiarizado con su trabajo, parecen compañeros de cama extraños para cualquier persona que se vincule de esta manera. Said era un erudito polimático, de conocimiento muy amplio y variado, que también escribió ampliamente sobre temas de Oriente Medio de forma apasionada

---

[1] Agradezco los comentarios sobre este documento de colegas y amigos, especialmente de Bill Edgar, Manny Ortiz, Rob Burns e Ian Glover.

y comprometida; Henry era un periodista de alto nivel que, aunque sin duda muy inteligente y consumado, realmente dedicó gran parte de su vida a una explicación y aplicación popular de la fe cristiana en el mundo contemporáneo.

Sin embargo, al igual que otros "héroes" míos, desde George Orwell hasta Alexander Solzhenitsyn, ambos representaban un ideal: el intelectual comprometido; aquellos que veían la importancia de ser lo que podríamos llamar aficionados informados en áreas que no estaban dentro de sus propios campos inmediatos de experiencia técnica. Respondieron a la necesidad de decir verdades incómodas a quienes ostentan el poder institucional, ya sea en el ámbito internacional, nacional o local. Quiero hablar más adelante de la importancia de los intelectuales comprometidos, pero antes probablemente sea conveniente presentar a Henry en su contexto a aquellos lectores que no estén familiarizados con la historia y la cultura del evangelicanismo estadounidense.

Cuando Carl Henry murió el 7 de diciembre de 2003, a los 90 años de edad, el mundo del evangelicanismo perdió al que era sin duda su estadista más anciano, al que Timothy George describe (con una hipérbole perdonable) como el hombre que fue fundamental para la propia invención del evangelicanismo.[2] Ciertamente, Henry fue una figura notable, el epítome de la mentalidad americana de "sí se puede" aplicada a las áreas de la teología evangélica y el evangelismo.

He aquí algunos de sus logros: fue miembro de la facultad fundadora del Seminario Teológico Fuller; el primer editor de *Cristianismo Hoy* (Christianity Today); conferencista de *Visión*

---

2 "Inventando el Evangelicanismo", *Christianity Today*, marzo de 2004; disponible en www.christianitytoday.com/ct/2004/003/6.48.html

Mundial (World Vision); mentor de Charles Colson; y, a través de sus escritos, divulgador y defensor de la ortodoxia evangélica, especialmente en la cuestión de las Escrituras a través de su obra en seis volúmenes, *Dios, Revelación y Autoridad* (God, Revelation, and Authority) (1976-83; recientemente reeditada por Paternoster). Al igual que John Stott o Martyn Lloyd Jones en el Reino Unido, fue uno de los hombres que estableció parte de la agenda básica de la vida evangélica en los Estados Unidos de la postguerra.

Aunque Henry trabajó en la escena internacional, fue, como indica el breve resumen anterior, una figura esencialmente estadounidense. Por lo tanto, parece apropiado dedicar unas cuantas páginas de *Themelios* a presentarlo a nuestros lectores predominantemente británicos (o al menos no estadounidenses). Esto facilitará una mejor comprensión tanto del hombre y su obra como del estado actual del evangelicanismo estadounidense. Nos guste o no, Estados Unidos marca la pauta aquí, como en tantos otros ámbitos. Al fin y al cabo, los libros evangélicos estadounidenses llenan las estanterías de los estudios de todo el mundo; y la cultura general de Estados Unidos ha marcado la vida en todas las partes del mundo. Por lo tanto, entender a Estados Unidos es importante, aunque sólo sea porque incluso aquellos que son más vigorosamente antiestadounidenses siguen definiéndose en los términos establecidos por Estados Unidos.

Evaluar simultáneamente la contribución de Carl Henry y la cultura del evangelicanismo estadounidense no es una tarea fácil, y no intentaré aquí una presentación exhaustiva. En su lugar, he decidido tomar como guía el pequeño libro de Henry de 1947, *La Conciencia Intranquila del Fundamentalismo Moderno* (The Uneasy Conscience of Modern Fundamentalism). Aunque tiene menos de 100 páginas, fue la obra que llevó a Henry a la fama nacional y por la que, a la larga, probablemente será más recordado.[3]

Para entender el libro, es importante comprender algo de la naturaleza del fundamentalismo estadounidense (básicamente un sinónimo de evangelicanismo anterior al movimiento al que pertenecía Henry) en la década de 1930. En esencia, el movimiento se caracterizaba por un legalismo cultural y moral, opuesto, por ejemplo, a Hollywood, el cine, el baile, el consumo de alcohol y el tabaco (al menos en los estados del norte cuya economía no dependía del tabaco). También existía un oscurantismo intelectual y teológico, en el que el aprendizaje se miraba con profunda sospecha. Tanto el legalismo como el oscurantismo se vieron reforzados por una teología dispensacional muy arraigada. Cuando se combinan con desastres de relaciones públicas como la Prohibición y el Juicio de Scopes, el mundo evangélico en el que Henry se curtió en los años treinta y cuarenta se caracterizó por su irrelevancia básica para la sociedad estadounidense. Sencillamente, no tenía nada interesante que decir al mundo moderno.[4]

En este contexto, un grupo de jóvenes académicos evangélicos, entre los que se encontraba Carl Henry, junto con otros como E. J. Carnell, George Eldon Ladd y Paul K. Jewett, decidieron lanzar un evangelicanismo revisado, de hecho, un "nuevo evangelicanismo" en los Estados Unidos después de la Segunda Guerra Mundial. Obtuvieron títulos de las principales

---

[3] La obra ha sido reeditada recientemente, con una nueva introducción del actual presidente de Fuller, Richard Mouw, y la introducción original de Harold Ockenga, por Eerdmans (2003).

[4] Buenas introducciones a este periodo son George Marsden, *Fundamentalism and American Culture: The Shaping of Twentieth Century Evangelicalism 1870-1925* (Oxford: OUP, 1980); D. G. Hart, *Defending the Faith: J Gresham Machen* (Grand Rapids: Baker, 1995).

universidades; se dedicaron a los últimos avances en teología y estudios bíblicos. También trataron de defender y exponer la ortodoxia evangélica cristiana de una manera que evitara el tono polémico y vicioso del pasado.[5] La agenda de este nuevo movimiento no se expresó con mayor claridad ni con mayor brevedad que en el libro de Henry, *Conciencia Intranquila* (Uneasy Conscience). En ocho breves capítulos, Henry ofreció muy poco en forma de sugerencias específicas para la acción y mucho en forma de retórica general e inspiradora para sacar a sus compañeros evangélicos de su apatía social, cultural y política y movilizarlos para el activismo en todos estos campos.

El principal problema, según Henry, es una indiferencia básica al mundo que nos rodea engendrada por una indiferencia al presente, algo que está íntimamente relacionado con la defectuosa escatología del dispensacionalismo. Citando al propio Henry, "Mientras que antes el evangelio redentor era un mensaje que cambiaba el mundo, ahora se reducía a un mensaje que resistía el mundo" (p. 19). Lo que los evangélicos debían comprender era el hecho de que su mensaje se aplicaba a toda la vida y transformaba todos los ámbitos del quehacer humano.

Por tanto, debían prepararse en consecuencia. Consciente o inconscientemente, Henry parecía saber que el desarrollo de este programa requería el desarrollo de una conciencia evangélica distintiva, y eso requería la producción de las herramientas culturales necesarias (68-71). Esto sólo podría lograrse mediante la adecuada educación de los líderes para manejar estas herramientas, y la creación de un frente popular evangélico que

---

[5] Sobre el ambiente y la agenda de los nuevos evangélicos, véase George Marsden, *Reforming Fundamentalism: Fuller Seminary and the New Evangelicalism* (Grand Rapids: Eerdmans, 1987).

dejara de lado las doctrinas secundarias divisivas en favor de mantener una política unificada frente al enemigo secularizador común.

A la luz de este manifiesto, podemos ver el tiempo que Henry pasó en Fuller, su trabajo en *Christianity Today*, su participación en la Sociedad Teológica Evangélica, y sus otras actividades en el escenario evangélico, como parte de su deseo de ver al evangelicanismo haciendo una diferencia al mundo que lo rodea, comprometiéndose de manera reflexiva y relevante con el mundo tal como se presenta. Por ello, con motivo de su muerte, parece oportuno preguntarse hasta qué punto el proyecto ha tenido éxito, y si podemos aprender de los puntos fuertes y débiles que encarnaba.

Antes de hacerlo, sin embargo, es importante que exponga claramente mi propia posición en relación con la escena evangélica estadounidense, para que el lector tenga la oportunidad de jugar a "detectar los prejuicios" en mi propio análisis. Soy, según el Servicio de Inmigración y Naturalización de los Estados Unidos, un "extranjero no residente"; en otras palabras, vivo en Estados Unidos (y, de hecho, creo que, en general, me gusta vivir en Estados Unidos) pero no pertenezco a los Estados Unidos; y esa es una forma útil de entender mi opinión sobre el evangelicanismo estadounidense. Es el mundo en el que vivo, pero no pertenezco a él y, por tanto, quizás tenga la capacidad de detectar ciertas cosas que un nativo podría pasar por alto por exceso de familiaridad.

También existe la posibilidad de malinterpretar otras cosas precisamente por las mismas razones. También estoy familiarizado con una franja relativamente estrecha de la vida cristiana estadounidense, es decir, la rama blanca reformada, generalmente de clase media profesional suburbana/urbana. De las corrientes menonita, arminiana, afroamericana y latina, por nombrar sólo cuatro, mi conocimiento es limitado y principalmente de segunda mano. Sin embargo, esto me sitúa muy cerca del tipo de evangélicos a los que Henry hacía su llamamiento.

El primer comentario que hay que hacer sobre el libro de Henry es que se trata, ante todo, de un alegato a favor del compromiso evangélico con la sociedad y la cultura a todos los niveles. Esto no quiere decir que Henry exponga un plan detallado de cómo debería ser ese compromiso. A diferencia de muchos de la actual generación de evangélicos estadounidenses, Henry, aunque es claramente republicano, no llegó a identificar una marca particular de política como distintivamente cristiana, sino que prefirió argumentar que los cristianos deberían *participar*, sin prescribir exactamente cómo debería ser esa participación.

El dilema al que se enfrentaba era el siguiente: por un lado, los cristianos que participaban en la política, las artes, etc., eran en general de convicciones claramente liberales o neo-ortodoxas, lo que daba a todo el ámbito de los compromisos culturales una sensación algo heterodoxa. Por otra parte, los fundamentalistas, especialmente influidos por la mentalidad de "levantar el puente levadizo y esperar el final" del dispensacionalismo, tendían a considerar inútil cualquier compromiso con el mundo. Cualquier intento de mejorar las esferas social, política y cultural era, en el mejor de los casos, inútil e ingenuo, y en el peor, "mundano" y positivamente pecaminoso. A finales de los años cuarenta, por supuesto, con el telón de acero, la crisis de Berlín y la creciente histeria del "temor rojo" de la política estadounidense, esta mentalidad se vio reforzada por un miedo visceral a todo lo que oliera a socialismo.

Frente a esto, Henry argumentó que el cristianismo evangélico había desarrollado una escatología defectuosa que proyectaba el reino de Cristo en el futuro y, por tanto, había perdido de vista la naturaleza de ese reino en la época actual. La escatología se convirtió en la razón—o tal vez el pretexto—para retirarse de los campos de esfuerzo cristiano necesario. Se puede entender la atracción de esto. El colapso de la ortodoxia en las principales denominaciones en la década de 1920, junto con las diversas fuerzas sociales desencadenadas por las políticas económicas de la década de 1930 y el trauma de la Segunda Guerra Mundial y el comienzo de la Guerra Fría, significó que muchas de las antiguas certezas, ya sean sociales, políticas o teológicas, ya no eran tan inexpugnables como habían parecido antes. La retirada en tales circunstancias debió parecer muy atractiva; y bautizar esa retirada con una justificación teológica que la hiciera parecer bíblica debió tener un enorme atractivo. Como el niño en el patio de la escuela que ha sido excluido del partido de fútbol y que luego se aleja llorando declarando que nunca quiso jugar de todos modos, así el cristianismo fundamentalista se alejó de la esfera pública tradicional y se retiró a su propia subcultura.

Desde la época de Henry, por supuesto, muchas cosas han cambiado, y eso en gran medida debido a la vida y la obra del propio Henry. De hecho, si nos fijamos sólo en dos áreas, las del compromiso teológico y político, podemos ver la diferencia que el tipo de visión encapsulada en el manifiesto de Henry y promovida por él y sus colegas ha supuesto para el mundo evangélico estadounidense.

Involucramiento teológico

La propia vida y obra de Henry, sobre todo los seis volúmenes de *Dios, Revelación y Autoridad (DRA)* (God, Revelation and Authority), indican la seriedad con la que se tomó la necesidad de elaborar la ortodoxia evangélica en un contexto contemporáneo. Hay momentos en los que esto da a su obra una sensación extraña y muy anticuada—por ejemplo, la larga interacción en DRA con la "Gente de Jesús", que ha resultado ser tan importante para el cristianismo desde los años 60 como el Estilófono de Rolf Harris lo ha sido para la música de Kraftwerk.

Sin embargo, el punto central de estos volúmenes es que la autoridad bíblica es significativa, que no es suficiente decir que la Biblia es verdadera o autorizada sin definir tales nociones con gran cuidado y relacionarlas con otros puntos teológicos, y que esto debe hacerse de una manera que sea relevante para los desafíos de hoy, no de ayer. Y este punto está bien planteado y se entiende bien. De hecho, se podría argumentar que fue esta cuestión, la relación entre Dios, la revelación y las Escrituras, la que dominó gran parte de los comienzos y la mitad de la carrera de Henry. Esto reflejaba una preocupación más general en el amplio mundo teológico, desde los años 40 hasta los 60, por el problema de lo que constituía exactamente la revelación. Por supuesto, siempre es relevante; pero tenía una relevancia peculiar en este momento, y la respuesta de Henry indicaba su sensibilidad a los tiempos.

Sin embargo, aunque el sueño de Henry de articular la teología evangélica de una manera reflexiva y matizada es admirable, las realidades prácticas de la visión eran defectuosas. Las instituciones que encabezaron el nuevo evangelicanismo - el

Seminario Fuller, *Cristianismo Hoy* (Christianity Today), la Sociedad Teológica Evangélica (Evangelical Theological Society ETS) eran todas interconfesionales con el fin de producir una especie de evangelicanismo de frente popular, centrado en lo esencial del Evangelio. Esto se hizo para combatir las fuerzas del liberalismo teológico y, en mucha menor medida, del fundamentalismo.[6] Esta visión es admirable, y podría decirse que representa un intento de tomar en serio la enseñanza del Nuevo Testamento sobre la unidad de todos los creyentes en Cristo.

Gran Bretaña tiene sus instituciones paralelas: el antiguo London Bible College (ahora London School of Theology); la UCCF; la Evangelical Alliance; el British Evangelical Council (ahora Affinity). Aunque los orígenes y las agendas de estos grupos británicos difieren un poco de sus homólogos estadounidenses, la visión de un frente evangélico popular es muy parecida. Sin embargo, el punto fuerte de este modelo—el de trascender las fronteras confesionales tradicionales—es también su debilidad, ya que aleja la actividad de la teología del contexto eclesiástico inmediato. Esto tiene un doble efecto: en primer lugar, puede fomentar un enfoque algo ecléctico de la teología, con una marginación de las áreas en las que existe desacuerdo, independientemente de su importancia; y, en segundo lugar, elimina los mecanismos obvios de responsabilidad.

Para tomar el primero de ellos. El hecho de que las cuestiones que históricamente dividen a los evangélicos sean un

---

[6] Es interesante que las críticas de Henry al fundamentalismo en *Uneasy Conscience* están cuidadosamente matizados para que no quede ninguna duda en la mente del lector de que, mientras el liberalismo teológico es el enemigo, el fundamentalismo tiene más bien el carácter de un amigo descarriado. Para él, es evidente que tiene una comprensión del evangelio sobrenatural, aunque de forma algo truncada, de un modo que el liberalismo sencillamente no tiene.

aspecto muy positivo. ¿Deberían las distintas opiniones sobre el bautismo, por ejemplo, o la escatología, impedir la comunión informal entre creyentes e iglesias de distintas tradiciones, o dificultar las campañas evangelísticas conjuntas? La mayoría se inclina por decir que no, ya que esto podría conducir a una completa fragmentación del evangelicanismo que inevitablemente socavaría la efectividad.

Sin embargo, esto plantea el problema de qué cuestiones son centrales y cuáles son periféricas. Dado que muchos murieron en ambos lados del debate eucarístico en la Reforma, ¿debemos ver las diferentes posturas de la Cena del Señor como meras diferencias superficiales o como desacuerdos que deben perturbar toda la comunión? Tal vez un ejemplo más pertinente para el evangelicanismo moderno sería el desacuerdo entre calvinistas y arminianos sobre la naturaleza de la decisión humana con referencia a la salvación, o entre carismáticos y no carismáticos con referencia a la continuación o cese de los dones espirituales. ¿Hasta qué punto son significativas las diferencias?

Es tentador argumentar que la respuesta a esta pregunta depende realmente de las circunstancias. Compartir una plataforma en interés de una campaña evangelística local con otros con los que no se está de acuerdo en estas cuestiones parecería, en igualdad de condiciones, una posición adecuada, modesta y caritativa, que evita los desagradables excesos del sectarismo estrecho. Llegados a este punto, me gustaría subrayar que estoy de acuerdo con esta actitud, que permite manifestar el corazón del Evangelio y centrar las mentes en lo que une, en lugar de en lo que divide.

Sin embargo, aquí está el problema: ¿quién, en estas circunstancias, decide dónde deben trazarse los límites en cada nivel de posible cooperación? ¿Sobre qué base lo hacen (desde, por ejemplo, una plataforma común contra el aborto, en la que los protestantes hablan habitualmente con los católicos romanos, e incluso, en ocasiones, con ateos y representantes de otras religiones—de nuevo, legítimamente en muchos casos en mi opinión—hasta un servicio de comunión conjunto o acuerdos relativos a la elegibilidad mutua de los ministros)? Así, la amplitud de miras del evangelicanismo es a la vez su mayor fortaleza y su más desafortunada debilidad.

El ejemplo más gráfico de este problema en acción han sido los acontecimientos en torno al debate sobre la apertura de Dios que ha tenido lugar en la Sociedad Teológica Evangélica (ETS por sus siglas en inglés). En este caso, algunos evangélicos ortodoxos intentaron dictaminar que la enseñanza de la apertura entraba en conflicto con la posición de la Sociedad y que quienes la sostuvieran debían dejar de ser miembros. Mi opinión personal sobre esta cuestión es doble: no considero que el teísmo abierto sea una ortodoxia cristiana y, por lo tanto, considero que no tiene cabida en una organización cristiana.

Sin embargo, dado el hecho de que la ETS no es una iglesia y que su base doctrinal de membresía sólo requiere la creencia en la inerrancia y en un trinitarismo básico, no veo motivos constitucionales para la expulsión de individuos que firmen esto y lo crean. Las cuestiones clave para mí desde el punto de vista teológico (por ejemplo, la presciencia divina, la sustitución penal, la naturaleza de la gracia) sencillamente no se abordan en la Base Doctrinal, a pesar de los argumentos inferenciales de la inerrancia. Ahí radica el problema: las organizaciones interdenominacionales necesitan restar importancia a las diferencias para poder funcionar; sin embargo, al hacerlo, plantean cuestiones sobre el trazado de las fronteras que no pueden responderse fácilmente.

Esto, una vez más, nos lleva a la cuestión de la responsabilidad: ¿quién decide cuáles son los límites de la comunión en estas organizaciones interdenominacionales? Cuando existen bases doctrinales, ¿quién decide dónde deben trazarse las líneas o qué puede y no puede acogerse en ellas?

Tratar este tema en detalle sería demasiado complejo, pero una cuestión importante que a menudo se pasa por alto en el debate y que está muy relacionada con la forma en que el evangelicanismo se conecta con la cultura estadounidense, es la necesidad de estos grupos de recaudar dinero. El evangelicanismo es costoso: desde las páginas brillantes de *Christianity Today (CT)*, pasando por las nóminas de los seminarios, hasta los honorarios de las conferencias de las superestrellas evangélicas, el evangelicanismo necesita dinero. Y en la práctica esto significa que su posición pública es siempre una negociación entre diversas preocupaciones teológicas y la voluntad de quienes tienen dinero para financiar el proyecto. Aquí es donde los problemas de responsabilidad pueden agudizarse. Incluso la más breve mirada a las páginas de *CT* revela hasta qué punto el órgano depende de la publicidad para obtener ingresos; y esta dependencia no es teológicamente neutral.

En primer lugar, los tipos de anuncios que se publican, por el hecho de estar en las páginas de *Christianity Today (CT)*, están investidos de la autoridad de la revista, independientemente de lo que diga el editor. Puede que los editores no aprueben personalmente un producto concreto (y, de paso, se podría añadir que la existencia de publicidad para cursos y libros de teología convierte a la teología en un producto que hay que empaquetar, marcar y vender, lo cual es un fenómeno interesante en sí mismo); pero permitir que se coloquen en su revista les da una aprobación formal. Yo lo sé, ya que edito la publicación que usted está leyendo en este momento, la cual, como puede ver, casi no tiene publicidad por principio. Cuando en las páginas de *CT* aparecen anuncios de un verdadero abanico de seminarios, las diferencias entre ellos se relativizan inevitablemente en virtud de su existencia como parte del consenso más amplio que crea la propia revista. Cuando en las páginas de *CT* aparecen anuncios de enfoques cristianos para la seguridad financiera, que sitúan la riqueza personal en lo más alto de las prioridades cristianas, entonces *CT*, y el evangelicanismo que dice representar, renuncia a cualquier posibilidad de crítica profética convincente del evangelio de la prosperidad dentro de sus páginas.

En segundo lugar, las empresas sólo colocan anuncios en los órganos que se venden, por lo que las ventas adquieren una gran importancia; y esto significa que el editor necesita mantener la circulación para mantener los ingresos comerciales. Por lo tanto, habrá una presión constante para asegurarse de que el contenido de la revista atrae al mayor número posible de lectores. Esto significa, casi con toda seguridad, una disminución del nivel intelectual para conseguir una audiencia lo más amplia posible. Cualquier comparación de la *Christianity Today (CT)* de la época de Henry con la nuestra parece confirmar que la revista se ha vuelto más brillante, más estética y menos exigente intelectualmente, con el paso de los años. Seguramente esto no es ajeno al modo en que se financia y comercializa.

Al igual que la televisión comercial tiene más probabilidades de éxito produciendo "show realities" en lugar de documentales sobre el sida en el África subsahariana, *Christianity Today* tiene más probabilidades de mantener la circulación publicando entrevistas con Max Lucado que con algún personaje menos fotogénico que haga algo menos emocionante que escribir bestsellers.

También hay que tener en cuenta que cuando los órganos que ayudan a crear y mantener la unidad del propio movimiento dependen del sistema consumista de la sociedad occidental, resulta muy difícil plantear cualquier crítica o resistencia eficaz a ese sistema. Se convierte en algo interiorizado, tan incuestionable como las leyes de la gravedad.

En tercer lugar, dada la disparidad interdenominacional del mundo evangélico antes mencionada, la propia función de un órgano mediático como *Christianity Today* es, en gran parte, fabricar una especie de consenso. Se trata de crear, al menos, la apariencia de unidad entre agrupaciones dramáticamente diferentes. Esto coloca en el centro del nuevo proyecto evangélico una atracción gravitacional natural hacia los temas del mínimo común denominador. A su vez, esto influye en la mentalidad de aquellos que leen el órgano de forma acrítica y sin ser conscientes de que la propia naturaleza de un producto mediático comercial como tal es algo menos que ideológicamente neutral. Órganos como *CT* no se limitan a reflejar el mundo evangélico, sino que lo crean. En cierto sentido, determinan quién y qué se cubre, y las exigencias del consenso y el comercio significan que ciertas figuras tendrán mejor cobertura que otras.

Esto no quiere decir que estos problemas puedan resolverse desmantelando las empresas evangélicas interdenominacionales sin más. Sospecho que eso sería desastroso y que iría en contra de la enseñanza bíblica sobre la unidad del cuerpo. Yo diría que la visión de Henry debe ser modificada, e incluso radiada, para incluir una cuidadosa reflexión sobre cómo el evangelicanismo debe rendir cuentas a la iglesia. También diría que no sólo tiene que comprometerse con la sociedad, sino que también tiene que someter las ortodoxias más tácitas de la sociedad occidental moderna a una crítica enérgica. Esto es lo que el compromiso político del evangelicalismo estadounidense de clase media blanca no ha hecho, en general, en ningún sentido radical.

Involucramiento político

Si el fundamentalismo contra el que reaccionaba Henry era políticamente apático y buscaba un reino que se proyectaba bastante en el futuro, gran parte del evangelicanismo blanco estadounidense actual está vinculado a la política de derechas de tipo bastante radical. Desde el punto de vista económico, hay poco que elegir entre las opciones republicanas y demócratas en las urnas. Se trata de debates sobre la ponderación de las cargas fiscales, siendo el sistema básico de libre mercado una ortodoxia incuestionable para ambos partidos. Hay algunas áreas clave de desacuerdo en política exterior, pero la verdadera división para muchos cristianos es la cuestión del aborto.[7]

Aunque los informes parecen indicar que minorías sustanciales de ambos partidos no están de acuerdo con sus líneas partidistas oficiales (los republicanos están a favor de la vida; los demócratas están a favor del aborto), esto no se traduce en una matización de las bases de las lealtades políticas. La mayoría de los cristianos blancos muestran una feroz lealtad a los republicanos. El propio Henry en *Conciencia Intranquila*

---

[7] Para ser justos, el contenido de la revista *World*, cuyo público es abrumadoramente blanco, parece indicar que otras cuestiones están empezando a pasar a primer plano, especialmente la educación (es decir, el creacionismo; la educación en casa) y los valores familiares (es decir, el matrimonio gay). *World* es, sin duda, uno de los principales medios por los que se ha creado un aparente consenso político sobre una serie de otras cuestiones (bienestar, política exterior, etc.) y se ha mantenido como ortodoxia normativa entre un influyente segmento de evangélicos conservadores blancos de clase media en Estados Unidos.

(Uneasy Conscience) se cuidó de evitar la identificación de cualquier sistema económico con el cristianismo (por ejemplo, 84–85). Sin embargo, la función actual del aborto como la carta que triunfa sobre todo ha matado el pensamiento político significativo sobre otros temas en muchos círculos evangélicos. La atención sanitaria, la política exterior y el bienestar simplemente no son temas cuando se comparan con la finalización de los embarazos. La escatología es tal vez menos significativa, pero la política de EE.UU. hacia Israel está sin duda moldeada en cierta medida por el poder de los grupos que mantienen una visión particular del papel de la restauración del Israel político al final de los tiempos. Esto se ve reforzado a nivel popular por la popularidad de las novelas de ciencia ficción del fin de los tiempos de Tim LaHaye y Jerry Jenkins, una popularidad que no se limita a los cristianos.

Detrás de esto hay algo que quizás sea más insidioso. Se trata de la creencia entre muchos evangélicos estadounidenses de que Estados Unidos ocupa un lugar especial en el cuidado providencial de Dios. Este es, por supuesto, el error arquetípico que han cometido todas las potencias políticas y económicas dominantes, desde Roma (véase la *Ciudad de Dios* (City of God) de Agustín) hasta el Imperio Británico.

Sin embargo, Estados Unidos es muy poderoso en la escena mundial. El lenguaje del destino manifiesto está tan profundamente arraigado en su discurso público, desde las mitologías de los Padres Fundadores hasta las de Hollywood. El nacionalismo, intensificado al estar relacionado con el lenguaje de la sanción divina, es un problema muy real. Los medios de comunicación populares perpetúan el mito de la superioridad de Estados Unidos en todos los ámbitos, resaltando sus indudables puntos fuertes e ignorando sus debilidades y las contribuciones de otros países y sociedades. Incluso las mentes supuestamente liberales de Hollywood están profundamente implicadas en esta mitificación de los Estados Unidos, como demuestran películas como *El Último Samurái* (The Last Samurai).

Además, el culto a la fuerza, la belleza y la superioridad está muy arraigado. Ya en los años 30, George Orwell expresó su preocupación por el hecho de que no se permitiera a los feos o a los pobres estropear la estética de las revistas y los periódicos estadounidenses. Hoy en día, la televisión ofrece un medio aún más poderoso para reforzar esa mitología nacional. El mito de la superioridad estadounidense también ha producido el anticuerpo perfecto para hacer frente a los microbios de la crítica: cualquier crítica puede considerarse motivada por la envidia del éxito estadounidense y, por tanto, es en realidad una prueba más de la superioridad del modo de vida estadounidense.

La iglesia estadounidense debería estar en una posición ideal para actuar como la conciencia de la nación en este momento, el papel que Henry parecía desear que desempeñara en su manifiesto. Sin embargo, demasiadas iglesias se empeñan en formar parte del mito en lugar de ser los críticos proféticos del mismo. Como para simbolizar esta connivencia, en muchas iglesias la bandera estadounidense se encuentra junto al púlpito. Esto es algo que, en mi experiencia de viaje por el mundo, es una yuxtaposición algo única.

Es extraño, dado el compromiso constitucional con la separación de la Iglesia y el Estado. Es más, el estilo estadounidense se identifica habitualmente con la voluntad de Dios en los sermones y en la televisión cristiana, a veces de forma bastante preocupantemente directa. De hecho, tengo un colega que oró por la paz mundial en un servicio reciente y fue amonestado por hacer una oración "antiestadounidense".

El hecho de que exista el término "antiestadounidense" es en sí mismo interesante. Que yo sepa, no existe un equivalente real en otros países con los que estoy familiarizado: me pregunto qué significaría "antiHolandés" o "antiBritánico". Y es que "estadounidense" no es un término que hable principalmente de una ubicación geográfica o de un lugar de nacimiento, sino de un conjunto de valores. Dichos valores pueden definirse de diversas maneras; pero, sea como sea, "antiEstadounidense" es considerado por todos como un peyorativo. Que pueda utilizarse en un contexto eclesiástico sobre una oración por la paz da que pensar. Que estos valores puedan convertirse implícitamente (y a menudo explícitamente) en nada menos que una escatología es sumamente inquietante.

La identificación de Estados Unidos y del estilo estadounidense, con su libertad, democracia y filosofía de libre mercado, como idénticos al camino de Dios probablemente debe mucho, a un nivel sofisticado, a la influencia de las mitologías políticas seculares de neohegelianos como Fukuyama en ciertos líderes cristianos de opinión; a un nivel popular, sospecho que el culpable es un orgullo humano básico en cualquier cosa que le permita a uno sentirse superior a los demás. El hecho de que ciertos sectores del evangelicanismo hayan aceptado esta identificación de la política de derechas, el estilo estadounidense y el cristianismo a lo grande debería ser motivo de preocupación. El llamamiento de Henry fue para que el evangelicanismo asumiera un papel *profético*, uno de estar involucrado en el proceso político, pero de tal manera que la política del mundo secular no se identificara al por mayor con el evangelio. No debía estar allí simplemente para bautizar la política de un partido en lugar de otro.

La relación entre la iglesia y la política siempre va a ser complicada. Esto se debe, entre otras cosas, a que el pensamiento político es una actividad culturalmente específica y ocasional, en la que las categorías morales en blanco y negro de lo correcto y lo incorrecto no siempre, o incluso a menudo, se aplican. Después de todo, todo cristiano que se tome la Biblia en serio debería odiar la pobreza y querer proteger a los inocentes de los violentos y los opresores.

Pero, ¿es necesariamente pecaminoso creer que esto se logra mejor a través de los mercados libres o a través de industrias nacionalizadas, o a través de configuraciones particulares de cargas fiscales y pagos de bienestar? ¿Es bíblico un sistema de salud y antibíblico otro? Sólo el más burdo de los simplistas que se aferran a la Biblia puede correlacionar las enseñanzas bíblicas de forma directa y sin rodeos con las plataformas políticas de los partidos de principios del siglo XXI.

Los evangélicos británicos deben recordar esto a medida que se vuelven más activos en su participación política. También deben ser conscientes de que la reivindicación de la sanción divina para opiniones que son, en sí mismas, moralmente indiferentes o al menos discutibles, es el truco más antiguo del libro para excluir la discusión inteligente. Incluso las cuestiones en blanco y negro no son tan blancas y negras cuando se trata de la política de un partido específico. Sí, Dios odia la matanza de niños, pero el aborto no es más que la forma más obvia de hacerlo.

La mala atención sanitaria, las condiciones de vida antihigiénicas, la falta de acceso a los medicamentos contra el sida, el hambre, las fábricas de explotación, el desempleo, el subempleo, la guerra, los daños medioambientales debidos a la contaminación y la codicia—todo esto también mata a los niños. La reflexión sobre esto hace que la política de los partidos sea menos blanca y negra de lo que muchos desearían. Es hora de que los cristianos se enfrenten también a estas cuestiones.

Si se observa el mundo de 2004, se puede decir que parte del sueño de Henry se ha cumplido: un cristiano profeso está en la Casa Blanca y los evangélicos participan en la formación de la política pública. Sin embargo, la política simplista y en blanco y negro que ha llegado a dominar grandes franjas del evangelicanismo blanco en Estados Unidos no es en absoluto la que Henry esperaba. El evangelicanismo estadounidense moderno no ha criticado ni transformado el panorama político. Por el contrario, se ha sumado en gran medida a la política polarizada del sistema bipartidista y ha perdido su capacidad de ser crítico con el modo de vida estadounidense. Se ha vuelto, si se quiere, demasiado mundano. La visión original de Henry sobre la política sólo se ha hecho realidad en parte; y, para que esto no parezca más una crítica trillada a Estados Unidos, permítanme subrayar que digo esto porque me gusta el país en el que vivo ahora y anhelo ver a la iglesia de allí tan fuerte en lo espiritual y en la evangelización como en lo numérico.

Este, por supuesto, es el problema final de considerar una marca particular de política como la esencia del evangelio. Cuando personas de otros países y culturas, con convicciones políticas diferentes, vienen a Estados Unidos, se ven privadas de derechos porque la iglesia ha creado barreras innecesarias para la evangelización. De hecho, hay una barra de color no oficial que recorre la vida de la iglesia estadounidense, especialmente en lo que se refiere a los blancos y los afroamericanos. Esto tiene raíces profundas en la historia de las iglesias blancas sobre la esclavitud y más que un poco que ver con las divisiones económicas y de clase actuales, y no es ayudado por el hecho de que la mayoría de los evangélicos blancos se identifican como republicanos, mientras que la mayoría de los afroamericanos son demócratas.

Dicho sin rodeos, si tengo que comprar su manifiesto político para comprar su evangelio, entonces su iglesia está cayendo en una peligrosa confusión de categorías y excluyendo a individuos y grupos de su congregación. Se les excluye por motivos distintos a los de estar simplemente fuera de Cristo. Un evangelio demasiado estadounidense en este sentido no es ningún evangelio.

Aquí es donde la obra de Edward Said se convierte en algo con lo que los cristianos deberían familiarizarse. Said, un intelectual palestino que enseñó en la Universidad de Columbia en Nueva York durante la mayor parte de su carrera, fue una figura controvertida, sobre todo por su articulación de la causa palestina en Estados Unidos. Sus contribuciones académicas a la teoría literaria y a la música clásica son dignas de mención. Sin embargo, su insistencia en la necesidad de contar con intelectuales comprometidos es quizá su mayor legado para el mundo en general y el que el proyecto evangélico de Carl Henry necesita escuchar.

Diciendo la verdad al poder

Said, un pensador deslumbrantemente brillante y ecléctico, se vio profundamente influenciado por la obra de, entre otros, Antonio Gramsci, el marxista italiano y cabeza de gran parte del pensamiento de la "Nueva Izquierda", Michel Foucault, el postestructuralista francés, y Frantz Fanon, el teórico francoargelino de la descolonización.[8] De ellos aprendió el modo en que el poder establecido utiliza todos los aspectos de la cultura en general para extender su propio proyecto de control y manipulación, y la necesidad, por tanto, de ser crítico con la cultura en la que uno vive para no ser cooptado involuntariamente en su agenda más amplia.

Su articulación más famosa, quizás exagerada, de esta tesis fue en su libro *Orientalismo* (Orientalism). En él sostenía que "el Oriente" era una construcción de la ideología occidental y, por tanto, parte del mecanismo del poder imperial occidental.[9] Luego, en su obra más matizada *Cultura e Imperialismo* (Culture and Imperialism), estudió la literatura occidental con el fin de demostrar cómo incluso autores como Jane Austen escribieron una literatura que reflejaba las ambiciones sociales y políticas del naciente Imperio Británico y, por tanto, contribuyó a naturalizar esas ideas para elevarlas por encima de la crítica.[10]

Sin embargo, a diferencia de Foucault, hay un optimismo subyacente en la obra de Said. Probablemente se deba tanto a su propia experiencia de lucha política como a su lectura de Fanon. Said no está simplemente hipnotizado por el poder como si se tratara de un absoluto inevitable e inoponible; en cambio, considera que la resistencia al poder es posible y deseable, es más,

---

[8] Una buena y accesible introducción al pensamiento de Said es Shelley Walia, *Edward Said and the Writing of History* (Londres: Totem, 2001); véase también David Barsamian, *Culture and Resistance: Conversations with Edward W. Said* (Cambridge: South End Press); Gauri Wiswanathan, *Power, Politics and Culture: Interviews with Edward Said* (Nueva York: Vintage, 2001). Su autobiografía (hasta los 21 años) también es interesante para entender su pensamiento: *Out of Place* (Nueva York: Vintage, 1999).

[9] *Orientalism*, Londres: Penguin, 1978.

[10] *Culture and Imperialism*, Londres: Vintage, 1993.

imperativa.[11] Y aquí es donde el intelectual comprometido tiene que desempeñar su papel: los intelectuales no deben dejarse cooptar por el proyecto más amplio del establecimiento imperialista. No tienen más remedio que trabajar dentro de él. Sin embargo, pueden ofrecer voces críticas y disidentes que ofrezcan narrativas alternativas y posibilidades de resistencia a los poderes dominantes. Deben aprender a comprender el modo en que los medios de comunicación, los gremios académicos y, de hecho, todas las instituciones culturales pueden utilizarse para que el statu quo aparezca como algo absoluto y todas las alternativas como mediocres. El intelectual comprometido debe "decir la verdad al poder", oponerse a la marea popular y hacer una crítica profética del abuso de poder, independientemente de lo "natural" que pueda parecer ese abuso en los medios de comunicación o en las tradiciones políticas y culturales a las que pertenezcamos.[12]

Said identifica dos aspectos de la modernidad/ posmodernidad que son especialmente letales para este proyecto crítico. El primero es el culto a la especialización, por el que quienes hablan fuera de la esfera de competencia para la que tienen las credenciales culturalmente aprobadas son considerados como ilegítimos que cruzan los límites. Como diríamos los británicos, hablan sin saber. El ejemplo que Said utiliza en ocasiones es el del crítico social estadounidense de izquierdas Noam Chomsky.

---

[11] Véase su ensayo "Foucault y la Imaginación del Poder", en *Reflections on Exile and Other Essays* (Cambridge: Harvard University Press, 2002), pp. 239-45.
[12] La visión de Said sobre el papel de los intelectuales, deudora de figuras como Gramsci, Mary McCarthy y Noam Chomsky, se articula con mayor claridad en sus Conferencias Reith, publicadas como *Representations of the Intellectual* (Londres: Vintage, 1994).

Chomsky ha realizado importantes contribuciones, aunque muy controvertidas y muy discutidas, en el campo de la lingüística teórica. Es en este campo donde tiene cualificaciones académicas formales, y su trabajo es tomado muy en serio por la clase académica. También ha hecho importantes contribuciones a la comprensión del funcionamiento de la propaganda, de cómo Occidente ha jugado con frecuencia un juego engañoso con respecto a los abusos de los derechos humanos y las cuestiones geopolíticas. Sin embargo, en este ámbito no tiene ninguna cualificación formal—su trabajo es a menudo denigrado. Esto no se debe a que sea intrínsecamente incorrecto o malo, sino a que no tiene cualificaciones académicas formales que le den derecho a hablar de estos asuntos. En otras palabras, Said diría que la cultura de la especialización académica está siendo utilizada por el establecimiento político para marginar una voz disidente. La cultura académica se confabula efectivamente para ampliar el poder de los políticos haciendo ilegítimas las aportaciones de quienes no poseen el carné de socio adecuado.

El segundo aspecto de la modernidad/posmodernidad que Said considera letal para la idea del intelectual comprometido es la actitud fragmentada y desvinculada fomentada por las diversas formas de relativismo. Éstas se presentan como la vanguardia de la moda en el mundo posmoderno.

No para Said el anuncio metanarrativo simplista de la "muerte de las metanarrativas". Al igual que otros miembros de la izquierda, Said aprecia el impulso verdaderamente crítico que se encuentra en algunos aspectos de estos enfoques, pero también sospecha profundamente del gnosticismo verbal y la esterilidad trivial final que ha marcado gran parte de esta trayectoria. En

Cultura e Imperialismo, Said expresa con pasión este sentimiento:

> En cuanto a los intelectuales cuyo cargo incluye valores y principios— especialistas literarios, filosóficos, históricos—la universidad estadounidense, con su munificencia, su santuario utópico y su notable diversidad, los ha desvirtuado. Jergas de una rebarba casi inimaginable dominan sus estilos. Cultos como el posmodernismo, el análisis del discurso, el Nuevo Historicismo, la deconstrucción, el neopragmatismo los transportan al país de lo azul. Una asombrosa sensación de ingravidez con respecto a la gravedad de la historia y la responsabilidad individual frustra la atención a los asuntos públicos y al discurso público.[13]

A continuación, Said enumera el racismo, la pobreza, el medio ambiente y la enfermedad como temas que reciben una atención cada vez menos seria. La trivialización de las actividades intelectuales se considera así parte del programa general de exaltación de la sociedad occidental.

Aquellos que pasan su tiempo estudiando y dando conferencias sobre telenovelas, cibercitas online, y los Simpsons, sin ninguna comprensión reflexiva de cómo estos estudios son en sí mismos la agenda política más amplia, corren el peligro de permitir que el relativismo cultural, tan amado por la sociedad de consumo occidental, destruya su capacidad de crítica y los coopte en el proyecto de ignorar las cosas que realmente importan. El intelectual no está ahí sólo para seguir los patrones ideológicos

---

[13] *Culture and Imperialism*, pp. 366-67.

dominantes; está ahí para ofrecer la crítica de esos patrones en la medida en que sea posible.[14]

¿Qué puede aprender la Jerusalén de Henry de la Atenas de Said?

Las lecciones de Said para los evangélicos son profundas. Personalmente, de todos los autores no cristianos que he leído, Said es la mayor influencia en mi propio pensamiento. Creo que sus ideas se refieren claramente a los puntos débiles que han surgido en la visión de Henry sobre el nuevo evangelicanismo. De hecho, su voz es una de las que los evangélicos pueden escuchar con provecho (y, dado su elegante estilo, también con placer).

En primer lugar, la noción de Said de un intelectual comprometido está muy cerca del llamamiento de Henry para que los evangélicos se comprometan cultural y políticamente. Por supuesto, es cierto que nadie puede estar al margen de la cultura; todo el mundo existe en un tiempo y un lugar determinados y está moldeado por su entorno.

Lo que Henry no previó en 1948 fue la forma en que el proyecto evangélico se convertiría en parte integrante del proyecto estadounidense. No vio cómo se identificaría con diversas causas estadounidenses en un entorno político altamente polarizado, de modo que, para muchas personas de fuera, el evangelicanismo se identificaría con determinadas posiciones políticas y la autocrítica en la comunidad evangélica sería

---

[14] Esta trivialización de las actividades intelectuales tras el posmodernismo ha sido señalada por Terry Eagleton en *After Theory* (Londres: Penguin, 2003).

prácticamente inexistente. Esto es tan cierto para la derecha política como para la izquierda política en los círculos evangélicos.

La izquierda se apresura a agarrarse a las causas culturalmente de moda—¿me atrevería a decir seguras?—como el racismo y el igualitarismo sexual. Pero las preocupaciones menos populares, como la deuda del Tercer Mundo, la cuestión palestina, el medio ambiente y el sida y la hambruna en el África subsahariana, tienen poca importancia en la política religiosa de la izquierda evangélica, al igual que tienen poco interés para la izquierda secular.[15] Para quienes sostienen la enseñanza paulina sobre el pecado, parecería haber un horrible pelagianismo en el trabajo de tan fácil acomodación cultural.

La noción de Said del intelectual comprometido como alguien que ve la naturaleza colusoria de la cultura y el poder es algo que los antipelagianos deberían entender y apreciar. El papel de los intelectuales comprometidos, los profetas modernos, comienza con la crítica de raíz a la cultura a la que ellos mismos pertenecen. Necesitamos teólogos y líderes eclesiásticos que estén dispuestos a examinar el evangelicanismo y ver cómo y dónde está siendo cooptado y corrompido por la agenda y las prioridades del mundo en general.

Por mi parte, sugeriría que en Occidente el enemigo en este momento es el consumismo, reforzado por la vieja mitología de la superioridad occidental. Estos enemigos son más mortíferos en

---

15 Esto es, por supuesto, una afirmación muy amplia sobre los contornos de las preocupaciones evangélicas generales. Es cierto que hay un número creciente de excepciones: por ejemplo, el trabajo de Gary Burge, del Wheaton College, sobre la cuestión palestina; los diversos escritos de figuras tan diversas como Ron Sider y Os Guinness; revistas como *Sojourners* y *Books and Culture*; y la organización de Joni Eareckson Tada, *Joni and Friends*.

muchos sentidos que la amenaza Roja, aunque sólo sea porque son mucho más insidiosos y seductores. Los enemigos internos, los que se insinúan en nuestras propias formas de vida, son siempre más difíciles de detectar y más difíciles de derrotar. La voz profética *debe* hablar de esto en los próximos años, si no queremos que la iglesia se convierta en una forma religiosa de sustancia totalmente secular. Henry tuvo mucho cuidado de no hacer de su llamamiento al compromiso político un llamamiento partidista. Dada la actual polarización, parece que los evangélicos deben prestar atención a la crítica cultural de un Said si quieren evitar una identificación simplista e idolátrica del cristianismo con un proyecto político concreto, ya sea de derechas o de izquierdas.

En segundo lugar, hay que resistir el culto a la especialización. Debo ser cuidadoso en este punto: no es malo que los cristianos aspiren a ser tan buenos como puedan en sus campos elegidos, y eso se aplica a los estudios teológicos tanto como a cualquier otra cosa. La especialización es aceptable, es más, en muchos casos es deseable. Sin embargo, no se debe permitir que la *cultura* de la especialización haga que un grupo particular sea inmune por defecto a las críticas de cualquier otro grupo. Eso crea un contexto para el abuso de poder, a través del desempoderamiento de aquellos que no poseen el carnet de miembro de un gremio particular, no porque lo que digan sea intrínsecamente malo.

El llamamiento de Enrique para que los cristianos obtengan las calificaciones educativas apropiadas y se involucren al más alto nivel en la discusión académica es correcto, adecuado y necesario. Para lograrlo, los evangélicos necesitaban negociar con la academia no evangélica, ya que ésta establecía los términos y determinaba los marcos de debate. Sin embargo, a veces esta negociación ha llegado a parecerse más a una capitulación. Un aspecto de esto es la forma en que la especialización y la fragmentación disciplinaria han llevado a la erección de muros entre los gremios académicos. Un ejemplo de ello puede ser el modo en que los sinópticos y los sistemáticos se sienten incapaces de hacer comentarios fuera de sus propios campos y, de hecho, se resienten de cualquier intento por parte de otros de inmiscuirse en su propio territorio desde fuera. Mientras escribo, no me resulta evidente cómo superar esta situación.

Sin embargo, estoy seguro de que no se trata simplemente de un problema técnico que se resuelve con formación y experiencia. Es también un problema cultural más profundo, y la solución implicará cambios de actitud. También implicará cambios en el vocabulario, ya que la generación de una verborrea pretenciosa y opaca en muchas áreas de especialización está seguramente tan en función de intentar reforzar la mística de la especialización como de la necesidad de expresarse con claridad y precisión en un contexto técnico.

Si lo que se pretende es esto último, es necesario que alguien informe a nuestros hermanos hermeneutas, preferiblemente con palabras de una o dos sílabas, de que esto no es lo que se está consiguiendo en realidad. La especialización que se asume a sí misma como invulnerable a las críticas del exterior es una especialización que se ha hecho a sí misma, y al poder que ejerce, irresponsable ante nadie más que ante aquellos que elige.

Por último, hay que tener en cuenta las advertencias de Said sobre los efectos nocivos del poder trivializador y relativizador absoluto de diversas corrientes del posmodernismo. El nuevo evangelicanismo en Estados Unidos se ha apoderado de esas corrientes con fuerza, y algo bueno ha surgido de ello, por ejemplo: un serio deseo de compromiso con la cultura popular;

también una conciencia de que el pasado—incluso la escritura del pasado—es en muchos sentidos problemático; y una aparente sensibilidad hacia nuestra propia situación cultural y la necesidad de respetar otras culturas.

Pero si son ciertos los comentarios de Said sobre el modo en que tales filosofías relativistas se confabulan en última instancia con las tendencias culturales más amplias, ya sea reduciendo todas las cuestiones al mismo nivel moral trivial o eliminando cualquier base para la crítica social, entonces tenemos que preguntarnos si el posmodernismo evangélico de moda es algo más que un intento subrepticio y devastador de "despojar", por utilizar el término de Said, el evangelio de su poder crítico. ¿Es el relativismo postmoderno cristiano simplemente otro ejemplo de cómo el evangelicanismo ha hipotecado su alma al consumismo occidental y ahora rinde homenaje acrítico—y a menudo involuntario—al ídolo de los valores occidentales?[16] De nuevo, la respuesta al problema no es fácil.

Sin embargo, la conciencia de que el posmodernismo, en sus formas crudas y populares, puede ser parte del problema más que de la solución, marcará un punto de partida para una mayor

---

16 También me convencen los argumentos de Frederic Jameson, Perry Anderson y Terry Eagleton (y articulados en un contexto cristiano por individuos como Stanley Hauerwas) de que existe una conexión entre las epistemologías relativistas posmodernas y el consumismo. Si este es el caso, entonces el auge del pensamiento evangélico posmoderno, la cultura empresarial del evangelicanismo estadounidense y el aparente caos ideológico de un órgano como *Christianity Today*, que he mencionado anteriormente, pueden considerarse parte de una misma agenda: una conexión clásica, saidiana, de poder ideológico, institucional, cultural y económico. En general, los expertos postmodernos cristianos no han tomado con la suficiente seriedad las condiciones materiales en las que se dan las diversas filosofías rutinariamente categorizadas como "postmodernas".

reflexión crítica sobre cómo funciona como ideología en el mundo cristiano contemporáneo y más allá.

Extraños compañeros de cuarto. Uno era el periodista cristiano totalmente estadounidense con una visión del evangelicanismo que dio forma a una generación, y el otro el intelectual palestino secular y exiliado cuyos escritos sobre política y cultura desafiaban sistemáticamente el consenso dominante y presentaban las reivindicaciones de los marginados a un mundo indiferente u hostil. Ninguno de los dos, estoy seguro, apreciaría la compañía del otro.

Sin embargo, el ambicioso proyecto de Henry necesita claramente el filo crítico de un Said si quiere ser fiel a su tarea de verdadero compromiso y no de mera colusión cultural. Henry habló de la conciencia incómoda del fundamentalismo. Sin embargo, las diversas sectas del evangelicanismo estadounidense moderno, aunque están muy enfadadas con casi todo el mundo, parecen a menudo muy cómodas y tranquilas consigo mismas. De hecho, parecen tener las conciencias fáciles de aquellos pelagianos que ven al enemigo en todas partes excepto en sus propios corazones.

Y, sin embargo, en este contexto no parece haber credos mejor diseñados para mantener esta facilidad de la conciencia evangélica moderna que aquellos que se regocijan acríticamente en el camino occidental, ya sea de derecha o de izquierda; o que se deleitan en las diferencias y no ofrecen ninguna base satisfactoria para discernir lo bueno de lo malo, lo vitalmente importante de lo totalmente trivial; o que no ven el modo en que el evangelicanismo, a menudo en el mismo punto en el que se considera más comprometido y culturalmente inteligente, es con demasiada frecuencia el aliado inconsciente y acrítico de agendas políticas y culturales más amplias que no tienen nada que ver con el cristianismo bíblico.

En este momento, no necesitamos otro experto de moda que salve las conciencias mediante comentarios culturales superficiales que incluyan enfoques cristianos sobre Britney Spears, el hilo dental o los anuncios de cerveza. Tales personajes son casi inútiles en las luchas que el cristianismo enfrenta en este momento. En su lugar, necesitamos a cristianos que no pierdan el tiempo con basura, sino que se atrevan a decir la verdad al poder en cualquier circunstancia y por muy incómoda que sea para nuestras conciencias.

1.3. LA BANALIDAD DEL MAL: DE EICHMANN A LA GENERACIÓN DEL iPHONE

Cuando acepté la invitación para hablar aquí, el título original que se me dio fue: "¿Quién es capaz de hacer el mal?" Decidí rápidamente cambiarlo porque, como me dijo mi asistente, una vez que hubiera dado la respuesta de una sola palabra, "Todos", quedaría muy poco por decir. Además, soy un historiador, no un filósofo, ni un político, ni un teólogo; por lo tanto, no estoy realmente cualificado para abordar las cuestiones del mal en un sentido profundo, abstracto o teórico; en su lugar, lo que hago es examinar todas las cuestiones históricamente, a través de la lente de los detalles de la historia; por lo tanto, esta noche quiero abordar la pregunta original, "¿Quién es capaz de hacer el mal?" examinando una manifestación específica del mal histórico, la de la Solución Final, y de una figura central en esa tragedia, Adolf Eichmann.

Sin embargo, primero será útil dedicar unos momentos a reflexionar sobre la imagen del mal en nuestra cultura. La imagen del mal en la cultura ya sea alta o baja (si es que esos términos tienen algún sentido), indica muy claramente el hecho de que, como seres humanos, lo encontramos fascinante. Los personajes del mal en las obras de teatro, libros y películas suelen ser retratados como extrañamente atractivos por su fría sofisticación y su superioridad intelectual frente a muchos de sus oponentes. Así, tenemos a Iago, Macbeth y Ricardo III de Shakespeare; al profesor Moriarty, el genio criminal de las novelas de Sherlock Holmes; a Hannibal Lecter, el terrorífico pero sofisticado caníbal y asesino en serie; al Duende Verde y al Dr. Octopus, los enemigos mortales de Spiderman; a Lex Luthor, némesis de Superman; y a cualquier número de oponentes de James Bond, desde el Dr. No hasta LeChiffre, pasando por Goldfinger.

Podría decirse que muchos de estos personajes son tan interesantes, si no más, que sus oponentes más puros. Y hay formas sutiles en las que se manifiesta esta fascinación por la sofisticación del mal. Por ejemplo, las películas y programas de televisión estadounidenses contienen un número muy desproporcionado de villanos con acento inglés. De hecho, en cualquier novela policíaca en la que uno de los personajes sea inglés, es relativamente fácil adivinar quién ha cometido el asesinato desde el momento en que dicho personaje abre la boca. En una serie reciente de *24*, incluso el villano ruso hablaba con un impecable acento inglés. El acento delata la depravación moral, la *sofisticada* depravación moral, que se esconde bajo la fachada superficialmente educada.

Estos fenómenos culturales nos permiten extraer dos conclusiones. En primer lugar, el mal es fascinante. Por eso se vende tan bien como producto en el mercado del entretenimiento. Por decirlo sin rodeos, el mal es en general mucho más interesante y entretenido que su opuesto; es prácticamente un producto que, añadido a otros, los hace mucho más vendibles. ¿Qué es lo que hace que *El Señor de los Anillos* sea tan interesante? Es el mal y el conflicto que el mal conlleva. O tomemos la *Divina Comedia* de Dante Alighieri, con sus tres partes, *Infierno*, *Purgatorio* y *Paraíso*. No puedo citar capítulo y versículo, pero si fuera un hombre de apuestas apostaría por el hecho de que la más leída de las tres secciones sería el *Infierno*, con el *Purgatorio* en un pobre segundo lugar, y el *Paraíso* en un muy distante tercero.

¿Por qué digo esto? Sencillamente porque el mal, y el dolor y el sufrimiento que genera, es más interesante de leer que el tipo de felicidad idílica que se encuentra en el *Paraíso*. La dicha eterna puede ser realmente maravillosa; la imagen de los ángeles sentados en las nubes y tocando el arpa tiene su atractivo; pero es mucho más aburrida como deporte para el espectador que los espectaculares fuegos artificiales y las aterradoras vistas del *Infierno*.

La segunda conclusión es que generalmente concebimos el mal como algo sofisticado y excepcional. Por supuesto, hay varios mitos sobre el mal que, a primera vista, parecen ir en contra de esta tesis, por ejemplo, la suposición común, a menudo reforzada por los informes de los medios de comunicación, de que los asesinos en serie se mantienen al margen, son buenos vecinos y tienen toda la apariencia de ser ordinarios. Puede que a veces sea así en la vida real; pero en la forma en que se presentan en artefactos culturales como las novelas y las películas, esta normalidad suele presentarse como una pantalla hábilmente construida que oculta el mal sofisticado y maligno que acecha bajo la superficie de la respetabilidad suburbana.

Parece que necesitamos que el mal sea inteligente y excepcional. ¿A qué se debe esto? Me gustaría sugerir que, en un nivel simple y en relación con mi punto anterior, el mal sofisticado es mejor copia, siendo mucho más fascinante y entretenido. Pero también sugeriría que, tal vez, hacer que el mal sea excepcional de esta manera nos permite distanciarnos de lo que se está representando.

Al igual que los medios de comunicación pueden exagerar la normalidad externa de los asesinos en serie para asustarnos (¿Tal vez para emocionarnos? ¿Acaso los medios de comunicación estadounidenses no son una forma más de entretenimiento?) haciéndonos creer que cualquiera, incluso el simpático Sr. Jones de la esquina, podría ser el próximo estrangulador de Boston, de modo que la representación del mal como algo excepcional en las novelas y las películas nos entretiene y, al mismo tiempo, nos permite distanciarnos de él. Y los medios de comunicación son muy capaces de jugar a este juego cuando les conviene también. La representación de los líderes enemigos, ya sean rusos en la Guerra Fría o iraquíes en los últimos tiempos, nos permite asumir que las reglas ordinarias que se aplican a nosotros no se aplican a ellos, porque son la sofisticada encarnación del mal.

Para unir estas ideas: me parece indiscutible que el mal nos fascina; y que la representación normativa del mal en obras de teatro, novelas y películas indica que nos fascina especialmente el mal como algo inteligente y sofisticado, algo de lo que podemos distanciarnos inmediatamente por ser excepcional, algo que es distinto a nosotros; pero también algo que, en virtud de su sofisticación, nos fascina e interesa aún más.

Hasta aquí la representación cultural del mal. Por supuesto, todo esto es mitología. Por *mitología*, por supuesto, no quiero decir que estos retratos del mal no tengan ninguna referencialidad extratextual, nada a lo que correspondan en el mundo real. Lo que quiero decir es que son mitológicos en la medida en que presentan la realidad de una manera determinada, para conseguir ciertos fines o crear ciertas realidades: para entretenernos; para justificar ciertas convenciones sociales; para confirmar nuestra opinión de que el mal es algo que implica a otras personas excepcionales y no a nosotros mismos, etc.

Teniendo en cuenta esto, ahora quiero dirigir nuestra atención a la obra de la que he extraído parte del título de esta conferencia: El relato de Hannah Arendt (escrito originalmente como una serie de artículos para *The New Yorker*) sobre el juicio del criminal de guerra nazi, Adolf Eichmann, por crímenes de guerra ante un tribunal de Jerusalén en 1962. Eichmann había sido miembro de las SS y responsable de partes importantes de la administración de la Solución Final. Había asistido a la tristemente célebre Conferencia de Wannsee, en la que se formuló el exterminio de los judíos como política específica de los nazis. Había ayudado a desarrollar la logística del genocidio. Después de la guerra, huyó de Alemania en 1950 y vivió en Argentina hasta que fue secuestrado por agentes israelíes en 1960. Llevado de vuelta a Israel, se enfrentó a un juicio en Jerusalén, sentado por su propia protección en una caja de cristal durante todo el proceso judicial; fue declarado culpable; y luego fue ejecutado. Hannah Arendt, una destacada filósofa, alemana y judía, había informado sobre el juicio y el producto final fue un libro no sólo de reportaje periodístico sino también de crítica filosófica y social del totalitarismo, del genocidio y de los hombres y mujeres que lo aplican.[1]

El libro de Arendt fue muy controvertido en su momento, pero encierra numerosos puntos de interés a la hora de intentar comprender la naturaleza del mal. Para empezar, el Holocausto es tan vasto, tanto por la profundidad, intencionalidad y minuciosidad de su maldad, como por la complejidad, tecnología

---

[1] La edición que he utilizado para esta conferencia es Hannah Arendt, *Eichmann in Jerusalem: A Report on the Banality of Evil* (Londres: Penguin, 1977).

y de otra manera, de su ejecución. Es, tal vez, el ejemplo supremo de la maldad humana consciente en todos los niveles, desde el moral hasta el técnico; y con Eichmann como uno de los protagonistas, cabría esperar que representara de algún modo microcósmico estos atributos del conjunto mayor—un genio ideológicamente impulsado, brillantemente malvado y decidido a realizar actos de maldad cada vez mayores. Sin embargo, la imagen que pinta Arendt es mucho más compleja y subversiva que muchos de los clichés de la cultura popular sobre el mal.

Lo que más impresionó a Arendt sobre Eichmann no fue que fuera un genio del mal con un talento inmoral excepcional, sino su absoluta ordinariez. Francamente, resultaba aburrido e irreflexivo. Su problema, observó, no era un exceso de ideología, sino un déficit de pensamiento. Era completamente incapaz de comprender el alcance de sus crímenes, de simpatizar con sus víctimas o de entender que era responsable de alguna manera de los asesinatos en masa que ayudó a facilitar. Ni siquiera podía comprender por qué no había ascendido más en la jerarquía nazi de lo que de hecho había hecho. En otras palabras, a Arendt le parecía que Eichmann era un espécimen de humanidad bastante típico.

Este punto de vista fue muy ofensivo para muchos. Algunos interpretaron que Arendt disculpaba a Eichmann porque la categoría que utilizaba para explicarlo—la banalidad, su persona tan poco excepcional—parecía demasiado normal y alejada de las categorías morales necesarias para evaluar y condenar a un hombre implicado en tales crímenes. Otros consideraron que la supuesta ordinariez de Eichmann lo humanizaba de tal manera que lo convertía en una figura más simpática.

Por último, Arendt (ella misma judía) señaló la complicidad de numerosas figuras y organizaciones judías en la aplicación de la Solución Final. Está la trágica figura del Dr. Kastner, una de las principales figuras de la comunidad judía de Budapest, que negoció con Eichmann y consiguió la seguridad de unos pocos miles de judíos a los que se les permitió emigrar a cambio de garantizar el cumplimiento pacífico de cientos de miles con los nazis de una manera que garantizaba su propia muerte. Y en todas partes la narración de Arendt se ve acosada por la pregunta: ¿cómo pudo un número comparativamente pequeño de funcionarios nazis enviar a tantos judíos a las cámaras de gas? ¿Por qué no se defendieron más? Por esto, Arendt se vio atacada como una judía que se odia a sí misma.

Dejando a un lado estas cuestiones tan desgarradoras, quiero centrarme en dos cuestiones que se desprenden del retrato que Arendt hace de Eichmann y que, en mi opinión, son las más significativas para reflexionar sobre la naturaleza del mal y la capacidad humana para ello. Se trata del papel de los clichés y del papel de la tecnología. Ambos desempeñaron un papel importante en el Holocausto en general y en el de Eichmann en particular; ambos contribuyeron a su absoluta irreflexión y banalidad; y ambos nos plantean exigencias.

El poder del cliché

Una de las cosas que Arendt observó en Eichmann fue su incapacidad para hablar en otra cosa que no fuera la jerga oficial del régimen nazi y de la burocracia a la que servía, y en clichés inventados por él mismo que, podríamos decir, daban su propio giro anodino, si no positivo, a todos los acontecimientos. Así, fue capaz de empaquetar los horrores de la Solución Final, y de su papel central en ella, en un lenguaje que evitaba por completo las profundas cuestiones morales que esa complicidad en el asesinato en masa debería haber planteado.

En un momento revelador mientras estaba encarcelado en Jerusalén, su joven guardia de la prisión le dio una copia de *Lolita* de Nabokov para que la leyera; la devolvió dos días después, describiéndola como "un libro bastante malsano".[2] Así, el asesinato en masa se convierte en una mera función de la burocracia y, en consecuencia, no provoca en Eichmann ningún sentimiento de indignación moral; mientras que un clásico sexualmente explícito de la literatura del siglo XX se gana su horror y desprecio.

La conclusión de Arendt sobre este punto es la siguiente:

> Cuanto más se le escuchaba, más evidente resultaba que su incapacidad para hablar estaba estrechamente relacionada con una incapacidad para pensar, es decir, para pensar desde el punto de vista de otra persona. No había comunicación posible con él, no porque mintiera, sino porque estaba rodeado de la más fiable de todas las salvaguardas contra las palabras y la presencia de los demás, y por tanto contra la realidad como tal.[3]

Los clichés, por tanto, son el enemigo no sólo de la comunicación clara, sino también de la acción social y moral reflexiva. Permitieron a Eichmann habitar un mundo que sencillamente no tenía que abordar las necesidades o los sentimientos de los demás, ni sus propias responsabilidades morales y sociales más amplias. Arendt da numerosos ejemplos que surgieron en el juicio, algunos

---

2 Arendt, 49.
3 Ibid.

cómicos, otros trágicos.[4] Lo que todos ellos indican es la total incapacidad de Eichmann para pensar. ¿Qué importancia tiene esto para nosotros? Bueno, volviendo a mi pregunta original: ¿quién es capaz de hacer el mal? Respondí: "Todo el mundo"; y aunque defendería eso como cierto, es una respuesta algo insatisfactoria desde el punto de vista histórico. Es más bien como preguntar por qué se derrumbaron las Torres Gemelas el 11 de septiembre de 2001 y responder "la gravedad". Es una respuesta verdadera, pero totalmente inadecuada para dar sentido a la atrocidad en cuestión. Entonces, ¿por qué Eichmann cometió el mal? En parte porque perdió cualquier capacidad que pudiera haber tenido para la acción reflexiva a través de su absorción y uso acrítico del mundo cliché que había llegado a habitar. Y tenemos que asegurarnos de que nosotros, como individuos y como sociedad, resistimos la tentación de caer en lo mismo.

Vivimos en una democracia, y la democracia, por supuesto, depende para su buena salud de un intercambio sano y libre de ideas matizadas. Sin embargo, también pone claros límites a los matices: por muy complicados que sean los diversos asuntos—económicos, morales y sociales—de hoy en día, cuando se entra en la cabina de votación sólo se puede votar a un partido; por lo tanto, todo el mundo, salvo el más ignorante, probablemente tendrá que intercambiar acuerdos y desacuerdos con la plataforma de un partido al marcar la casilla correspondiente.

Sin embargo, a medida que la televisión e Internet reducen cada vez más el debate político al nivel de las frases sonoras, la imagen y la estética, haciendo que las decisiones políticas sean prácticamente una cuestión de gusto más que de argumento, el lenguaje del discurso público se vuelve cada vez más cliché de

---

[4] Arendt, 48-53.

una manera que obstaculiza nuestra capacidad de hablar, por lo tanto de pensar, y por lo tanto de actuar. La reducción, por ejemplo, del debate sobre el aborto a los eslóganes de las pegatinas "Pro-vida" y "Pro-elección" es, por ejemplo, perjudicial para un compromiso reflexivo con la cuestión. El uso de la primera etiqueta por parte de los que ponen bombas en las clínicas, y de la segunda por parte de los que hacen campaña para impedir que los antiabortistas tengan una plataforma pública, dice mucho sobre la forma en que los clichés han cobrado vida propia y han perjudicado gravemente la capacidad de quienes los utilizan para tomar decisiones coherentes incluso con su propia moralidad declarada.

Ahora bien, el lenguaje es algo público y comunitario, no el producto de individuos aislados; y como tal es siempre vulnerable a ser cliché, a ser dado por sentado y a ser utilizado por nosotros de una manera que nos excusa de tener que pensar por nosotros mismos. Tal vez esto sea más evidente hoy en día en el ala extrema de la llamada "derecha religiosa", donde términos como "liberal" y "bienestar social" se han vuelto tan evidentemente peyorativos que es casi imposible entablar un debate inteligente sobre lo que realmente representan en términos reales. Y la izquierda secular se entrega al mismo abuso del lenguaje: cualquiera que tenga simpatías religiosas tradicionales es un fundamentalista, lo que impide de nuevo un debate inteligente.

Y el problema no termina con el asesinato del debate; el poder de los clichés se extiende, como con Eichmann, a la abdicación moral de la responsabilidad personal. Una vez que he etiquetado a alguien como *fundamentalista* o *liberal*, ya no tengo la obligación de tratarlo como un ser humano a otro; su humanidad ha sido eclipsada por la cosificación de algún punto de vista que sostiene y que ahora me da una cuenta exhaustiva, y subhumana, de quién es.

Podría seguir—la suplantación de las categorías de responsabilidad moral por el lenguaje de la adicción muestra de nuevo el poder del cliché para despojarnos de nuestra humanidad—ya no malgasto el dinero comprando discos de rock clásico de los años setenta ahora soy adicto a las compras ya no engaño a mi mujer, sino que padezco la enfermedad de la adicción al sexo—además, el lenguaje del optimismo estadounidense ligado a cualquier número de innovaciones tecnológicas y, sobre todo, al mundo empresarial que las rodea, hace que la crítica reflexiva de la tecnología de la información sea, en el mejor de los casos, redundante y, en el peor, la actividad de los luditas cascarrabias.

Pero hay más. En la Alemania nazi, el lenguaje cliché de la oficialidad formaba parte de un sistema de opresión autorreferencial y autojustificativo. Aunque no cabe duda de que Eichmann tuvo la posibilidad de elegir—otros hombres de las SS rechazaron sus tareas asesinas y simplemente fueron destinados a otros cometidos—no cabe duda de que el lenguaje de la burocracia nazi fue seductor para muchos, especialmente para aquellos que se dejaron llevar tan profundamente por el sistema que perdieron su capacidad de pensar por sí mismos. Lo mismo ocurre hoy en día, como podrá confirmar cualquiera que haya tenido que tratar con un representante de una agencia gubernamental o de una compañía de seguros. La burocracia crea su propio lenguaje oficial que sirve para justificar tanto sus medios como sus fines.

En este contexto, podría añadir que estoy básicamente de acuerdo con la crítica de Terry Eagleton a ciertas corrientes del pensamiento contemporáneo que enfatizan tanto la naturaleza lingüística de la realidad que excluyen efectivamente cualquier oportunidad de plantear un desafío significativo al statu quo. En estos esquemas, el lenguaje ya no es un medio de comunicación; es más bien una prisión que determina la propia naturaleza y los límites de la realidad. La protesta es imposible porque las propias herramientas de protesta se interiorizan en cuanto se producen.

Además, las universidades y los institutos, los mismos lugares en los que debería fomentarse y cultivarse el pensamiento crítico, han caído presas de sus propios clichés de "posmodernismo" y "profesionalismo", con todo el pragmatismo que conllevan. La fragmentación radical de las disciplinas académicas, con el desarrollo inherente del lenguaje repelente y arcano que la especialización trae consigo, ha servido para que la educación superior no sea un contexto para desarrollar el pensamiento independiente, sino para fomentar una trivialización de los valores, donde los doctorados sobre gestión hotelera y sobre el piercing en la costa de Jersey tienen tanta legitimidad como los que tratan de lo que antes se consideraban las grandes cuestiones de la vida: la salvación eterna o la lucha de clases o la pobreza mundial o la guerra nuclear.

Así que, para concluir esta sección, la banalidad de Eichmann es sin duda una advertencia de la historia para todos nosotros: los clichés del lenguaje, de la política, de la burocracia tienen un poder que subestimamos a nuestro riesgo; y sin embargo, vivimos en un mundo que, a través de la dominación de los medios de comunicación televisivos y de la política sensacionalista, hace que sea cada vez más dificultoso pensar en algo más que en clichés. Y esto tiene importantes implicaciones en cómo pensamos, o no pensamos, y cómo actuamos en consecuencia.

El poder de la tecnología

El segundo aspecto sorprendente de Eichmann es el papel que la técnica y la tecnología desempeñaron en sus crímenes, y en su propia comprensión de los mismos. Hay un sentido muy real y escalofriante en el que Eichmann se consideraba a sí mismo simplemente como un hombre de logística. Esto está, por supuesto, íntimamente relacionado con los clichés en los que se apoyó en relación con su tarea. Era el facilitador, el hombre que hacía que las cosas sucedieran, que llevaba a cabo las órdenes de sus superiores.

En la práctica, esto significaba que era el hombre que tenía que asegurarse de que los trenes funcionaran a tiempo con las personas adecuadas a bordo, y que llegaran al lugar correcto. Que las personas correctas fueran judíos y gitanos, y que el lugar correcto fuera Auschwitz, puede causar terror en nuestros corazones; pero para él era sólo un trabajo.[5]

Con la única excepción de haber abofeteado a un oficial judío en la cara (un incidente por el que Eichmann aparentemente se disculpó inmediatamente), no hay pruebas de que fuera personalmente sádico o brutal con sus víctimas en absoluto. Por lo tanto, es un buen ejemplo, aunque extremo, de la forma en que la tecnología puede ser utilizada por los seres humanos para distanciarse de las diversas consecuencias de sus acciones y de las sociedades a las que pertenecen. Sin duda, todos estamos familiarizados con esto en términos de ejemplos más comunes.

Así, tengo amigos vegetarianos que me dicen que, si yo mismo tuviera que matar vacas, cerdos y ovejas, me volvería

---

[5] Véase, por ejemplo, Arendt, 140, que trata de las deportaciones de Budapest.

rápidamente vegetariano. Pero, imagino que probablemente podría acostumbrarme al papel de carnicero, pero la cuestión está bien planteada: Si tuviera que sacrificar la carne yo mismo, tendría una actitud muy diferente hacia la carne que comiera. La tecnología me aleja de la industria cárnica, un distanciamiento que agradezco cada vez que como un jugoso filete.

En el contexto del papel de Eichmann en la Solución Final, vemos cómo el mundo de clichés en el que vivía se combinó con la tecnología para aislarle de las cuestiones morales obvias. No mató a nadie, sino que se limitó a obedecer órdenes. No infligió dolor a nadie; simplemente se aseguró de que los trenes funcionaran a tiempo y de que los comandantes de los distintos campos de exterminio estuvieran preparados para recibir a los judíos deportados que él enviaba. Era simplemente un trabajador muy eficiente, un pequeño engranaje dentro de una máquina impersonal mayor que se limitaba a realizar un trabajo concreto. No se sentía responsable de la ideología racista subyacente a la Solución Final. De hecho, era un admirador de Theodore Herzl, el fundador del sionismo; e incluso tenía una amante judía en Viena, simplemente el crimen más atroz que un oficial de la SS podía cometer. Y no se sintió responsable de las ejecuciones masivas en las cámaras de gas de Auschwitz. No gaseó a nadie. Era simplemente el intermediario, el facilitador.

De nuevo, ¿qué relación tiene esto con nosotros? Bueno, sería una tontería empeñarse en el argumento de que todos somos cómplices de algo parecido a la Solución Final. Afortunadamente, no es el caso: no hay campos de exterminio humano masivo y sistemático que yo conozca en Estados Unidos. Sin embargo, vivimos en un mundo en el que la tecnología ha desplazado a la virtud; o, quizás mejor, la tecnología se ha convertido en virtud.

Hay una fuerte corriente en la cultura contemporánea que parece ver los problemas de la moral personal como cosas que deben ser abordadas con respuestas tecnológicas. Tomemos un ejemplo trivial: el uso antisocial del teléfono móvil en los cines. Para resolver este problema, algunos teatros han estudiado la posibilidad de instalar tecnología que bloquee la recepción de teléfonos móviles durante las funciones.

El problema parece ser moral: el egoísmo de algunos miembros del público; la solución es tecnológica—trata de resolver el problema sin abordar la cuestión de la responsabilidad moral del público. Hay muchos otros ejemplos: las eternas peticiones de que los motores de los coches estén equipados con dispositivos de amortiguación para evitar que los conductores sobrepasen el límite de velocidad; el desarrollo de dispositivos de prueba de alcoholemia para evitar que los coches sean arrancados por conductores que superen los niveles legales de alcohol en sangre.

Lo que quiero decir, por supuesto, no es que estos desarrollos sean necesariamente malos, inútiles o erróneos, sino que son interesantes como respuestas por lo que no abordan. Ofrecen soluciones tecnológicas a problemas morales que en realidad surgen por el comportamiento inadecuado de los individuos. Indican la existencia de una cultura en la que a la tecnología se le atribuyen efectivamente poderes y competencias morales en sí misma. Y este pragmatismo tecnológico es peligroso precisamente porque, como ocurre con los clichés, nos permite abdicar de nuestras responsabilidades morales. Cuando llegamos a creer que los problemas morales pueden tener soluciones tecnológicas, entonces reducimos la propia moralidad a una cuestión de pura pragmática: mera conveniencia y técnica.

De hecho, el propio lenguaje que se aplica con frecuencia a la ciencia y la tecnología se ha convertido a menudo en un cliché, y esta combinación es especialmente potente. De nuevo, el juicio de Eichmann proporcionó un ejemplo de primera clase de esto. El abogado de Eichmann, el Dr. Servatius, era un especialista en derecho fiscal y empresarial de Colonia. Era un alemán corriente que ni siquiera se había afiliado al partido nazi. Sin embargo, en su declaración final ante el tribunal, declaró a su cliente inocente de "la recogida de esqueletos, las esterilizaciones, los asesinatos con gas y otros *asuntos médicos similares*". Arendt continúa:

> El juez Halevi le interrumpió: "Dr. Servatius, supongo que cometió un desliz al decir que matar con gas era un asunto médico". A lo que Servatius respondió: "Sí era un asunto médico, ya que fue preparado por médicos; era un asunto de matar, y matar también es un asunto médico".[6]

Servatius utilizaría el mismo cliché, "asunto médico", para referirse al acto consciente de asesinato en masa en al menos otra ocasión en los documentos judiciales. La tecnología se une al cliché; y el asesinato en masa y la responsabilidad moral se borran efectivamente con un simple movimiento de varita lingüística.

Algunos de los llamados expertos posmodernos, por supuesto, podrían desestimar esta preocupación haciendo un gran juego de la crisis de confianza en la ciencia. Criticar ese punto de vista sería una conferencia en sí misma, pero basta con decir aquí que no veo muchas pruebas, si es que hay alguna, de esta crisis fuera de las salas de conferencias de dichos expertos.

---

6 Arendt, 69.

A nivel de cultura popular, parece evidente que el apetito del público por más tecnología y por los últimos modelos de todo, desde ordenadores hasta lavadoras, es insaciable; y el libro de Richard Dawkins, *El Espejismo de Dios* (The God Delusion), se ha vendido en cantidades con las que la mayoría de los profetas de la muerte de la ciencia sólo pueden soñar. De hecho, puedes escribir todos los libros que quieras sobre el colapso de la ciencia, pero lo más probable es que lo hagas en un ordenador de última generación alimentado por la electricidad proporcionada por una central eléctrica de última generación.

La ciencia y la tecnología están aquí para quedarse como fuerzas culturales dominantes; y eso es bueno. Me gustan los nuevos ordenadores; me gustan los inodoros con cisterna; me gustan los antibióticos; me gusta poder volar al Reino Unido y beber cerveza decente de vez en cuando. Pero es imperativo que seamos conscientes de los peligros de permitir que la tecnología cree un mundo en el que podamos abdicar de la responsabilidad moral.

Cuando la burocracia y la tecnología crean sistemas gigantescos y aparentemente impersonales, entonces se hace posible que cada una de las personas individuales involucradas en el sistema ignore su responsabilidad por las consecuencias de ese sistema. Así fue el Holocausto; y en nuestra sociedad, cada vez más burocratizada y tecnificada, el potencial para tal abdicación es seguramente mucho mayor.

Algunas observaciones cristianas

Hasta ahora, he expuesto el retrato que Arendt hace de Eichmann en relación con la realización del Holocausto. Aunque hablo desde una perspectiva conscientemente cristiana, poco o nada de lo que he dicho hasta ahora es explícitamente cristiano en su contenido. En esta sección final deseo exponer algunas observaciones en las que mis compromisos cristianos son quizá más evidentes. Lo hago con dos intenciones específicas en mente. En primer lugar, quiero argumentar que el cristianismo ofrece un marco en el que las lecciones de Eichmann pueden ser apropiadas y reforzadas; y, en segundo lugar, al hacerlo quiero al menos sembrar en sus mentes que la imagen popular de los medios de comunicación del cristianismo como un movimiento necesariamente reaccionario, de derechas y socialmente irresponsable puede no ser todo lo que parece. Soy el primero en admitir que la historia de la Iglesia y de muchos cristianos es menos que estelar, pero quiero argumentar que la fe cristiana ofrece recursos intelectuales que dan un marco de referencia para aprender del Holocausto.

En primer lugar, la observación de Arendt de que Eichmann era incapaz de ver nada desde el punto de vista de sus víctimas es básica para su análisis. Esto se debió, en parte, a la absorción del muy inteligente mundo del lenguaje del SS Heinrich Himmler, el Mariscal de Campo de las SS y el hombre a cargo en última instancia de la Solución Final siempre tuvo cuidado de no negar la naturaleza horrible de la tarea en la que sus hombres estaban involucrados; pero en lugar de decir "¿No es horrible la matanza de judíos?" creó una cultura en la que la pregunta se planteaba como "¿No es horrible lo que tenemos que soportar por el bien del Reich?" Así, la supresión afecta al autor, no a la víctima. Y el propio testimonio de Eichmann lo ejemplifica: su relato sobre la visión de los judíos gaseados y fusilados se centra en el horror que siente, no en el terrible destino de los propios judíos.

¿Qué hace esto posible? La capacidad de los oficiales de las SS de separarse de sus víctimas y, subyacente a esto, la negación de la humanidad común de ambos. La posibilidad de la Solución Final se basaba en la abolición de la naturaleza humana común. Esa es en parte la razón por la que la gente corriente cometió tan terribles atropellos: años de propaganda antisemita habían preparado el terreno que reducía a los judíos a menos que humanos a los ojos de los demás. Algo similar ocurrió en la Unión Soviética, donde de nuevo la propaganda abolió la naturaleza humana común y facilitó los gulags.

Me atrevo a decirlo, pero esta abolición de la naturaleza humana se encuentra en el corazón de gran parte de la filosofía post-estructuralista. La obra de Foucault y Derrida, con toda su seductora sofisticación, tiene como objetivo la abolición de la naturaleza humana. Como tal, no sólo convierte a los seres humanos en impotentes frente a la opresión, socavando la posibilidad de resistir al poder; también destruye cualquier posibilidad de articular los derechos humanos.

Los derechos humanos son, en el mejor de los casos, una construcción social más o menos arbitraria que no tiene más que un interés local; en el peor de los casos, son simplemente parte de una conspiración occidental para imponer los valores occidentales al resto del mundo como si poseyeran una realidad trascendente. Si la naturaleza humana no tiene sentido, entonces los derechos humanos tampoco lo tienen, y las salvaguardias contra algo como el Holocausto se debilitan dramáticamente.

El primer paso para llegar a ser como Eichmann se da cuando, ya sea por irreflexión o por convicción ideológica, llegamos a negar la humanidad común que todos compartimos. Sin embargo, si comprendemos que ningún hombre o mujer es una isla, que todos formamos parte del todo, que el sufrimiento de los hambrientos en África o de los indigentes en las calles de Filadelfia me implica porque soy humano como ellos, entonces queda clara la necesidad de que asuma mi responsabilidad y actúe. Y así es la enseñanza bíblica sobre la naturaleza de la humanidad—hecha a imagen de Dios, definida por la historia de la creación y la caída.

En segundo lugar, aunque Arendt nunca utiliza esta terminología, está claro que veía a Eichmann como alguien que se dedicaba a una forma de idolatría. Ahora bien, permítanme aclarar lo que estoy diciendo aquí. La *idolatría*, tal como utilizo el término, no tiene el burdo significado de inclinarse ante una imagen tallada de un dios y adorarla. Eso es idolatría, pero sólo en su forma más flagrante. Más bien, utilizo el término aquí de manera similar al concepto marxista de fetiche. Un fetiche es algo a lo que los seres humanos atribuyen un poder que no posee en sí mismo. Así, muchos en Filadelfia hacen un fetiche de los Eagles. Cada año se les atribuye el poder de ganar el superbowl; y cada año esta atribución resulta ser falsa.

Eichmann parece haber hecho un fetiche o un ídolo de dos cosas: en primer lugar, el sistema burocrático en el que estaba involucrado era visto por él como algo tan absoluto y omnipresente que no podía ser desobedecido. Los remordimientos de conciencia que, al parecer, surgían ocasionalmente en su conciencia, eran rápidamente desechados porque su fe en el sistema le permitía abdicar de su responsabilidad: se decía a sí mismo que no era más que un pequeño engranaje en una máquina gigantesca, que sus opiniones personales debían ajustarse claramente a las de aquellos a quienes respetaba y eran superiores a él en el sistema. Y su segundo ídolo fue el lenguaje que utilizó: al hablar bien, al recordarse a sí mismo y a los demás que todo el mundo estaba "colaborando por una causa mayor", parece haber investido estos clichés con el poder de absolverse de cualquier culpa o responsabilidad por sus acciones criminales.

Tal vez se podrían resumir estas dos idolatrías diciendo que el último crimen de Eichmann fue la idolatría de sí mismo—lo que fuera que necesitara para tener realidad en su universo para estar libre de toda responsabilidad, él le daría realidad; haría las leyes que necesitaba hacer; y al hacerlo, dejaría de ser humano en cualquier sentido significativo.

El cristianismo ofrece una respuesta crítica a estas dos idolatrías. En primer lugar, en su compromiso con la idea de que los seres humanos son universalmente propensos a la idolatría, universalmente propensos a atribuir poderes divinos a lo que no es Dios, somete todos los productos de la cultura humana a una crítica radical. Todos los sistemas son, en el mejor de los casos, defectuosos.

El cristianismo también hace hincapié en nuestra responsabilidad como individuos, no sólo como engranajes de gigantescas máquinas. Ningún sistema, burocrático o de otro tipo, puede ser cosificado de tal manera que nos permita transmitirle nuestra culpa. Los seres humanos, las personas humanas, son las unidades de responsabilidad, no los sistemas. Y a pesar de todo el énfasis que se ha puesto en las últimas décadas en los errores estructurales, ya sea el racismo institucional o la codicia o lo que sea, el cristianismo debería protestar por la medida en que incluso estas críticas, a menudo válidas, pueden utilizarse para evadir la responsabilidad personal. Además, los sistemas defectuosos no pueden ser sustituidos simplemente por sistemas no defectuosos; el hecho de que estén diseñados y poblados por seres humanos impide de entrada ese tipo de utopía construida.

En segundo lugar, en su énfasis en un mundo real ahí fuera, el cristianismo se opone a cualquier noción de que la realidad, física o moral, pueda ser una mera construcción lingüística. Argumentar esto último es convertir el lenguaje en un ídolo, como parece haber hecho Eichmann. Eichmann podría incluso ser el ejemplo de ciertas visiones contemporáneas del lenguaje. Jugó el juego del lenguaje de su comunidad casi a la perfección, se empapó de los clichés de Himmler y añadió algunos de los suyos propios hasta el punto de que realmente no podía ver el problema de enviar a millones de sus semejantes a la muerte.

Por supuesto, mostró una visible angustia en su juicio cuando se dieron relatos individuales de la brutalidad de las SS; pero el problema era que pensaba que esos actos individuales de asesinato eran *inhumanos* y no *humanos* como los que se llevaban a cabo en las cámaras de gas de Auschwitz y Bergen-Belsen. Se había encerrado de tal manera en el mundo de los clichés nazis que ni siquiera los rumores de su conciencia podían encontrar una expresión verbal coherente. Y tal es el resultado lógico de una aproximación al mundo que pierde de vista que existe una realidad—física y moral—más allá de la construcción lingüística.

En un mundo de narrativas competitivas e inconmensurables, el Ku Klux Klan o los neonazis, o incluso los imitadores de Elvis, pueden exponer su visión de la realidad y no hay forma de cuestionarla. Pero el cristianismo se opone a esto: el mundo es real; y los hombres y las mujeres tienen que rendir cuentas a las normas más allá de su propio lenguaje inmanente, no importa cómo traten de aislarse de esta realidad mayor. No somos humanos por nuestra capacidad de ser quienes crean sus propias reglas y adoptan cualquier visión de la realidad que nos atraiga; más bien somos humanos en la medida en que llegamos a comprender nuestra naturaleza humana común y los límites que nos impone.

Así que, volviendo al punto de partida: ¿es el mal tan glamuroso, excitante y excepcional como nos quieren hacer creer los proveedores de la cultura pop? ¿Es al mismo tiempo algo emocionante y entretenido, pero también tranquilizadoramente diferente a nosotros mismos? La respuesta que yo daría es la que Arendt ofreció en su análisis de Eichmann. El mal es banal. Es un lugar común. Es algo cotidiano y monótono. Eichmann es un ejemplo extremo; pero lo aterrador de él—y de los innumerables horrores que se relataron en su juicio, desde los fusilamientos masivos de civiles en los territorios orientales hasta la connivencia de altos cargos oficiales judíos en el asesinato de su propio pueblo—es la persistente sospecha de que esas personas, esas viles personas, no eran en absoluto diferentes de nosotros mismos.

El lector honesto se siente perturbado no por la extrañeza de Eichmann para nosotros, sino por las preguntas que su vida banal y malvada pone a nuestras puertas. ¿Cómo habríamos reaccionado nosotros? ¿Habríamos sido héroes? ¿O habríamos buscado la manera de cuidar al alguno? ¿Nos había perturbado más el impacto del asesinato en nosotros mismos que en las víctimas? Si Arendt tiene razón, si el problema de Eichmann no era un exceso de ideología pervertida sino un déficit de pensamiento, entonces es una noción muy incómoda; y estas preguntas se vuelven particularmente inquietantes.

La cuestión crítica es, entonces, ¿cómo aprendemos a pensar? Me gustaría sugerir que el cristianismo, lejos de ser una ideología que simplemente sirve a la agenda política de un grupo determinado de la sociedad, en realidad ofrece una sonda de búsqueda crítica en las almas de todos nosotros, y nos da herramientas clave para la crítica saludable de nosotros mismos y de los demás.

1.4. NO SE ACABA HASTA QUE LA GORDA DAMA CANTA

Mark Noll es bien conocido, tanto dentro como fuera del evangelicanismo, como un destacado erudito, un amable y reflexivo comentarista sobre la religión y Estados Unidos, y uno de los intelectuales religiosos públicos más importantes de la última década. [1] De hecho, discrepar con él no es algo que se haga a la ligera; y confieso que no tengo muchas ganas de hacerlo. Sin embargo, al leer el reciente libro del que es coautor con la periodista Carolyn Nystrom, me encuentro con que debo registrar mi desacuerdo en una serie de cuestiones clave.

Como cabría esperar de cualquier libro que lleve el nombre de Mark Noll en su portada, la obra está meticulosamente investigada, escrita con gran claridad y muestra una generosidad de espíritu que desarmará incluso a sus críticos, entre los que, como es evidente, me cuento. Las ideas que contiene también son fascinantes. Por ejemplo, como extranjero en suelo estadounidense, encontré el libro extremadamente útil para esbozar y explicar la historia de las relaciones entre católicos y

---

[1] Reseña de Mark Noll y Carolyn Nystrom, *Is the Reformation Over?* (Grand Rapids: Eerdmans, 2005).

evangélicos en la sociedad estadounidense. Al fin y al cabo, para una persona ajena al país resulta desconcertante que, ya en 1960, el catolicismo de un candidato presidencial se considerara un lastre electoral, sobre todo de cara a los sectores protestantes conservadores del electorado; y es discutible que Kennedy ganara las elecciones *a pesar* de su religión, y sólo porque consiguió distanciarse un poco de ella; sin embargo, en 2004 fue la percepción de que John F. Kerry no era un católico coherente en cuestiones como el aborto y los asuntos relacionados con la santidad de la vida lo que se consideró un problema electoral, especialmente con ese mismo núcleo protestante conservador.

Gran parte de la respuesta a este enigma, por supuesto, reside en el caso Roe vs. Wade y en la forma en que el debate sobre el aborto en Estados Unidos ha polarizado la sociedad, politizado el proceso judicial, colocado las cuestiones morales en el centro de la política y llevado a los conservadores religiosos, católicos y protestantes, a una alianza improbable que hace 50 años habría parecido inconcebible.

Ahora parece (al menos para una persona de fuera) que gran parte de las esperanzas evangélicas, cultural y políticamente, penden de las decisiones de católicos como Roberts y Scalia en el Tribunal Supremo. De hecho, si, como tal vez implique este cambio, el evangelicanismo funciona para algunos, o tal vez para muchos, de sus adeptos no tanto como una declaración sobre Dios sino más bien como un lenguaje para protestar contra el caos moral en Estados Unidos, podemos esperar ver aún más acercamiento y tal vez incluso un número significativo de conversiones del evangelicanismo a Roma, especialmente dado el potencial de un claro liderazgo moral de la Iglesia Católica bajo el pontificado de Benedicto XVI.

La historia es, por supuesto, más compleja que Roe vs. Wade y, tras un capítulo inicial que destaca el cambio de actitud de los evangélicos hacia Roma, Noll y Nystrom proceden en los dos capítulos siguientes a describir con más detalle cómo se produjo el cambio, destacando los cambios sociales más amplios y los eclesiásticos e institucionales más estrechos. A esto le siguen capítulos sobre los diversos diálogos formales entre las principales denominaciones protestantes y Roma, sobre el *Catecismo* Católico, sobre la serie de diálogos y documentos conocida como *Evangélicos y Católicos Juntos* (Evangelicals and Catholics Together – ECT), sobre las diversas reacciones, positivas y negativas, a la ECT, y sobre la situación específica de Estados Unidos en cuanto a las relaciones evangélicas-católicas.

La conclusión toma prestado el título del libro *¿Ha terminado la Reforma?* (Is the Reformation Over?) y ofrece una respuesta general—aunque no totalmente—afirmativa a esa pregunta. Como guía del "desarrollo" en lo que respecta a las relaciones evangélicas-católicas, tanto en términos de historia como de contexto más amplio, el libro es una lectura imprescindible para todos los cristianos reflexivos.

Sin embargo, mientras leía el libro, me vino a la mente repetidamente la letra de una canción de Rainbow (otro combo de rock de los setenta, me temo): "¡No puedo dejarte ir, aunque se haya acabado!" En efecto, este libro demuestra que la Reforma ha terminado; pero yo diría que este final de la Reforma se ha producido por muchas de las razones equivocadas y representa no tanto el acercamiento final entre el catolicismo y el protestantismo como la naturaleza problemática, si no la crisis, de la identidad evangélica a principios del siglo XXI. Me temo que, por mi parte, no puedo dejar de lado la Reforma desde el punto de vista doctrinal, a pesar de que para muchos el telón ya parece estar bajando en la escena final.

El principal problema del libro, y que desvirtúa significativamente algunos de los análisis, es el lugar central que concede a la relación entre el catolicismo y el evangelicanismo. Así, al principio, tenemos una iglesia institucional, con estructuras de autoridad claramente definidas, credos y una historia identificable—en otras palabras, una identidad autoconsciente—que se discute en relación con un movimiento que carece de todas estas cosas y que en realidad sólo está unificado por un campo algo nebuloso y mal definido de parecidos de familia—y parecidos de familia que, con los años, se han vuelto cada vez más vagos.

Esto es más obvio, y agudo, en los debates sobre la ECT. En ellos, aunque ambos grupos de participantes se autoproclamaban, los católicos al menos se presentaban como representantes de una iglesia y sabían por quién y para qué se presentaban; ¿a quién representaban exactamente los evangélicos? Por lo tanto, desde su inicio, los debates sobre la ECT se basaron en un importante error de categoría: Los católicos acudieron a la mesa comprometidos por la afiliación eclesiástica con un conjunto claro de principios doctrinales; ese compromiso les daba un lugar desde el que podían participar.

Los evangélicos no tenían nada de eso, ni un lugar en el que situarse, ni un lugar desde el que comprometerse. Esto probablemente explica en gran medida el hecho de que, en términos de acuerdo doctrinal, las discusiones parecían lograr mucho, pero en realidad no hicieron más que demostrar la perspectiva de "mero cristianismo" a la que tiende inevitablemente un movimiento ecléctico y paraeclesiástico como el evangelicanismo; y, por lo tanto, expusieron la incapacidad de dicho movimiento para ser verdaderamente distintivo cuando se enfrenta a un cuerpo eclesiástico coherente, integral y autoconsciente.

Tomemos, por ejemplo, la cuestión fundamental de la justificación por gracia a través de la fe mediante la imputación de la justicia de Cristo. En la exposición que se hace aquí, la cuestión queda prácticamente zanjada, y ello por dos motivos. En primer lugar, los diversos acuerdos ecuménicos se presentan como una indicación de que no queda ningún desacuerdo sustancial entre católicos y protestantes sobre la cuestión; y, en segundo lugar, los autores sostienen que pocos evangélicos siguen manteniendo la interpretación protestante clásica de que la justificación es por la imputación de la justicia de Cristo, y eso por gracia a través de la fe.

En este punto se sugieren numerosas líneas de crítica. En primer lugar, es significativo que, con la excepción del acuerdo entre la Federación Luterana Mundial y los católicos en 1999, ninguno de los documentos ecuménicos tiene un estatus eclesiástico oficial, ni en Roma ni en las respectivas denominaciones protestantes; y, como se ha indicado anteriormente, la naturaleza *ad hoc* del ECT hace que estos documentos, en particular, no tengan un significado eclesiástico real.[2] Entonces, ¿qué se ha logrado exactamente en términos de

---

[2] El texto del acuerdo luterano-católico, junto con los documentos relacionados, está disponible en línea en www.elca.org/ecumenical/ecumenicaldialogue/roman-catholic/jddj/index.html. Los documentos del ECT, así como algunos comentarios, pueden encontrarse en www.elca.org/ecumenical/ecumenicaldialogue/roman-catholic/jddj/index.html el sitio web de la revista católica *First Things*, editada por el ex luterano convertido en católico, Richard John Neuhaus, quien, junto con Charles Colson, hizo mucho para promover las discusiones y los acuerdos.

un verdadero acercamiento institucional basado en un acuerdo teológico sustancial reconocido oficialmente? No mucho.

En segundo lugar, es importante entender que la disputa en la Reforma sobre esta cuestión de la justificación no fue un desacuerdo total en todos los puntos. De hecho, los católicos y los protestantes compartían una cierta cantidad de terreno común incluso en esta área tan polémica: ambos estaban de acuerdo en que la justificación era a causa de la justicia de Cristo; ambos daban un lugar a la fe; y ambos consideraban que la justificación era por gracia. Los desacuerdos se referían a si la justicia de Cristo era imputada o impartida; si la fe era el único instrumento de justificación; y si la gracia salvadora era, entre otras cosas, operativa o cooperativa, una cualidad de Dios o algo dispensado por los sacramentos.

Ahora bien, las polémicas del siglo XVI tendieron inevitablemente a oscurecer el terreno común, incluso en las formulaciones confesionales más calmadas, ya que cada parte se definía frente a la otra; cuando las identidades están en juego, los marcadores de los límites divisorios se acentúan inevitablemente; pero este terreno común estaba realmente presente en algunas cuestiones, incluso en el siglo XVI; y por tanto, cualquier debate ecuménico es probable que se centre en este terreno común preexistente y no en los puntos reales de disputa en la Reforma.

Una cuestión de énfasis, tal vez, pero cuando se acentúa la base cristológica común de la justificación, los desacuerdos serios y muy reales sobre la justificación que existen entre las comuniones confesionales pueden ser marginadas con bastante eficacia; y esto podría decirse que se ha hecho, más notablemente en la declaración de la ECT sobre la misma.

Claro, las palabras pueden ser acordadas por ambas partes: pero esto representa, en un nivel, simplemente un reconocimiento

de un terreno común preexistente que nunca fue disputado; en
otro nivel, hay un despliegue de un vocabulario común paulino-
agustiniano que puede ser entendido en una variedad de formas
diferentes, algunas mutuamente excluyentes. Los acuerdos de
esta naturaleza verbal recuerdan a los debates del siglo XVII
sobre la gracia entre dominicos y jesuitas que fueron tan
brutalmente satirizados por Blaise Pascal en *Las cartas
Provinciales* (The Provincial Letters).

Y es un hecho eclesiástico-teológico, no un detalle histórico
pedante, que la enseñanza de Trento, con anatemas y todo, sigue
vigente hasta hoy; el catolicismo no ha concedido nada de ese
terreno; y el protestantismo confesional, luterano y reformado,
encontró entonces inaceptable a Trento y, de hecho, se consideró
clara y decisivamente anatematizado en sus declaraciones. Aquí
hay poco margen de maniobra: o Trento estaba y está equivocado,
o el protestantismo confesional estaba y está equivocado, o ambos
estaban y están equivocados. No se presenta ninguna otra opción;
y cada una de estas posiciones tiene implicaciones obvias para
todo, desde la afiliación de la iglesia hasta la predicación.[3]

En tercer lugar, la doctrina de la justificación no está aislada
estructuralmente del resto de la teología. Por el contrario, está en
conexión positiva con la comprensión de los sacramentos, la

---

[3] Las alternativas más bien duras que he esbozado aquí plantean la
cuestión obvia de si el acuerdo luterano-católico sobre la justificación no
está siendo simplemente falso cuando declara que los anatemas del siglo
XVI ya no se aplican. De hecho, Avery Dulles ha abordado precisamente esta
cuestión en una respuesta típicamente honesta y reflexiva al documento y
ha intentado explicar la lógica del Magisterio al firmarlo; sin embargo, su
argumento parece equivaler en última instancia a la posición más bien
pragmática de que, en una época en la que la Iglesia de Occidente está al
borde del colapso, el enemigo de mi enemigo se convierte necesariamente
en mi amigo: véase su "Two Languages of Salvation: The Lutheran- Catholic
Join Declaration", en www.firstthings.com/ftissues/ft9912/articles/
dulles.html.

eclesiología, etc. Para destacar sólo una cuestión: la insistencia católica romana en el purgatorio. Ahora bien, es cierto que los protestantes creen que los que mueren en el Señor todavía tienen que ser realmente perfeccionados; pero este es un punto escatológico de poca importancia sistemática.

En el catolicismo romano, sin embargo, el purgatorio no es simplemente un punto escatológico, sino que está estrechamente relacionado con el sistema penitencial de la Iglesia, la comprensión de los santos y el tesoro de los méritos. Esto queda claro en el Catecismo católico, que sostiene que las oraciones, las penitencias y, sobre todo, las misas ofrecidas por los vivos en nombre de los muertos ayudan a purificar a los que están en el purgatorio y aceleran su acceso a la visión beatífica (Catecismo, párrafo 1032), y que mantiene explícitamente el vínculo entre la penitencia, el purgatorio, las indulgencias y el tesoro de méritos (1474-1479, 1498).[4]

Si hay acuerdo entre protestantes y católicos sobre la justificación, si los puntos en disputa en la Reforma eran simplemente malentendidos monumentales o sólo relativamente importantes comparados con los puntos que se tienen en común, entonces ¿por qué el purgatorio, y toda la carga doctrinal y penitencial que conlleva, sigue existiendo en la teología católica? Su misma persistencia habla de una comprensión diferente de la apropiación de la justicia de Cristo, del instrumento o instrumentos de la justificación y, se podría añadir, de la justificación en sí misma—de hecho, de toda la vida cristiana, antes y después de la muerte—a la que el protestantismo, incluso en sus formas más atenuadas, ha mantenido típicamente.

---

4 El Catecismo está disponible en el sitio web del Consejo de Obispos Católicos de los Estados Unidos en www.usccb.org/index.shtml.

Y para que no se tache esta queja de hiperdoctrinalismo o de
crítica abstracta por parte de un académico que vive en una torre
de marfil[5], dediquemos un momento a reflexionar sobre las
diferentes estrategias pastorales que se desplegarán, dependiendo
de si se cree o no en el purgatorio, con todas sus conexiones e
implicaciones penitenciales. Sin duda, esto debería tenerse en
cuenta a la hora de evaluar cómo actuar ante afirmaciones como
la expresada por James Packer en la página 180, según la cual
evangélicos y católicos tienen "un relato suficiente del evangelio
de la salvación para el ministerio evangelístico compartido". El
purgatorio sigue siendo sin duda uno de los principales elefantes
en la habitación cuando se trata de acuerdos católico-protestantes
sobre la justificación.[6]

En cuarto lugar, puede ser cierto que la mayoría de los
evangélicos ya no creen en la doctrina protestante de la
justificación; pero eso no representa necesariamente un punto de
fuerza o una valiosa oportunidad ecuménica; ¿no podría ser más
bien un signo del problema de la identidad teológica del propio
evangelicanismo? De hecho, una respuesta protestante muy

---

[5] Si se describe a en una torre de marfil, se quiere decir que no tiene
conocimiento ni experiencia de los problemas prácticos de la vida cotidiana
(Nota del traductor).

[6] En este contexto, también recuerdo el argumento expuesto por la
teóloga feminista postcristiana Daphne Hampson, en el sentido de que el
ecumenismo católico-protestante no tiene en cuenta las diferencias
fundamentales en la comprensión de lo que es ser humano, ya que el
primero asume una definición sustancial de la humanidad y el segundo una
comprensión relacional y de estatus; y que cualquier acuerdo sobre una
forma de palabras que no se ocupe de esta diferencia básica subyacente
(que subyace a las diferencias en la comprensión de lo que es la
justificación—¿es un proceso o un estatus?) está condenada al fracaso. Sin
embargo, el acuerdo del ECT sobre la justificación ni siquiera se aproxima
a ese nivel de sofisticación teológica y antropológica y no aborda esa
cuestión. Véase Daphne Hampson, *Christian Contradictions: The Structures
of Luther and Catholic Thought* (Cambridge: CUP, 2001).

cínica y tal vez poco caritativa a este argumento podría ser concluir que los católicos y los evangélicos pueden, por tanto, estar de acuerdo sobre la justificación simplemente porque los católicos entienden el catolicismo, mientras que los evangélicos no entienden el protestantismo o no se preocupan por él.

Ciertamente no es el caso de los autores de este libro; pero, no obstante, hay un problema evidente en este caso. Tal vez una lectura más generosa podría sugerir que esta marginación de la comprensión histórica protestante de la justificación es indicativa de cómo el evangelicanismo como movimiento de coalición se ha alejado de sus raíces históricas protestantes hacia algo menos definido en términos de doctrina. Y esto, de nuevo, va al corazón del problema con el que empecé: el significado del evangelicanismo en relación con su contenido teológico no es un hecho; y eso se deriva en parte de los compromisos doctrinales mínimos o del "mero cristianismo" que requiere su naturaleza interdenominacional.

Esto enlaza con otra área en la que los autores ofrecen una evaluación positiva del catolicismo en comparación con el evangelicanismo: el Catecismo Católico. Es cierto que se trata de un documento impresionante que ofrece una exposición bastante completa de la fe católica, y el evangelicanismo no tiene ciertamente ningún equivalente. Pero el evangelicanismo no tiene equivalente por la sencilla razón de que no es una institución eclesiástica, sino un movimiento amplio y ecléctico de varias iglesias e individuos, unidos por "afinidades electivas", para usar la frase de Geoffrey Wainwright, no todas, ni siquiera muchas, de las cuales son doctrinales.

Como tal, es por definición incapaz de producir un documento teológico completo del tipo del Catecismo Católico. Para usar una analogía política: el Partido Comunista podía tener un manifiesto positivo, porque era un partido con una filosofía política integral; el socialismo de frente popular no podía tener un documento equivalente porque era una colección de izquierdistas dispares unidos sólo por una aversión compartida al capitalismo, un punto doctrinal mínimo que difícilmente podía formar la base para elaborar una filosofía política integral y positiva. El evangelicanismo es también un movimiento de frente popular y está sujeto al mismo problema básico.

Por supuesto, si se pasa del nebuloso concepto de evangelicanismo a una forma más concreta y confesional de protestantismo, entonces existe una importante herencia credencial a la que se puede recurrir para obtener una declaración relativamente bien definida de lo que es ser cristiano. Los luteranos poseen el *Libro de la Concordia* (The Book of Concord), y la riqueza de la herencia confesional reformada es evidente en la colección de confesiones y catecismos de E. F. K. MŸller, *Las Escrituras Confesionales de la Iglesia Reformada* (Die Bekenntnisschrifien der reformierten Kirche) (Leipzig, 1903).

El problema es que si se trabaja desde una amplia base teológica no confesional y no eclesiástica, que casi por definición no requiere una posición clara de consenso en asuntos importantes como la predestinación, la justificación, los sacramentos, etc., entonces tales documentos son más una fuente de vergüenza que de fortaleza, en la medida en que enfatizan los distintivos y la precisión, no una apertura y amplitud difusas. De hecho, en un momento dado los autores plantean la cuestión en estos términos:

¿Ha terminado la Reforma? Tal vez una mejor pregunta que deberíamos hacernos los evangélicos es: ¿Por qué no poseemos un relato de nuestra fe tan completo, claro y centrado en Dios como el que el *Catecismo* ofrece a los católicos romanos? (p. 150)

La respuesta, sugeriría, es muy simple y directa: no se puede abandonar la teología elaborada como punto de principio para construir un movimiento interdenominacional y luego esperar producir algo parecido al Catecismo Católico que, por definición, requiere una teología elaborada para expresarse; simplemente no se puede hacer. Y eso nos lleva de nuevo al problema que está en el centro de la discusión tal y como se plantea en este libro: estamos comparando manzanas y naranjas—un cuerpo eclesiástico autoconsciente, que no siente vergüenza por su historia y sus claras posiciones doctrinales, y un movimiento interdenominacional que no puede ponerse de acuerdo más que en lo más mínimo del cristianismo.

Esta coherencia y profundidad histórica e intelectual en el catolicismo es algo que los autores destacan, junto con la estética litúrgica, como algo que proporciona gran parte del contexto para las conversiones evangélicas al catolicismo. En este punto, me encuentro en simpatía con los problemas descritos como parte integrante de algunas trayectorias del evangelicanismo (la reinvención del cristianismo cada domingo, los estilos de culto orientados al consumo, la superficialidad intelectual general y la banalidad de los enfoques evangélicos de la teología, la historia, la tradición y la cultura); sin embargo, sigo estando en desacuerdo con aquellos individuos que ven la conversión a Roma como la respuesta.

Me gustaría argumentar que la conversión al protestantismo confesional merece al menos una mirada como otra opción antes de decidirse por Roma. El protestantismo confesional tiene una integridad histórica y de credo; se toma la historia en serio; se niega a asumir que el último manual evangélico de pulpa sobre el posmodernismo sea una base adecuada para abandonar toda su tradición; y quiere tomar en serio lo que la Iglesia ha dicho sobre la Biblia a lo largo de los siglos.

Como ha indicado el trabajo de eruditos como Richard Muller, la ortodoxia reformada confesional, por ejemplo, tiene sus raíces teológicas en una interacción inteligente con la mejor obra teológica y exegética de los autores patrísticos y medievales, así como con las correcciones de los siglos XVI y XVII, y en su apropiación. Sin embargo, en la cultura evangélica, esta cuidadosa erudición es a menudo ignorada por los libros populares que cuentan una historia muy diferente.

Así, los evangélicos post-conservadores pueden tomar las peores partes de Hodge, leerlas de nuevo en Turretin, mezclar una comprensión defectuosa del escolasticismo como una adumbración del racionalismo de la Ilustración, repetir, al estilo de Mantra, frases superficialmente eruditas y portentosas como "dualismo cartesiano" y "mentalidad modernista", y extrapolar a partir de ahí para desestimar toda la ortodoxia reformada confesional; pero eso es sólo un ejemplo más de pseudo-teología que pasa por la erudición en algunos sectores evangélicos.

De hecho, como les digo repetidamente a mis estudiantes, si uno se aferra a la Ortodoxia Reformada, puede interactuar legítimamente con la mejor teología, de Occidente y Oriente, desde los Padres Apostólicos hasta el día de hoy, y apropiarse de ella en su articulación de una ortodoxia verdaderamente católica.

La tragedia del protestantismo, por lo tanto, no es tanto la pobreza histórica y teológica de sus tradiciones confesionales, sino la pobreza intelectual y académica de gran parte de lo que se habla desde los púlpitos evangélicos, se enseña en los seminarios evangélicos y se publica en las prensas evangélicas (incluso en las que reclaman el título de "académicas"), y que pasa de ahí a la cultura pop-evangélica como la última palabra sobre el tema. Por supuesto, en este contexto, nadie ha hecho más que Mark Noll para alertar a los evangélicos de la gravedad de la situación. En un libro tras otro, tanto por el precepto como por el ejemplo, ha expuesto con suavidad, pero con firmeza el escándalo de la mente evangélica y ha ofrecido ejemplos superlativos de cómo debería ser la verdadera erudición. Su propia obra es, pues, un testimonio del hecho de que se puede realizar un trabajo del más alto calibre académico dentro del contexto del evangelicanismo, y el mundo evangélico está profundamente en deuda con él; sin embargo, hay impulsos antihistóricos dentro del propio evangelicanismo que parecen impedir que un trabajo histórico tan impresionante tenga realmente un impacto formativo en la manera en que se entiende la teología dentro de las filas evangélicas, y en la forma en que la historia y la tradición pueden informar la vida de la iglesia evangélica.

Para ir al grano: ¿qué es el evangelicanismo? Es un título con el que yo mismo me identifico en ocasiones, especialmente cuando me desmarco del liberalismo, otro concepto mal definido, amorfo e interdenominacional. Pero en un mundo en el que hay "evangélicos" que niegan la justificación por la fe tal y como la entendían los reformadores protestantes, que niegan el conocimiento exhaustivo del futuro por parte de Dios, que niegan la expiación penal sustitutiva, que niegan la autoconciencia mesiánica de Cristo, que tienen problemas con el Credo de Nicea, que niegan la definición calcedoniana de la persona de Cristo, que no se puede confiar en que hagan declaraciones claras sobre la homosexualidad, y que defienden epistemologías y otros puntos de vista filosóficos que no tienen precedentes en la historia de la iglesia cristiana ortodoxa, está claro que el término "evangélico" y sus afines, sin ningún adjetivo calificativo, como "confesional" o "abierto" o "posconservador", corre el peligro de convertirse en algo casi sin sentido. E incluso cuando se califica el sustantivo de estas maneras, no está inmediatamente claro que se esté hablando de subconjuntos o modificaciones de un movimiento único, global y coherente.

De hecho, hay muchos aspectos en los que yo, como cristiano reformado confesional, tengo mucho más en común con muchos teólogos católicos romanos que otros teólogos que habitualmente reclaman el título de evangélico. Después de todo, hay evangélicos que repudian casi todos los puntos cardinales de la fe que los protestantes y los católicos de la Reforma tenían en común y que nunca fueron discutidos. Obviamente, Mark Noll no lo es, y su propia visión del evangelicanismo es claramente amable, reflexiva, ortodoxa y, en muchos aspectos, atractiva; pero no estoy convencido de que la definición de evangelicanismo que subyace en este libro sea lo suficientemente fuerte como para permitir la realización de esa visión o para disipar mis temores sobre el movimiento en su conjunto, si es que tiene sentido hablar de él como un único movimiento.

La clave para entender el evangelicanismo en relación con el catolicismo me parece que radica en parte en comprender la diferencia crucial entre la iglesia católica como institución con compromisos doctrinales claramente definidos, y el evangelicanismo como movimiento amplio e inter-institucional con un interés en enmarcar sus compromisos doctrinales en el nivel de complejidad que la coalición pueda sostener. El resultado es que el evangelicanismo como movimiento siempre tenderá hacia un ideal de mero cristianismo. Y eso está bien, siempre que se entienda que esto, a su vez, siempre tenderá a atenuar la conexión del evangelicanismo con el pasado y, por tanto, a limitar su capacidad de basarse coherentemente en ese pasado.

En este contexto, se podría añadir que la actual predilección de algunos sectores evangélicos por utilizar el lenguaje del posmodernismo para revisar o reconceptualizar la teología parece menos una revolución radical en el pensamiento evangélico y más la apropiación del último lenguaje académico para jugar el bien establecido juego evangélico tradicional del mero cristianismo no dogmático y de mínimo denominador común.

Cuando terminé de leer el libro, tengo que confesar que estaba de acuerdo con los autores, en el sentido de que efectivamente parece que la Reforma se ha acabado para grandes extensiones del evangelicanismo; sin embargo, los propios autores no sacan la conclusión obvia de sus propios argumentos. Cada año digo en mi clase de historia de la Reforma que el catolicismo romano es, al menos en Occidente, la posición por defecto.

Roma tiene más derecho a la continuidad histórica y a la unidad institucional que cualquier denominación protestante, por no hablar del extraño híbrido que es el evangelicanismo; a la luz de estos hechos, por lo tanto, necesitamos buenas y sólidas razones para no ser católico; no ser católico debería ser, en otras palabras, un acto positivo de voluntad y compromiso, algo que necesitamos para levantarnos de la cama decididos a hacer cada día.

Parece, sin embargo, que si Noll y Nystrom están en lo cierto, muchos de los que se llaman evangélicos carecen realmente de una buena razón para tal acto de voluntad; y la conclusión obvia, por tanto, debería ser que hagan lo decente y se reincorporen a la Iglesia Católica Romana. Yo mismo no puedo ir por ese camino, principalmente por mi visión de la justificación por la fe y por mi eclesiología; pero aquellos que rechazan lo primero y carecen de lo segundo no tienen ninguna base real sobre la que perpetuar lo que es, en efecto, un acto de cisma por su parte. Para ellos, la Reforma ha terminado; para mí, la dama gorda aún no ha cantado; de hecho, no estoy seguro en este momento de que haya salido siquiera de su camerino.

SEGUNDA PARTE

2.1. LA ERA DE LA APATÍA

Si hay un vicio o característica que suele considerarse típica del mundo occidental moderno, es la apatía, esa indiferencia perezosa y despreocupada que distingue al mundo de MTV en el que vivimos de las generaciones anteriores. Ya sea por la escasa participación de los votantes en las elecciones o por la aparente imposibilidad de sensibilizar a la opinión pública sobre grandes temas como la pobreza en el mundo, parece que la apatía es lo que manda. Sin embargo, la apatía no existe en el vacío, sino que debe entenderse en el contexto de otros rasgos culturales.

En primer lugar, está la comodidad materialista. En lugares y tiempos en los que la insuficiencia de recursos convierte la vida misma en una batalla por la supervivencia, hay poco espacio para la apatía. El campesino que tiene que trabajar duro sólo para cultivar suficientes alimentos para su familia no puede ser indiferente al clima, al estado del suelo, a la calidad de la semilla que siembra, a la cantidad de tiempo que necesita para trabajar, al precio que tiene que pagar para conseguir grano o herramientas para labrar la tierra.

La madre cuyo hijo se está muriendo de desnutrición o de enfermedad no puede mostrarse apática ante el suministro de alimentos o medicinas que necesita para mantenerlo con vida. El trabajador que se enfrenta a la posibilidad del desempleo y de la pobreza inminente no puede adoptar una actitud despreocupada ante el nivel de su propio trabajo, la salud financiera de su empleador o los avances tecnológicos que podrían cambiar o incluso socavar su función actual.

Afortunadamente, la mayoría de nosotros no sufrimos ninguna de estas incertidumbres la mayor parte del tiempo; y uno de los desafortunados efectos secundarios es que a menudo somos complacientes y apáticos. Al menos, complacientes y apáticos con las cosas que importan; nuestra prosperidad y seguridad material nos deja tiempo y dinero para apasionarnos por trivialidades insignificantes—partidos deportivos, programas de televisión y cosas así.

En segundo lugar, existe un cinismo generalizado. Los orígenes del cinismo contemporáneo son probablemente múltiples. Un componente es, irónicamente, el libre acceso que tenemos a la información en comparación con las generaciones anteriores. Cuanto más sabemos del mundo, más nos damos cuenta de lo difícil, si no imposible, que es para nosotros, como individuos o incluso como naciones, hacer una gran diferencia en la forma en que el mundo es.

Si combinamos esto con la frecuente exposición de los políticos como corruptos e interesados, tenemos una receta para el cinismo. No es de extrañar que cada vez menos gente acuda a votar en las elecciones. ¿Qué diferencia hay? Cuando el Partido Laborista Británico puede escupir políticas tan derechistas que habrían hecho sonrojar a la señora Thatcher, cuando todos los partidos aceptan el incuestionable status quo básico del libre mercado y sus estructuras, cuando parece que son los bancos y las corporaciones multinacionales, y no los gobiernos democráticamente responsables, los que realmente determinan el coste de la vida, ¿por qué debería alguien molestarse ya en votar?

¿Qué diferencia habrá? Si dejamos de creer en la posibilidad de un cambio, o en nuestra capacidad de influir en él, simplemente dejamos de trabajar por este tipo de fines.

En tercer lugar, la propia forma de los medios de comunicación—ya sea la televisión o Internet—impide un compromiso apasionado. La forma es sencillamente demasiado igualitaria, demasiado democrática, demasiado incapaz de presentar el tipo de jerarquía de valores que alejaría de la apatía y llevaría al activismo sobre asuntos importantes.

En los programas de noticias, los titulares políticos se yuxtaponen con imágenes de la guerra; los crímenes horribles coexisten con las historias de enfermedad y hambruna en todo el mundo; y todo ello se completa con alguna historia "Y finalmente" de trivialidades sobre un hombre cuyo perro puede cantar, cuya abuela es una luchadora profesional, o cuyo vecino le ha ayudado a convertir su caseta de jardín en un vehículo motorizado. Lo mortalmente serio se enfrenta a lo totalmente banal, y ambos tienen el mismo valor de ser noticia. Puede que esto no implique siempre una trivialización total de lo serio, pero ciertamente introduce una fuerte atracción gravitacional, a falta de una frase mejor, en esa dirección.

En cuarto lugar, esta trivialización y democratización de los valores y las preocupaciones ha encontrado su expresión filosófica por excelencia en las diversas ideologías relativizadoras que a menudo se agrupan bajo el término "posmodernismo". Hoy en día, parece que todos somos herederos de Marx, Freud y Nietzsche: las pretensiones de verdad y de valor nunca son lo que parecen, sino que siempre son máscaras o códigos bajo los que se esconden otras agendas—materiales, sexuales o políticas.

Puede que pocos de nosotros hayamos leído a Nietzsche y luchado con su pensamiento en profundidad, pero la idea de que la verdad no es más que una expresión de gusto o preferencia— una idea muy nietzscheana—impregna nuestra cultura, desde los salones del mundo académico hasta el programa de Oprah Winfrey. Y si todas las verdades y valores son meras cuestiones de gusto, entonces no tiene mucho sentido apasionarse por ellos en la esfera pública—¿qué sentido tiene? En el mejor de los casos, sería un error y una actitud paternalista, y en el peor, un intento arrogante de imponer nuestra voluntad a los demás.

Esto nos lleva a la pregunta clave para los cristianos: ¿es la apatía una opción? ¿Es el cristianismo apático una forma bíblica de pensar en el mundo? Bueno, si mi análisis de las principales causas de la actual popularidad de la apatía es correcto, la respuesta debe ser seguramente negativa. La apatía—ya sea doctrinal en términos de indiferencia a las afirmaciones de la verdad del cristianismo, moral en términos de indiferencia a las exigencias éticas del cristianismo, o eclesiástica en términos de exigencias comunitarias del cristianismo—debe ser repudiada a toda costa.

Piensa en ello. Reflexiona sobre las raíces de la apatía, tal y como se ha expuesto anteriormente. ¿Deben los cristianos estar seguros en cuanto a su situación material? Bueno, es bueno tener lo suficiente de lo que necesitamos, y aún mejor tener un excedente; pero el cristiano debe darse cuenta de que todas estas cosas vienen de la mano de un Padre soberano. ¿Qué tenemos que no hayamos recibido? ¿Y no es cierto que el Señor que da puede ser también el Señor que quita—y seguir siendo digno de nuestra alabanza? No es la auto-seguridad complaciente, sino el agradecimiento lo que debe caracterizar nuestra relación con la prosperidad material y con el Dios que la proporciona. Cualquier otra actitud socava en términos prácticos la realidad de nuestra dependencia de un Dios soberano. En segundo lugar, ¿deben los cristianos ser cínicos? Bueno, aquí me inclino a dar una respuesta más matizada. Sí, los cristianos deben ser siempre cínicos ante las pretensiones y agendas endiosadas de las meras criaturas. Por ejemplo, ninguna iniciativa gubernamental va a resolver nunca el problema de la pobreza en el mundo, porque la pobreza es un resultado particular de la caída general de la creación, un punto que ninguna política técnica o educativa puede abordar.

Esto no significa que la pobreza no sea un mal contra el que debamos luchar, sino que necesitamos una comprensión realista de lo que se puede conseguir a nivel humano. Así que hay un sentido en el que el cinismo es vital entre los cristianos para evitar ser engañados por la ambiciosa retórica del mundo que nos rodea. Pero el cinismo como filosofía de vida tiene que ser inaceptable para el cristiano, porque el cristianismo sostiene en su núcleo la noción de que el cambio es posible, es más, imperativo—los individuos deben abandonar la rebelión contra Dios y la esclavitud a los ídolos terrenales y poner su confianza en el gran YO SOY; y el mundo caído en el que vivimos debe ser renovado un día, el mal debe ser desterrado para siempre, y la creación de Dios debe convertirse en un testimonio verdadero y abierto de su gloria y majestad. Sí, el potencial de cambio en la tierra es limitado en términos de lo que la técnica y las capacidades humanas pueden lograr; pero los cristianos deben reconocer la soberanía del Dios que no sólo creó de la nada, sino que también actuará una y otra vez para salvar a su pueblo, y que finalmente renovará los cielos y la tierra al final de los tiempos.

En tercer lugar, ¿deben los cristianos permitir que sus mentes sean moldeadas por la trivialización que los medios de comunicación y la industria del entretenimiento aportan a nuestro mundo? Por supuesto que no. Esto puede ser dificultoso de evitar; tenemos que darnos cuenta, ante todo, de que los medios de comunicación no son simples canales por los que la información pasa como el agua por una tubería, sino que son constitutivos de la propia información y de cómo la entendemos. Necesitamos, por así decirlo, ser conscientes de nosotros mismos y desarrollar una mirada crítica sobre lo que la televisión, Internet y otros medios similares hacen a nuestra comprensión del mundo.

Pero también debemos ser conscientes de que Dios no es indiferente a los valores terrenales. Odia la avaricia; se opone a los orgullosos; parece que se opone a todo lo que el Occidente moderno adora. Y si somos indiferentes a la jerarquía de valores de Dios, entonces no es demasiado decir que nos rebelamos contra Dios mismo. Ser indiferente a la avaricia, no tener opiniones firmes sobre el orgullo, representa un fracaso catastrófico de nuestra parte para reflejar la mente de Cristo. Y si no reflejamos la mente de Cristo, entonces ¿la mente de quién estamos reflejando exactamente?

Por último, el relativismo y las filosofías de la sospecha. Una vez más, como cristiano quiero dar una respuesta matizada sobre hasta qué punto debemos participar en estas líneas de pensamiento. Ciertamente, hay muchas cosas en, por ejemplo, la obra de Nietzsche o de Foucault a las que los cristianos pueden decir "¡Amén!" Por ejemplo, el hecho de que, a veces, las convicciones sobre la verdad están impulsadas tanto por el gusto como por un argumento bien razonado, es sin duda innegable.

Aunque hay un claro argumento bíblico en contra de la homosexualidad, también es cierto que muchas personas simplemente odian a los homosexuales y construyen sus argumentos contra la práctica homosexual con el fin de proporcionar una justificación para sus sentimientos viscerales.

Y seguramente es cierto que los cristianos utilizan con frecuencia doctrinas que son verdaderas para conseguir fines inmorales: por ejemplo, la obligación de los hijos de obedecer a sus padres ha sido utilizada, estoy seguro, por algunos padres como medio para abusar de su poder sobre sus hijos. Además, todos los cristianos con una sólida comprensión de la pecaminosidad humana saben que incluso nuestras mejores y más puras acciones se realizan con motivos mixtos, y que, incluso en los actos de abnegación, no hay altruismo puro.

Sin embargo, cuando el relativismo y la sospecha se convierten en los aspectos más básicos y universales de nuestro enfoque de la vida, dejamos de ser verdaderamente cristianos. El cristiano tiene que comprometerse con el hecho de que algunas cosas son verdaderas ("Dios existe") y otras son falsas ("Dios no existe"); que algunas cosas están bien ("Amar al prójimo") y otras están mal ("Sacrificar a tus hijos para adorar a algún dios"). En cuanto reconocemos las dicotomías de lo verdadero y lo falso, de lo correcto y lo incorrecto, de, si se quiere, la autoridad absoluta de la revelación de Dios en las Escrituras y en Cristo sobre quién es y cómo es el mundo, entonces el relativismo puro se relativiza y la sospecha pura se vuelve sospechosa. Además, ya no podemos ser apáticos: lo que creemos sobre Dios y cómo nos comportamos se convierten en cuestiones no de indiferencia o de gusto personal, sino de mandato de Dios y de imperativo divino.

Aquí es donde concluyo: la estrecha relación entre la creencia y la práctica. Para el cristiano, ninguna de las dos es una cuestión de indiferencia. Creo que ciertas cosas son verdaderas y ciertas cosas son correctas. Eso me obliga intelectual y moralmente a pensar y vivir de acuerdo con la verdad y la moral de Dios. Si soy apático, lo que realmente estoy diciendo es que la verdad de Dios y la moral de Dios son cuestiones de indiferencia, que sólo tienen una importancia relativa o local, y que, por tanto, Dios no es soberano y yo no dependo de él para todo. Al igual que la iglesia de Laodicea, no soy ni frío ni caliente, sólo apto para vomitar en el pavimento.

2.2. CRIANDO HURONES EN WATERSHIP DOWN

La enseñanza de la historia es probablemente una de las actividades más deprimentes a las que uno puede dedicarse en el clima actual. A nivel académico, la disciplina ha estado en modo de autodestrucción durante algún tiempo, perdiéndose en un pantano de narrativas hiperespecializadas, epistemologías nihilistas y un "adormecimiento" narcisista general, por tomar prestada una palabra escocesa apropiada.

A nivel cultural general, el consumismo loco del capitalismo occidental avanzado, con su vil idolatría de todo lo nuevo y de la novela y su desprecio de lo viejo y de lo tradicional, se ha asegurado de que continúe la falta de respeto utilitario por la historia que se estableció por primera vez con el auge de las ideologías industriales y científicas de los siglos XIX y XX. Todo esto ha servido para que la enseñanza de la historia sea una vocación tan bienvenida como la de la crianza de hurones en Watership Down.[1]

---

[1] Watership Down (Orejas Largas en España o Hazel: El Príncipe de los Conejos en Hispanoamérica), es una película animada británica de 1978 escrita y dirigida por Martin Rosen, basada en la novela homónima de Richard Adams, que fue publicada por Rex Collings Ltd en 1972. Watership Down es el título de la película, pero también el lugar donde los conejos

La iglesia, por supuesto, debería ser capaz de elevarse por encima del consenso cultural, pero lamentablemente no es así. A nivel de la práctica eclesiástica, el abandono de los himnos, los servicios y los modelos de predicación tradicionales dice mucho sobre cómo el pasado es considerado por muchos como algo que no conecta con el presente, que no es relevante para las necesidades de hoy.

Ahora bien, como quedará claro, estoy lejos de sugerir que la forma en que se hacía la iglesia en el pasado debe ser absolutizada arbitrariamente, como si la nuestra fuera la primera generación de la historia que ha sido moldeada por su contexto histórico. Pero sí quiero plantear la cuestión de si los cambios que vemos en la práctica eclesiástica están impulsados por un deseo consciente de ser fieles a la Biblia o simplemente por la imitación inconsciente de tendencias culturales más amplias que hemos interiorizado y naturalizado hasta el punto de asumirlas como algo tan natural como la gravedad.

Por ejemplo, en los seminarios y escuelas de aprendizaje teológico, la historia de la iglesia ocupa ahora a menudo menos espacio en el plan de estudios que otras disciplinas, mientras que el crecimiento masivo de áreas como la consejería—un tema que no tiene casi ninguna justificación bíblica o histórica para ser una parte separada de la formación ministerial—está demostrando con creces la incapacidad de la iglesia para mantenerse al margen de las obsesiones y tendencias culturales más amplias.

En términos de erudición bíblica, también, la aceptación a menudo acrítica del último consenso académico—comoquiera

---

viven. Los conejos llegan a reproducirse tanto que ocupan completamente la colina. La expresión 'Breeding Ferrets on Watership Down' (criar hurones en Watership Down') significa traer balance o equilibrio en el medio ambiente. [Nota editorial].

que uno elija construir ese "consenso", que es en sí mismo un problema crítico complicado—y la desestimación demasiado entusiasta de cualquier exégesis o formulación teológica que sea anterior a la tendencia actual, ya sea Kant, Freud, el descubrimiento de los Rollos del Mar Muerto, o lo que sea, es un testimonio elocuente tanto del poder de la cultura en general para moldear la realidad como de la fascinación infantil por cualquier cosa que irrite a la generación anterior. Hoy en día, no hay nada que se ajuste más a la mentalidad del establecimiento cultural que el rebelde sin causa. De nuevo, me viene a la mente la analogía con la crianza de hurones en Watership Down.

Pero incluso fuera de las filas autoconscientes de los expertos eclesiásticos posmodernos y de la vanguardia académica, el propio evangelicanismo tradicional contiene poderosas fuerzas antihistóricas. Los evangélicos, después de todo, son aquellos que sólo tienen su Biblia, que no se inspiran en la tradición sino en la propia Escritura.

En algunos círculos, ésta es simplemente la posición irreflexiva por defecto; para otros, la percepción de que la Reforma fue una revuelta contra la autoridad de la tradición es carta blanca para rechazar cualquier reflexión sobre cualquier cosa que no sea el texto desnudo de las Escrituras. Irónicamente, este último grupo suele tener una gran opinión de los movimientos y figuras históricas—de hecho, el hecho de que se inspire en la Reforma indica una cierta inclinación histórica; pero a menudo es poco más que hagiografía.

La historia consiste en identificar a los buenos (y en general son todos hombres, a pesar de algún mártir del pacto) y a los malos (tal vez algunos más sean mujeres, María I, María de Guisa, etc.), y en suponer que los primeros actuaron simplemente por pura fidelidad a las Escrituras, y los segundos por los más bajos motivos conscientes. En otras palabras, no hay un compromiso crítico con la historia, simplemente la extracción de la historia de las prácticas e ideas bíblicas puras, no contaminadas por los tiempos en que ocurrieron o, uno podría añadir ominosamente, por la depravación innata de los propios agentes. ¿Alguien se anima a criar hurones en Watership Down? Sin embargo, la historia sigue siendo importante, especialmente para los evangélicos. Independientemente de lo que diga la mitología popular evangélica, la Reforma no fue un rechazo total de la tradición eclesiástica en favor de la Biblia. Fue más bien una evaluación crítica de la tradición eclesiástica a la luz de las Escrituras, que condujo al rechazo de algunas partes de esa tradición, a la modificación de otras y a la aceptación como escriturales del resto. Cualquiera que haya pasado algún tiempo observando la actitud de Lutero, Calvino y compañía sobre los credos de la Iglesia primitiva, y el lenguaje tradicional para expresar la teología, sabe que la frase "ningún credo sino la Biblia" sólo puede aplicarse a estos hombres en el sentido cualificado de que la Escritura es la única fuente epistemológica autorizada y el único criterio para la teología, no que no haya nada útil que encontrar en la tradición de la Iglesia de declaración de credos, formulación teológica y discusión doctrinal.

La importancia de la historia es, por supuesto, fundamental para la propia Escritura, que es ante todo una historia ampliada, en la que Dios, la humanidad, el pecado y la gracia tienen sus significados revelados en el drama de la caída y la redención que se desarrolla entre el Jardín y la Ciudad. Sin embargo, me gustaría pedir la indulgencia del lector provocando la reflexión sobre la importancia de la historia, no acudiendo a la Escritura, sino al pensamiento de dos hombres a los que muchos cristianos no suelen considerar que tengan nada que decir a la Iglesia.

El primero es el filósofo, historiador y economista alemán Karl Marx. En su libro *El 18° Brumario de Luis Bonaparte* (The Eighteenth Brumaire of Louis Bonaparte), afirma lo siguiente:

Los hombres hacen su propia historia; pero no la hacen a su antojo; no la hacen bajo circunstancias elegidas por ellos mismos, sino bajo circunstancias directamente encontradas, dadas y transmitidas desde el pasado. La tradición de todas las generaciones muertas pesa como una pesadilla en el cerebro de los vivos.[2]

Los hombres hacen la historia, pero no hacen la historia que eligen: El punto de Marx es que cada uno vive en un momento determinado en un lugar determinado; y ese contexto le impone límites, geográficos, económicos, conceptuales, lingüísticos, etc. Esto es tan cierto para el carbonero o el propietario de una fábrica en la Inglaterra del siglo XIX como para el evangélico de principios del siglo XXI.

Por lo tanto, pretender que de alguna manera estamos fuera de la historia, que sólo tenemos nuestras Biblias y que de alguna manera logramos trascender nuestra ubicación específica en el tiempo y el espacio cuando las leemos, es irremediablemente ingenuo, pero hasta que no reconozcamos que esto es así, irónicamente no podemos hacer nada para ayudarnos a trascender nuestro propio tiempo. Una aproximación crítica a nosotros mismos y a la tradición en la que nos encontramos sólo es posible una vez que reconocemos el punto de Marx y aceptamos que estamos profundamente en deuda con las generaciones de todos los que nos han precedido. Esta es una medicina amarga para

---

[2] Robert C. Tucker (ed.), *The Marx-Engels Reader*, Second Edition (New York: Norton, 1978), 595.

aquellos que piensan que la historia es todo sobre los buenos y los malos, y que piensan que la voluntad de Dios se puede leer de una manera simple y directa en la superficie de los acontecimientos y las acciones.

Sin embargo, incluso una breve reflexión sobre nuestra teología nos dice que esta es una posición lamentablemente ingenua. Por ejemplo, hasta que no nos demos cuenta de que la palabra "Trinidad" no aparece en la Biblia y nos enfrentemos a cómo y por qué llegó a utilizarse de la forma en que lo hacemos, la primera vez que nos encontremos con alguien, por ejemplo un Testigo de Jehová, que afirme lo obvio—que nosotros, los evangélicos, decimos que creemos en la única suficiencia y autoridad de las Escrituras, pero luego procedemos a utilizar términos extrabíblicos—es probable que nos encontremos en un dilema. Además, a menos que reconozcamos la posible diferencia entre nuestra tradición recibida y la enseñanza de las Escrituras, seremos incapaces de criticar esa tradición.

Un punto más: si no tenemos un buen conocimiento de la historia de nuestra teología, estaremos mal preparados para defender esa tradición tanto de sus enemigos como de sus aliados bien intencionados pero mal informados. Los tres problemas potenciales pueden mitigarse en cierta medida reconociendo cómo la historia ha moldeado nuestras iglesias y, por tanto, a nosotros mismos; y hasta que no adquiramos ese conocimiento de la historia, es poco probable que veamos alguna mejora cuando nos enfrentemos a estas cuestiones.

Si el comentario de Marx nos hace ver cómo la identificación acrítica de nuestra historia elegida con la voluntad revelada de Dios hace necesario comprender cómo somos moldeados por los contextos en los que nos colocan las circunstancias que escapan a nuestro control, mi segundo pensador destaca la importancia de un conocimiento de la historia como algo que nos da un lugar para pararnos y resistir a aquellas fuerzas que nos someterían a su voluntad como si no tuviéramos elección. Milan Kundera, escritor checo y premio Nobel, hace el siguiente comentario provocador, "la lucha del hombre contra el poder es la lucha de la memoria contra el olvido."[3]

Kundera escribe en el contexto de la opresión soviética posterior a la Primavera de Praga en su país, cuando los políticos que caían en desgracia ante Moscú eran, literal y metafóricamente, borrados de la historia y de la memoria de su pueblo. Su argumento es que la reescritura de la historia, incluso en casos extremos la falsificación deliberada de la historia, para adaptarse a las agendas del presente no hace otra cosa que desempoderar a aquellos cuya historia está siendo destripada. No es sólo el bloque soviético el que hace esto, por supuesto.

Se puede pensar en la verdadera industria de la negación del Holocausto que ocupa los recovecos más oscuros de la web, o en la forma en que la narrativa de la expansión fronteriza estadounidense se ha contado a menudo sin hacer referencia a la desposesión de los nativos americanos. O, para acercarnos al tema, podríamos reflexionar sobre el modo en que el libre mercado se ensalza a menudo en los relatos políticos occidentales contemporáneos, en los que se ensalzan sus indudables beneficios pero sin hacer referencia a los talleres clandestinos, la inmigración ilegal y los diversos actos de explotación selectiva de los que depende el sistema.

En todos los casos, el trabajo de los historiadores que están dispuestos a prestar atención a las fuentes, a cuestionar los supuestos incuestionables y, en ocasiones, a asumir la

---

[3] Milan Kundera, *The Book of Laughter and Forgetting*, trans. Michael Henry Heim (Londres: Penguin, 1981).

responsabilidad de hablar con franqueza, puede aportar beneficios inconmensurables a quienes estén dispuestos a escuchar.

Esto es algo útil que hay que tener en cuenta al abordar la historia evangélica. Es triste, pero cierto, que hay quienes utilizan la historia como parte de una agenda que les permite manipular a la iglesia en el presente. Esto es particularmente cierto cuando se trata de cuestiones doctrinales y morales. Las afirmaciones, por ejemplo, de que la visión penal sustitutiva de la expiación o la justificación por imputación o la inerrancia de las Escrituras son innovaciones tardías, y/o están ligadas a paradigmas sociales o filosóficos anticuados, suenan como bases muy plausibles y persuasivas para "repensar" o "revisar" estas ideas, términos que suelen ser eufemismos para "abandonar" o "enviar al tacho de basura".

Un estudio cuidadoso de la historia doctrinal puede demostrar al menos el carácter erróneo de tales afirmaciones. Lo mismo cabe decir de quienes afirman que es un movimiento legítimo y sin valores construir una cristología sin referencia al Evangelio de Juan. Cuando se toma en serio tanto la forma histórica en la que la iglesia desarrolló el canon como el contexto histórico en el que los Evangelios Sinópticos llegaron a separarse del de Juan a través del desarrollo de la historia crítica, la aparente inocencia del movimiento erudito queda expuesta como manipuladora, cargada filosóficamente y altamente especiosa.

Además, hay quienes intentan reintroducir viejas herejías como si fueran nuevas ideas bíblicas: pensemos, por ejemplo, en aquellos teólogos recientes que niegan o limitan radicalmente el conocimiento de Dios sobre el futuro. Incluso un vistazo superficial a la historia teológica del siglo XVII revelará que esto ya lo hicieron los socinianos; el hecho de que sus discípulos actuales parezcan tan vacilantes a la hora de hacer la obvia conexión histórica puede tener más que ver con el hecho de que el socinianismo estaba fuera de la palestra en el siglo XVII (y eso en parte sustancial debido a la visión sociniana de la presciencia de Dios).

También puede ser que una comparación de los argumentos increíblemente sofisticados de los socinianos del siglo XVII resulte algo poco halagadora para sus descendientes, algo menos rigurosos. De hecho, teniendo en cuenta todo esto, anunciar que su seminario evangélico tiene representantes del Socinianismo Ligero en la facultad es poco probable que impulse sus empresas de recaudación de fondos. Parece mucho más adecuado maquillar la historia y presentar la vieja herejía de ayer como el evangélico creativo de hoy.

Sin embargo, esta manipulación no es exclusiva de los que quieren salir de las doctrinas y los enfoques teológicos tradicionales: hay una gran tendencia entre muchos que parecen, en apariencia, tener un gran respeto por el pasado cristiano, a escribir sutilmente (y a veces no tan sutilmente) la historia de una manera que puede producir poco más que propaganda partidista interesada.[4] Esto puede adoptar muchas formas.

---

[4] Por supuesto, la historia no es idéntica al pasado; es una representación, en ambos sentidos de la palabra, del pasado; es selectiva; construye una narrativa que puede no haber sido obvia para los diversos agentes históricos que se estudian; por lo tanto, es en parte al menos un reflejo del propio historiador. Sin embargo, yo sigo creyendo que algunos relatos históricos son más verdaderos que otros, que, por ejemplo, quienes niegan el uso genocida de las cámaras de gas en Auschwitz están equivocados y están escribiendo una mala historia de un modo que no lo está haciendo un historiador que adopta la postura contraria. Este último, sin duda, tiene que ser selectivo y limitado en la forma de escribir la historia, pero la narración tiene más sentido de la evidencia que la negación del Holocausto.

Hay quienes pueden escribir miles de palabras sobre un hombre como Martyn Lloyd Jones sin apenas una palabra de crítica. Sin embargo, uno asume que el doctor Lloyd Jones, a pesar de todos sus grandes logros, seguía siendo totalmente depravado como el resto de nosotros; uno asume, por lo tanto, que hizo muchas cosas que fueron al menos ambiguas en su impacto y efectos; y uno podría esperar razonablemente que cualquiera que escriba sobre él, incluso sus aliados más acérrimos, refleje este hecho teológico básico.[5]

De hecho, un estudio sobre él, con todas sus verrugas, podría ser más útil que una hagiografía que deja al lector aplastado ("Nunca podré ser como el doctor Lloyd Jones"), deprimido ("Si la iglesia tuviera otro Lloyd Jones todo estaría bien"), manipulador ("Bueno, el doctor habría estado de acuerdo conmigo"), o positivamente peligroso ("¡Eh, tal vez debería simplemente ignorar la doctrina de la iglesia también!").

El hecho de que las últimas frases me garanticen, casi con toda seguridad, un correo de odio espléndido no hace más que demostrar mi punto de vista. C. S. Lewis es otro ejemplo: ¿por qué los evangélicos tienen que convertirlo en un evangélico para sentirse cómodos aprendiendo de él? Él no era evangélico, habría repudiado la designación, y a menudo es útil para los lectores evangélicos precisamente por sus diferencias con la amplia tradición evangélica. Tener que convertirlo—o a cualquier otro grande del pasado—en algo que se ajuste a aquello con lo que nos sentimos cómodos es, a la vez, totalmente condescendiente con

---

[5] Resulta extraño que la historia cristiana sea considerada por amigos y enemigos como una hagiografía o un providencialismo tendencioso. Sin duda es sugerente que la depravación total sólo se utilice como clave para entender las acciones de aquellos con los que no estamos de acuerdo, mientras que seguramente es aún más relevante aplicarla a las acciones de nuestros héroes si queremos evitar la ingenua adoración de los mismos.

Lewis y un acto de narcisismo que nos aísla de permitir que su pensamiento nos critique.

No hace falta decir que la historia, y el recuerdo dramático de la historia, son el corazón de la Biblia. El objetivo de la Pascua era proporcionar un vínculo dramático con el pasado y una oportunidad para que los padres contaran a sus hijos la historia de la liberación de su pueblo de Egipto por parte del Señor. En el Nuevo Testamento, el bautismo y la Cena del Señor tienen propósitos similares, conectando el presente con las narrativas y acciones de Dios en el pasado, el presente y el futuro.

Sin embargo, los evangélicos en nuestro modo antihistórico parecen propensos a una de las dos tendencias señaladas anteriormente: una idolatría de lo nuevo y de lo novedoso, con la concomitante falta de respeto por todo lo tradicional; o una nostalgia por el pasado que es poco más que una idolatría de lo antiguo y de lo tradicional. Ambas son desalentadoras: la primera deja a la iglesia como una entidad anárquica que flota libremente, condenada a reinventar el cristianismo de nuevo cada domingo, y propensa a ser subvertida y tomada por cualquier líder o grupo carismático (¡en el sentido no teológico!) que se preocupe por flexionar su músculo; la segunda deja a la iglesia atada al pasado *tal y como sus líderes se preocupan de escribir ese pasado* y, por tanto, incapaz de comprometerse críticamente con su propia tradición.

El compromiso humilde y crítico con la historia es, por tanto, imperativo para el cristiano: humilde, porque Dios ha actuado a través de la historia, y seríamos arrogantes si simplemente ignoráramos el pasado como irrelevante; crítico, porque la historia ha sido hecha por seres humanos pecadores, caídos y, por tanto, profundamente falibles, y por tanto no es una revelación pura y directa de Dios. Es este equilibrio de humildad y crítica el que debemos alcanzar si queremos beneficiarnos realmente de la historia.

Como se ha señalado anteriormente, los evangélicos han mostrado en general una profunda sospecha de que la tradición tenga algún tipo de autoridad dentro de la Iglesia. Esto es evidentemente una reacción—y, en un nivel, una reacción muy buena y adecuada—al tipo de reivindicaciones exageradas que hace la Iglesia Católica Romana sobre la tradición. Sin embargo, debemos recordar que la visión católica romana de la tradición es sólo una de las formas posibles en que se puede considerar que tiene autoridad o influencia.

Herman Bavinck, el teólogo holandés, señala una distinción muy útil entre la iglesia como magisterio y la iglesia como *ministerio*.[6] En este último caso, la tradición no es presentada por la iglesia como la autoridad absoluta final, sin embargo, la iglesia tiene aquí una cierta autoridad para ayudar a los creyentes a pensar claramente sobre las Escrituras, y para evitar el absurdo de tener que reinventar el cristianismo cada domingo. La Iglesia puede equivocarse; su tradición puede equivocarse; cada individuo se mantiene o cae ante su propio maestro; pero esto no hace que la tradición no tenga importancia; simplemente la relativiza un poco.

Después de todo, Dios ha hecho promesas específicas a la reunión de los santos con respecto a la presencia de su Espíritu Santo, lo que debería significar que la enseñanza de la iglesia tiene un peso considerable en las discusiones teológicas— ciertamente, como regla general, más peso que las reflexiones de cualquier individuo o teólogo autoproclamado. Dado que la iglesia es una entidad espiritual y teológica, escuchar sus credos

---

6 Herman Bavinck, *Reformed Dogmatics I: Prolegomena*, trans. John Vriend (Grand Rapids: Baker, 2003), 481.

y confesiones, y dialogar con sus mejores mentes, no es un extra opcional, o un retiro furtivo al catolicismo anterior a la Reforma; debería ser más bien un deleite y un privilegio, algo que nos recuerde nuestra relativa insignificancia en el gran conjunto de la historia de la iglesia.[7]

Puede que ser historiador no sea la profesión más bienvenida hoy en día, dado nuestro desprecio por el pasado, pero cuando se ve cómo los ignorantes en materia de historia pueden causar estragos en la teología evangélica, la aplicación despiadada del estudio de la historia puede ser un antídoto bienvenido contra la ligereza, la idolatría y la herejía. Trágicamente, los historiadores han sido cooptados con demasiada frecuencia como propagandistas de cualquier causa que esté de moda en su época.

Sin embargo, irónicamente, en una época que vive en el repudio consciente del pasado, ninguna profesión es más adecuada para hacer una crítica profética que la del historiador. En el mundo complaciente del presente perpetuo, mirar al pasado, ni con nostalgia ingenua ni con desprecio cínico, es exhibir un comportamiento peligrosamente perturbador. Después de todo, volviendo a Watership Down: los conejos pueden ser lindos y adorables; pero también pueden estar enfermos y llenos de pulgas; y si se les deja criar demasiado, destruyen los cultivos y dañan el medio ambiente. Puede que la crianza de hurones no sea una profesión muy popular, pero a veces es necesaria, incluso—

---

[7] Dadas las promesas hechas a la iglesia en las Escrituras, está claro que el papel que cualquier grupo cristiano otorga a la historia y a la tradición estará íntimamente relacionado con su comprensión de la iglesia; el hecho de que los evangélicos hayan tendido, en general, a restar importancia a la doctrina de la iglesia como parte de la importancia de las organizaciones interconfesionales paraeclesiásticas también contribuye a alimentar un valores anti-tradicionales/históricos.

o quizás especialmente—en Watership Down, donde hay veces que el único conejo bueno es un conejo muerto.

2.3. UN BUEN CREDO RARA VEZ QUEDA IMPUNE

En la cuestión de los credos, el mundo evangélico parece a menudo absolutamente dividido en dos amplios campos: hay quienes están tan apasionadamente comprometidos con una visión particularmente estrecha de la suficiencia de las Escrituras que no sólo niegan la necesidad de credos y confesiones, sino que los consideran realmente erróneos, un intento ilegítimo de complementar las Escrituras o de estrechar la fe cristiana en formas doctrinales o culturales más allá de los límites establecidos por las propias Escrituras. Luego están aquellos cuya opinión sobre los credos y las confesiones es tan elevada que cualquier otra declaración teológica, y a veces incluso la propia Biblia, parece tener una importancia secundaria. Ninguno de los dos grupos, creo, hace realmente justicia a los credos.

Desconfío mucho de ambos enfoques. Aunque comparto la preocupación del primer grupo por salvaguardar la singularidad de las Escrituras y evitar imponer mis propias preferencias culturales y gustos a otra persona bajo la apariencia de la verdad del Evangelio, tengo la ligera sospecha de que el grito de "¡No hay más credo que la Biblia!" a menudo ha significado más bien:

"Tengo mi credo, pero no voy a decirte cuál es para que no puedas saber cuál es y, por tanto, no puedas criticarlo o criticarme por tenerlo". Tal es a menudo el caso de los evangélicos que rechazan los credos pero tienen opiniones muy definidas sobre la legitimidad del consumo de alcohol y la naturaleza del fin de los tiempos, por ejemplo.

En la práctica, no permiten ninguna distinción hipotética entre lo que dice la Biblia y su propia interpretación, o la de su iglesia, de la misma. Así, se hacen inmunes a cualquier crítica. Además, en cuanto utilizan palabras como "Trinidad" o incluso consultan un comentario, revelan que lo que *dicen* sobre su relación *hacia* la tradición y lo que realmente *hacen* en la práctica *con* la tradición están en conflicto.

También comparto las preocupaciones subyacentes del segundo grupo por una visión elevada de la iglesia y de sus declaraciones públicas, y también por un reconocimiento honesto de la deuda del protestantismo con la tradición, aunque no en el mismo sentido que entendería Roma. Sin embargo, el segundo grupo también es susceptible de ser criticado. De una manera extraña, su problema es similar al del primer grupo: una identificación radical de lo que dice la iglesia con lo que dice la Escritura, de manera que hace casi imposible la crítica de la enseñanza de la iglesia a la luz de la Escritura.

Por si sirve de algo, ocupo una especie de término medio entre los dos grupos (¿no es extraño que la mayoría de nosotros siempre pensemos que representamos un medio feliz y bíblico entre dos extremos? Ho hum. Sígueme la corriente por esta vez). Ciertamente, considero que las Escrituras tienen una autoridad única y están inspiradas divinamente; pero también aprecio la ayuda que me proporcionan las ideas de otros a lo largo de los siglos sobre el significado y la aplicación de las Escrituras;

también me gusta identificarme con los cristianos que, a lo largo de los siglos, han adorado al mismo Dios; y en este contexto, doy especial importancia a los credos y confesiones por dos razones muy importantes.

En primer lugar, la iglesia es más que un conjunto de individuos; es la comunidad de los unidos a Cristo y la comunidad de la Palabra y los sacramentos, y como tal ocupa un lugar especial en el plan redentor de Dios. Por lo tanto, me tomo mucho más en serio las declaraciones consensuadas de la iglesia (por problemáticas que sean ahora, dada la diversidad de denominaciones) que las declaraciones individuales de determinados teólogos.

En segundo lugar, el carácter *consensuado* de los credos y confesiones es especialmente atractivo e importante. El hecho de que la mayoría de los credos y confesiones se hayan formulado en parte como respuesta a la presión política se considera a menudo como algo malo, pero no estoy tan seguro de que ese sea inevitablemente el caso.

Cada año, cuando enseño sobre los concilios de Nicea, Constantinopla y Calcedonia, los estudiantes expresan su preocupación por las sórdidas artimañas políticas que se esconden en el trasfondo de estos acontecimientos; sin embargo, el hecho de que un credo se formule en tales situaciones no hace que su enseñanza sea necesariamente menos coherente desde el punto de vista bíblico, al igual que mi total depravación socava inevitablemente mis intentos ocasionales de predicar la Palabra de Dios; y, en el lado positivo, significa que tales credos no son más exclusivos de lo que tienen que ser. Sí, excluyen claramente determinadas posiciones; pero están diseñados para mantener al mayor número posible de personas a bordo, y esta ecumenicidad de la intención teológica y eclesiástica se vio reforzada en muchas ocasiones por la conveniencia política.

Teniendo en cuenta que los credos y las confesiones han sido, históricamente, casi siempre documentos destinados al consenso, hay que hacer dos observaciones más. En primer lugar, estoy convencido de que tales documentos, en particular los credos de la iglesia primitiva, deben entenderse de forma ampliamente negativa. Los estudiosos no se ponen de acuerdo en este punto, pero me parece que tiene sentido, por ejemplo, el Credo de Nicea si lo entendemos como el establecimiento de unos límites que excluyen ciertas posiciones.

En efecto, te dice lo que *no puedes* decir sobre Dios sin que, en consecuencia, dejes de dar sentido a la enseñanza de las Escrituras. Así, deja abierto un espacio para la reflexión teológica, la exploración e incluso el desacuerdo. La diferencia entre esto y entender el credo como una declaración positiva de lo que se debe creer es sutil pero muy significativa. Este modo subraya el consenso y la inclusión; el segundo se centra en el acuerdo preciso y la exclusión. Las mismas personas pueden ser incluidas y excluidas bajo ambas interpretaciones, pero yo seguiría argumentando que la primera es más apropiadamente modesta y caritativa y mucho menos probable que conduzca a la usurpación de la autoridad bíblica.

El segundo punto que se deriva del carácter consensuado de los credos y las confesiones es que, por lo general, se enfocan en los elementos centrales de la fe que suscitan un acuerdo general sobre su contenido e importancia dentro de la circunscripción en cuestión. Por supuesto, varían en profundidad y complejidad: el Credo de Nicea cubre menos terreno que la Confesión de Westminster o el Libro de la Concordia, y ya he argumentado en una ocasión anterior en esta misma columna el hecho de que la teología cristiana requiere una cierta complejidad de elaboración y estructura doctrinal para que cualquier doctrina individual goce de estabilidad a largo plazo.

Pero incluso si se toma la Confesión de Westminster como ejemplo de una declaración doctrinal elaborada, es difícil imaginar que muchos cristianos con alguna inclinación doctrinal cuestionen los temas que se tratan: Dios, las Escrituras, la cristología, la salvación, la ética, la eclesiología, los sacramentos, la relación de la Iglesia con la sociedad, etc. Casi todos los cristianos—arminianos y calvinistas, protestantes y católicos, occidentales y orientales—estarían de acuerdo en que estos temas son importantes y que todas las iglesias deben identificar su posición con respecto a ellos.

En resumen, considero que los credos son importantes porque son documentos aprobados por la iglesia, o al menos por determinadas iglesias, y por lo tanto tienen más estatus que los escritos de cualquier cristiano individual; por lo general, representan en la intención un deseo de reflejar el consenso entre los cristianos; su empuje negativo, que establece los límites, significa que dejan espacio para la discusión, el desacuerdo y la teología reflexiva, aunque dentro de los límites eclesiásticos; y se centran esencialmente en las verdaderas doctrinas fundamentales. En resumen, podría decir que dan a quienes nos adherimos a ellas un lugar donde situarnos tanto doctrinal como históricamente, y así exponer nuestros puntos de vista al escrutinio público y al desafío apropiados.

Esto me lleva a mi última observación: algunos del segundo grupo que mencioné en mis primeros párrafos, el partido de la alta iglesia, se aferran tan vigorosamente a la naturaleza eclesiástica de los credos que consideran que toda la idea de otras declaraciones de fe, del tipo que ahora son tan comunes en nuestra era interdenominacional, es, en el mejor de los casos, irrelevante, y en el peor, un fenómeno que socava la importancia de la iglesia.

Esta última crítica es significativa: la eclesiología es tan importante hoy en día, que ciertamente no queremos contribuir a las fuerzas que la socavan. De hecho, sería irónicamente contraproducente, por ejemplo, que la *Declaración de Cambridge* de la Alianza de Evangélicos Confesantes (Cambridge Declaration of the Alliance of Confessing Evangelicals) no sirviera para fortalecer el evangelicanismo confesional, sino para herirlo y luego contribuir a su desaparición.

Veo el sentido de tales argumentos. Tales declaraciones no son documentos sancionados eclesiásticamente, y por su propia naturaleza interdenominacional marginan mediante el silencio o la aceptación de diferencias muchos asuntos de vital importancia eclesiológica—el bautismo y la Cena del Señor, por ejemplo. Pero me parece que hay que tener en cuenta dos cosas.

En primer lugar, existen precedentes de esto incluso dentro de la tradición fuertemente confesional de la ortodoxia reformada. La Fórmula del Consenso Helvético de 1675 fue redactada por los reformados específicamente para abordar las cuestiones planteadas por los profesores de la Academia de Saumur, concretamente una reconstrucción de los decretos divinos y la teoría de la expiación comúnmente conocida como amiraldianismo, por el teólogo francés Moyse Amyraut, y también la negación de la antigüedad de los puntos vocales masoréticos de la Biblia hebrea. No se trataba de un credo eclesiástico, pero servía para que las distintas iglesias y escuelas se identificaran como protestantes contra cuestiones específicas de su época. Así, incluso la alta eclesiología de la fe reformada no es reacia a este tipo de declaraciones tácticas a corto plazo.

En segundo lugar, los credos y confesiones eclesiásticas se construyen para durar. Por lo tanto, tocan lo menos posible las particularidades locales de cualquier tiempo o lugar. Por supuesto, llevan el sello de su época, como todos los documentos; pero el hecho de que Nicea siga resonando más de 1.600 años después, y Westminster más de 350 años después, parecería prueba suficiente de que no están tan marcados por la época en la que se produjeron como para haber perdido toda su relevancia cuando los redactores originales pasaron a la gloria. Pero la iglesia siempre vive en un tiempo y lugar determinados, y siempre debe responder a los problemas de la época. Por ello, los documentos ocasionales, similares a los credos en su forma, pero mucho más modestos y locales en cuanto a su propósito, son extremadamente útiles.

Por un lado, esos documentos son válvulas de seguridad eclesiásticas que evitan la necesidad de añadir constantemente a los credos existentes y, casi por definición, hacen que esos credos sean menos católicos y más exclusivos; por otro lado, permiten a la iglesia hablar directamente sobre las cuestiones del día que son más apremiantes, ya sean cuestiones de justificación, de moral pública o de lo que sea. Sí, es cierto que su naturaleza, a menudo interdenominacional, podría debilitar la eclesiología; pero eso sólo ocurrirá si las iglesias cometen el error de categoría de confundirlas con los credos y confesiones propiamente dichos. El problema no radica en las declaraciones en sí, sino en el hecho de que muchos de los que las utilizan no han recibido una enseñanza sólida sobre la naturaleza de la iglesia y, por tanto, no pueden hacer la distinción básica necesaria para evitar el problema.

Sospecho que los credos y las confesiones seguirán sufriendo a manos de amigos y enemigos por igual. Estos últimos siempre los rechazarán por considerar que invaden la autoridad de las Escrituras; los primeros seguirán haciéndolos más estrechos y funcionalmente más importantes de lo que nunca se pretendió. Pero en esta cuestión creo que hay un camino intermedio, que da un estatus peculiar pero subordinado a tales documentos, y que también ve un lugar para las declaraciones ocasionales y interdenominacionales.

La iglesia no debe comprometer nunca la autoridad única de la Biblia, debe centrarse siempre en los aspectos esenciales que atraviesan el tiempo y el espacio, pero también debe hablar cuidadosamente del aquí y el ahora. Por lo tanto, tanto los credos históricos como las declaraciones contemporáneas tienen su papel en hacer que la voz de la iglesia sea una voz relevante. Hasta que no nos demos cuenta de ello, me temo que un buen credo rara vez quedará impune.

2.4. ¿EL DIABLO ESTÁ REALMENTE EN LOS DETALLES?

Hace unos meses, el Wheaton College se vio salpicado por unas circunstancias que sólo pueden describirse como una pesadilla para los responsables de la imagen pública del centro. Un profesor adjunto de filosofía, Joshua Hochschild, se convirtió al catolicismo romano y las autoridades universitarias se negaron a renovarle el contrato por considerar que su nueva filiación religiosa era incompatible con el compromiso doctrinal que se exige a todo miembro del profesorado para ocupar un puesto a tiempo completo en la institución.

La situación vuelve a poner en el candelero no sólo la perenne cuestión de la suscripción teológica en las instituciones religiosas, sino también la problemática relación que existe entre el catolicismo y el evangelicanismo en el actual clima de ecumenismo práctico, a menudo de base, un ecumenismo que ha sido fomentado por los valores morales imperantes en la marea política y cultural del momento. A medida que Occidente se va al infierno en una bolsa de mano, quienes mantienen posiciones moralmente conservadoras o "tradicionales" en cuestiones como el aborto y la homosexualidad se han visto cada vez más comprometidos en un activismo social que trasciende—quizás incluso podríamos decir que "transgrede"—los límites religiosos honrados en el pasado; como resultado, dichos límites se han ido erosionando de forma lenta pero segura.

En un ensayo extremadamente útil sobre toda la situación en la revista católica *First Things* (www.firstthings.com), Alan Jacobs ofrece un análisis reflexivo y estimulante de la situación. Como profesor de inglés en Wheaton, y amigo personal de Hochschild, ofrece una verdadera perspectiva interna de la infeliz historia, que es particularmente impresionante por la forma en que ofrece una crítica cuidadosa y no del todo antipática de Duane Litfin, el presidente de Wheaton, que era, por supuesto, el hombre en el que tenía que parar la pelota en este caso particular.

Lo interesante del argumento de Jacobs es su tratamiento de la declaración doctrinal de Wheaton. Como señala, esta declaración no debe ser simplemente *apoyada* por el profesorado (como sería el caso en una institución paraguas—cita la Universidad de Notre Dame como ejemplo), sino que debe ser realmente *confirmada* por ellos; y el punto en el que el presidente Litfin consideró que Hochschild caía en desgracia era la necesidad de que él confirmara la autoridad absoluta de las Escrituras.

Litfin argumentó que esta afirmación debía entenderse en el contexto de la Reforma y el movimiento evangélico, un punto razonable, dada la intención del autor detrás de la formulación original; y Hochschild, como buen católico, consideraba que la afirmación de la autoridad suprema de las Escrituras era totalmente coherente con la enseñanza oficial de la Iglesia Católica. En este contexto, Jacobs también hace la obvia pero importante observación de que muchos protestantes, protestantes liberales, *no pueden* afirmar esto y por lo tanto están excluidos de la enseñanza en Wheaton.

En resumen, lo que Jacobs argumenta con caridad y claridad es que las afirmaciones doctrinales de Wheaton, tomadas al pie de la letra, son insuficientes para excluir a los católicos del cuerpo docente. Este es, de hecho, el punto clave de su argumento; los demás argumentos, como su afirmación de que la tradición católica podría enriquecer a Wheaton, aunque posiblemente sea cierta, parece más una apelación a las emociones académicas o culturales que el tipo de argumento que un abogado—o un presidente institucional preocupado por su base de donantes— podría escuchar.

Al reflexionar sobre el artículo de Jacobs, me parece que ha puesto el dedo en dos puntos importantes: en primer lugar, el evangelicanismo ha operado tradicionalmente con bases doctrinales bastante mínimas; y el significado y la importancia de tales bases doctrinales es necesariamente inestable precisamente porque son tan mínimas. Tanto Hochschild como Litfin pueden afirmar la autoridad suprema de las Escrituras; sin embargo, el aislamiento de la declaración de una matriz doctrinal más amplia la convierte en una fórmula que es, si no incontenible, al menos vaga y mal definida.

Este fenómeno me llamó la atención hace más o menos un año, cuando tuve el privilegio de debatir cara a cara con el entonces profesor de Wheaton, Mark Noll, sobre si existía o no un enfoque cristiano de la historia. No aburriré a los lectores con todos los pormenores de nuestra discusión, pero uno de los puntos que Mark defendió con mucho ahínco fue que la concepción calcedoniana de la encarnación, como punto en el que todos los cristianos ortodoxos estaban de acuerdo, podía ser un modelo para entender cómo lo divino y lo humano se conectan en la historia. Vi numerosos problemas con esta idea, sobre todo el hecho de que la fórmula calcedoniana es necesaria por la propia singularidad de la Encarnación como un ejemplo de acción divino-humana en la historia.

Sin embargo, también planteé que ningún cristiano "sólo cree" en la Encarnación. Sí, los católicos, los protestantes y los ortodoxos orientales mantienen la fórmula calcedoniana, pero nunca lo hacen de forma aislada o en el vacío. Todos y cada uno de los cristianos no sólo creen en la Encarnación, sino que también creen que la Encarnación se conecta positivamente de manera específica con otras cuestiones doctrinales, desde la salvación hasta los sacramentos y la iglesia.

En otras palabras, la creencia cristiana universal en la Encarnación sólo existe realmente en sistemas o matrices doctrinales particulares. Tanto si se infiere la persona de Cristo de su obra, como si se infiere su obra de su persona, la creencia en la Encarnación como idea metafísica (que Dios asumió la naturaleza humana en la única persona) no puede aislarse en realidad de las creencias relacionadas con toda una serie de otros temas y compromisos teológicos. Se puede conectar incorrectamente con otras doctrinas—de ahí la existencia de una variedad de teologías sistemáticas; pero hay que hacer las conexiones, implícita o explícitamente.

Este es uno de los problemas del mero cristianismo de la variedad evangélica, cada vez más común. El evangelicanismo, por supuesto, contiene en su propia esencia poderosos impulsos hacia el minimalismo doctrinal. Hace unos meses argumenté en esta columna que la naturaleza interdenominacional y paraeclesiástica del movimiento prácticamente lo exigía; a esta cuestión paraeclesiástica, también se podrían añadir cosas como el énfasis en la experiencia del nuevo nacimiento como punto primario de la identidad evangélica; el impacto del pragmatismo de la forma de vida estadounidense; el culto a la celebridad evangélica, especialmente poderoso en EE.UU.; y el eclecticismo de la cultura consumista moderna.

Todo ello sirve para apartarse de una identidad eclesiástica y teológica hacia algo menos orientado a la doctrina. Al decir esto, simplemente sigo tocando un tambor que muchos conocen y señalo el hecho obvio de que, en comparación con el catolicismo o la ortodoxia, el evangelicanismo tiene una tendencia natural a reducir su base doctrinal al mínimo. Y es por eso que universidades como Wheaton se encuentran en un verdadero aprieto cuando su base doctrinal se muestra inadecuada para lograr el propósito para el que fue originalmente concebida.

Lo que he argumentado hasta ahora es que el aislamiento de unas pocas doctrinas, supuestamente clave, de su lugar en una matriz credencial más elaborada, sirve no sólo para simplificar el sistema doctrinal en su conjunto; también sirve para evacuar más o menos las propias doctrinas individuales de un contenido estable y definido. Una simple y aislada declaración sobre la creencia en la autoridad de las Escrituras no es suficiente por sí sola para distinguir a los protestantes de los católicos; una simple y aislada declaración sobre la creencia en la soberanía divina por sí sola no es suficiente para distinguir a los calvinistas de los arminianos; una simple y aislada declaración sobre la salvación por la gracia no es suficiente por sí sola para distinguir a los agustinianos de los pelagianos. Hasta aquí, es obvio.

Sin embargo, el problema puede llevarse un paso más allá. Si esas afirmaciones aisladas se vacían de contenido estable, entonces se puede argumentar que se convierten no tanto en afirmaciones sobre Dios y sobre la forma de las cosas, por así decirlo; acaban siendo, en realidad, poco más que afirmaciones sobre la psicología humana.

La creencia en la soberanía divina, que no es susceptible de ser elaborada en términos de otras cuestiones (providencia, predestinación, gracia, etc.), se convierte menos en una declaración sobre quién es Dios en relación con su creación y más en la objetivación de ese sentimiento cálido y difuso, y en última instancia nebuloso, de que, de alguna manera, Dios tiene el control y de que todo irá bien al final—aunque no se pueda poner carne en el asador indagando en lo que podría significar realmente "tener el control". Y una declaración de creencia en la autoridad suprema de las Escrituras se convierte en poco más que un compromiso psicológico con la idea de que las Escrituras son realmente bastante más importantes que cualquier otro escrito, aunque no se pueda afirmar con claridad cómo y por qué debería ser así.

La psicología como doctrina no es nada nuevo. Fue Schleiermacher, el alemán del siglo XIX, quien intentó reconstruir el cristianismo frente a las críticas de Kant y los despreciadores de la religión; y lo hizo desarrollando de forma brillante—incluso podría decirse que estructuralmente bella—la idea de que el discurso doctrinal cristiano era en realidad un discurso sobre la psicología humana. Schleiermacher es, por supuesto, el gran monstruo de la teología ortodoxa, especialmente en su variedad evangélica.

Sin embargo, la debilidad del evangelicanismo inter-confesional que incidentes como el de la retirada de Hochschild por parte de Wheaton ponen de manifiesto, parece implicar que podría haber un considerable terreno común en la práctica entre la tradición teológica liberal de Schleiermacher y los shibboleths teológicos del evangelicanismo—ciertamente más terreno común del que cualquiera de los dos querría admitir. El viejo refrán dice que el diablo está en los detalles. Si esto es así, son malas noticias para el cristianismo ortodoxo. Muchas tradiciones eclesiásticas tienen credos y confesiones relativamente detallados; y la propia existencia de diferentes denominaciones, tan a menudo ridiculizadas como intrínsecamente divisivas, a menudo dan testimonio del hecho de que las doctrinas, las doctrinas detalladas, son importantes. Esto, en sí mismo, debería dar pie a la reflexión y, me atrevo a decir, incluso a la acción de gracias.

Como argumentó una vez J. Gresham Machen, fue una tragedia que Lutero y Zwinglio se pelearan por la Cena del Señor; pero habría sido una tragedia mayor si se hubieran unido por considerar la cuestión doctrinal como un asunto indiferente. El cristianismo es elaborado y particular por una razón: la doctrina importa; y la Biblia enseña un sistema de doctrina que puede— de hecho, que debe—ser elaborado. Al fin y al cabo, sólo en las manifestaciones particulares y elaboradas de la teología podemos dar a las doctrinas individuales un contenido significativo y estable.

El Catolicismo Romano comprendió esto hace mucho tiempo, al igual que quienes escribieron el Catecismo de Heidelberg, el Libro de la Concordia, las Normas de Westminster, los Treinta y Nueve Artículos, etc. Todos ellos sabían que cuanto más se reste del sistema de doctrina enseñado en las Escrituras, menos nos queda, no sólo en cuanto al número de doctrinas, sino incluso en cuanto a la propia sustancia intrínseca de cada doctrina. Esta es una de las muchas lecciones que se pueden extraer del incidente de Hochschild en Wheaton.

Tanto el profesor católico como el presidente tenían una actitud psicológica similar hacia las Escrituras; y el fracaso de los fundadores de Wheaton a la hora de situar la declaración sobre las Escrituras en una matriz doctrinal suficientemente elaborada hizo que, en última instancia, fuera más adecuada como descripción psicológica de la actitud hacia las Escrituras que como declaración doctrinal de lo que son las Escrituras y cómo deberían funcionar.

En la medida en que esto sea cierto, en esa medida el evangelicanismo es vulnerable de convertirse más en una actitud psicológica que en una verdadera confesión de creencia en Dios; y eso hace que tal forma de cristianismo sea extremadamente inestable y vulnerable a los ataques. De hecho, cuando se trata del cristianismo, el Diablo no está en los detalles; al contrario, sospecho que tiende a vivir en las grandes lagunas que el mero miedo al detalle del cristianismo tiende a dejar.

2.5. SUPONGO QUE POR ESO LA LLAMAN TRISTEZA

Tenía la intención de comenzar mis escritos de este año hablando con elocuencia sobre Bruce Springsteen, pero los acontecimientos me han superado y las meditaciones sobre "el Jefe" (The Boss) tendrán que esperar uno o dos meses.[1] En realidad, ha sido otro icono de la cultura popular, Sir Elton John, o, para darle su nombre completo, Sir Elton Hercules John (alias Reginald Dwight) quien ha ocupado mis pensamientos estas últimas semanas. Porque, sin duda, las imágenes de su unión civil con David Furnish, su pareja homosexual desde hace algunos años, y su posterior viaje de luna de miel son representaciones microcósmicas del mundo occidental moderno, con su cultura altamente sexualizada de la celebridad.

Recuerdo claramente que hace unos diez años estuve presente en un debate sobre la homosexualidad en la iglesia, en el que expuse el argumento de que nunca ganaría terreno de forma significativa porque la mayoría de la gente, muchos de ellos quizás por razones de puro fanatismo más que por una cuidadosa

---

[1] Título de una cancion de Elthon John, *I guess that's why they call it the blues* (Nota del traductor).

reflexión, simplemente seguirían considerándola como algo evidentemente incorrecto. Bueno, eso era antes, y esto es ahora.

No es frecuente que mire hacia atrás en mi vida y me critique por ser ingenuo; el cinismo (un vicio mucho menos perdonable) suele ser el error en el que caigo habitualmente. Pero mi actitud a principios de los noventa ha resultado, sin duda, irremediablemente ingenua. Mi única excusa es que soy historiador y me pagan por explicar el pasado, no por predecir el futuro.

Por supuesto, no hay una sola causa que explique por qué muchos de nosotros subestimamos tanto la profundidad del problema inminente o la velocidad a la que cambiarían las actitudes. Ahora está claro, por ejemplo, que el hijacking del lenguaje del victimismo fue crucial. Sin embargo, ese lenguaje sólo tiene un significado real en el contexto de una persecución grave y sistémica en términos de opresión económica o física.

Ahora bien, aunque no cabe duda de que siguen existiendo ejemplos de violencia antigay, la opresión física sistémica de los gays llegó a su fin cuando la homosexualidad dejó de ser un delito. Y es ridículo argumentar que el hecho de no ampliar las desgravaciones fiscales por matrimonio a las parejas homosexuales representa una opresión grave, al igual que no ampliar esos privilegios a las parejas no casadas o a los hermanos que comparten casa constituye una persecución de esas categorías. Y por toda la palabrería sobre los estereotipos negativos, me cuesta recordar el último estereotipo gay negativo que haya visto en la televisión, en el cine o incluso que haya escuchado en una canción de country y western.

Por supuesto, en este contexto, la pandemia del SIDA ha desempeñado sin duda un papel importante: por un lado, se dice constantemente al mundo que no es una enfermedad gay (muy cierto), mientras que la propia enfermedad se utiliza para dar credibilidad de víctima real a la comunidad gay. Aparentemente, mientras seas una víctima, puedes tener tu pastel y comerlo. Pero esta lógica de la voltereta es habitual en lo que se refiere a la homosexualidad.

Consideremos, por ejemplo, la existencia de una "comunidad gay" que hace de todo, desde cantar en coros gay hasta escalar en rock queer o lanzar canales de televisión. Al hacer estas diversas cosas, los defensores de los homosexuales subrayan constantemente que el sexo es sólo una parte de la identidad gay.

El problema con esto es vergonzosamente obvio. Por un lado, quienes tienen una orientación sexual igual no desean que su identidad se reduzca a una burda preferencia sexual; al mismo tiempo, es lo único que les une. Al fin y al cabo, me encanta correr por carretera y por caminos y participar en carreras; sin embargo, la orientación sexual de mis compañeros de carrera y de mis competidores es irrelevante para mí, no tiene ningún interés, de hecho, no es asunto mío, y desde luego no tiene ninguna relevancia para que corran y compitan bien o no. La lógica de muchos homosexuales, que quieren hacer que su preferencia sexual sea a la vez la parte central determinante de su identidad o comunidad y sólo una parte periférica de esa identidad o comunidad, es inestable en el mejor de los casos, y totalmente incoherente en el peor.

Al exponer mis argumentos hace diez años, sospecho que también subestimé el poder de los medios de comunicación para moldear los valores. Ahora, estoy lejos de mantener la visión reduccionista y casi marxista de los medios de comunicación, que los ve como todopoderosos y a las masas como víctimas desventuradas de sus nefastos planes.

La relación entre los medios de comunicación y el público es como la que existe entre el productor y el consumidor, una negociación, una danza cuidadosamente coreografiada entre lo que el productor desea impulsar y lo que el mercado quiere y/o tolerará. Sin embargo, programas como *Will and Grace*, *Queer Eye* y otros innumerables programas que promueven, a veces de forma discreta, a veces abiertamente, una imagen positiva de las cuestiones del mismo sexo, han influido sin duda de forma decisiva en la remodelación de la opinión pública.

Esto señala la despreocupación de gran parte del pensamiento cristiano. Ahora bien, los cristianos han sido, en general, bastante agudos a la hora de detectar los males de la pornografía, simplemente considerada. Al fin y al cabo, la pornografía es moralmente letal de la misma manera que lo es físicamente un bate de béisbol: tanto el medio como sus efectos son burdos, obvios y, en realidad, relativamente fáciles de evitar si ves que el bate se acerca a tu cabeza y consigues agacharte a tiempo.

Pero las comedias y los programas de entretenimiento en horario de máxima audiencia son mortales de una manera diferente. Al igual que el monóxido de carbono se arrastra por una casa y es indetectable hasta que los efectos son irreversibles y necesariamente letales, el goteo del horario estelar embota lenta pero seguramente las neuronas morales de aquellos que absorben acríticamente sus mensajes y sus estilos de vida proyectados sin ser conscientes de cómo están siendo transformados, incluso manipulados, por la realidad virtual propagandística a la que están expuestos. *Will and Grace* y *Queer Eye* son el monóxido de carbono moral de la cultura moderna, matándonos suavemente con su canción, como diría Roberta Flack.

Sin embargo, hay otro factor que no preveía hace diez años y que ha resultado notable: el deseo de respetabilidad social de la comunidad gay. Sin duda, esto ha motivado a los grupos de presión y a los que juegan a la política de la identidad tanto como cualquier otra cosa. Ahora bien, siempre había asumido que la homosexualidad, por su propia naturaleza, era una empresa transgresora y arriesgada cuyo principal objetivo era romper los tabúes y expresar la rebelión sexual de la forma más dramática.

Tomando prestada la taxonomía nietzscheana, pensaba que era dionisíaca en su propia esencia, una forma de vida arraigada en un hedonismo radical que rompía los límites por el mero hecho de serlo, y que no conocía ninguna moral—al menos, ninguna moral de *esclavos*—estando más allá del bien y del mal; ciertamente, esta es la línea adoptada por Camille Paglia, la crítica de arte y azote bisexual del establecimiento gay; sin embargo, aquí estamos una década después con los cómodos gays de clase media de *Will y Grace* y *Queer Eye* proporcionando entretenimiento en horario de máxima audiencia en los canales de la red.

Aunque confieso que nunca he visto más de treinta segundos de la primera, y nada de la segunda, los breves avances que pasan en las pausas publicitarias parecen indicar que estos programas muestran la homosexualidad de una manera tan rebelde socialmente como una Convención de las Juventudes Republicanas (y considerablemente menos aterradora), y tan transgresora como un viaje de verano de ancianos a la costa de Jersey (Jersey Shore). Y, para coronarlo todo, ahora tenemos al viejo Reggie Dwight, Caballero del Reino, nada menos, y a su pareja casándose con una fanfarria mediática.

Tal vez sea una rebelión en algunos sectores, dado que el matrimonio parece haber caído en desgracia entre muchos heterosexuales; pero a mí me parece más bien un intento de ser normal, de ser aceptado, de ser igual que los heterosexuales—o al menos, igual que antes. Es algo parecido a todo el desconcertante alboroto de la Comunión Anglicana, la ECUSA y la PCUSA, donde los gays quieren ser sacerdotes y ministros de todo, los mismos proveedores de la moral de esclavos que Nietzsche tanto despreció. ¿Qué está pasando? Transgredir los límites sociales y, sin embargo, ser aceptado dentro de los límites sociales. Desafiar las convenciones y ajustarse a ellas. Para pegarse a la clase dirigente y exigir los privilegios de esa misma clase dirigente. ¡Cuán terriblemente cuello blanco y de clase media se ha vuelto todo esto! Una vez más, la comunidad gay quiere tener su pastel y comérselo, parece. ¿No se acabará nunca la lógica de los chancletazos?

Entonces, ¿cómo debe responder la iglesia a todo este sinsentido? En primer lugar (y aquí parezco un disco rayado), debemos tener una actitud debidamente crítica ante lo que está ocurriendo. Por supuesto, la pecaminosidad del corazón humano es lo que ha creado este lío; pero los universales nunca son tan útiles cuando se trata de interpretar los particulares. La actividad homosexual es pecado, es transgresión; pero eso hace que el movimiento hacia el matrimonio gay sea tan extraño.

El impulso de rebelión y la necesidad de ser respetable parecen ir de la mano, aunque seguramente empujen en direcciones distintas; y cualquier respuesta de la iglesia debe reflexionar largo y tendido sobre la naturaleza de la cara de Jano de lo que está sucediendo. En este contexto, estoy seguro de que encontraremos lo más inútil de lo que yo llamo "Los Simpsons Simples" de la crítica cultural cristiana (ya sabes, el tipo que entra en pánico cada vez que los cristianos son puestos en *Los Simpsons*, pero nunca se preguntan cómo el programa encaja en la política y la agenda más amplia del sistema cultural en su conjunto). El hedonismo y la licencia sexual sin trabas no son claramente suficientes por sí solos como explicación del fenómeno. Me atrevo a sugerir que sólo una sólida comprensión del pecado, y de la humanidad hecha a imagen de Dios, puede realmente ofrecer un punto de partida para entender las ambigüedades morales y culturales que implica el matrimonio gay. En segundo lugar, tenemos que ver esto como un desarrollo extremadamente alentador. Como el matrimonio gay hace que la homosexualidad sea respetada y segura, inevitablemente hará que el cristianismo sea escandaloso y peligroso. Y así es como debe ser: la cruz es aterradora, inquietante, volátil. Durante demasiado tiempo ha funcionado como una pieza de bisutería, así que ya es hora de que vuelva a ser una fuerza atávica e inquietante dentro de la sociedad; y el matrimonio gay es una señal de que, en cierto sentido, el mundo, caído como está, está volviendo a la normalidad caída.

En el futuro, cuando las megaiglesias se hayan convertido finalmente en centros comerciales, cuando los tipos emergentes hayan sido conservadores y liberales, católicos y protestantes, aturdidos y confundidos durante tanto tiempo que ya no sepan quiénes son, cuando Reg y Dave celebren sus bodas de plata al estilo tradicional, entonces tal vez los que busquen la rebelión, la oportunidad de "revelarse a la autoridad", sólo tendrán la cruz y el cristianismo tradicional a los que recurrir. Y esa podría ser la mayor oportunidad evangelizadora de todas.

168 PENSAMIENTOS IMPOPULARES SOBRE TODO

Hasta entonces, la situación parece que va a empeorar antes de mejorar; pero, como cantó una vez Sir Elton Jones, supongo que por eso lo llaman tristeza.[2]

---

[2] "I Guess That's Why They Call It the Blues" (Creo que es por eso que le llaman tristeza) es una canción del cantante inglés Elton John, con música de John y Davey Johnstone y letra de Bernie Taupin. Es el primer sencillo del exitoso 17º álbum de estudio de John, *Too Low for Zero*. En Estados Unidos, se convirtió en uno de los mayores éxitos de John en la década de 1980, manteniéndose en el número 2 durante cuatro semanas en la lista *Adult Contemporary* y alcanzando el número 4 en el *Billboard Hot 100*. [Nota editorial].

2.6. MÁS ALLÁ DE LAS LIMITACIONES DEL CHICK LIT

Un amigo me pidió recientemente que expusiera algunas reflexiones sobre el catolicismo romano, tanto si me parecía bueno como malo.[1] La conversión de Francis Beckwith, cuando era presidente de la Sociedad Teológica Evangélica (Evangelical Theological Society - ETS), al catolicismo romano ha hecho que el tema tenga una relevancia más inmediata de lo que podría haber sido. Así que, por lo que valen, aquí están mis pensamientos. En este artículo, expongo algunas áreas en las que los protestantes pueden aprender de los católicos, o compartir un terreno común, y algunas áreas en las que los protestantes necesariamente divergen del catolicismo.

Debo comenzar lo siguiente señalando que no hay mucha interacción protestante confesional de calidad disponible en la prensa que trate del catolicismo posterior al Concilio Vaticano II. La obra de Boettner anterior al Concilio Vaticano II un clásico en su género, está desfasada; el relato de Berkouwer sobre el

---

[1] Chick lit (o literatura para chicas) es el nombre dado a un tipo de narrativa cercana al género de la novela romántica (Sacado de https://es.wikipedia.org/wiki/Chick_lit) (Nota del traductor).

Concilio Vaticano II es fascinante, pero está aderezado por la teología de sus propios años posteriores; y, a pesar de algunas interesantes colecciones de ensayos, no existe una crítica realmente erudita del catolicismo del Concilio Vaticano II desde una perspectiva evangélica. Sin embargo, como consejo general, vale la pena evitar la "literatura adolescente". No, no estoy diciendo que siempre sea un error pasarle a un amigo católico un ejemplar de *El diario de Bridget Jones* (Bridget Jones' Diary) o algo sobre la *Hermandad Ya-Ya*; más bien, estoy pensando en las novelas gráficas del venerable Jack Chick, fijadas como están en una Roma malvada y conspiradora, que no son, en mi opinión, el mejor recurso para desarrollar una comprensión del catolicismo contemporáneo o para interactuar con amigos católicos.

El "dios de las galletas", las caricaturas de estereotipos étnicos dignos de Julius Streicher y las perturbadoras imágenes de atractivas mujeres embarazadas torturadas hasta la muerte por inquisidores medievales vestidos con trajes casi del Ku Klux Klan dicen bastante al lector sobre el estado de algo, pero no, sospecho, del catolicismo romano contemporáneo. En contra de la "literatura adolescente" y de los populares shibboleths (clichés) protestantes, hay numerosos aspectos del catolicismo que deberían resonar en los protestantes reflexivos y que nosotros descuidamos para nuestro propio empobrecimiento.

Escritura cristiana de calidad

La primera es, quizás, una que no siempre es advertida por quienes piensan en categorías estrictamente teológicas: El catolicismo ha producido las figuras literarias más estimulantes de la tradición cristiana, ampliamente considerada. En primer lugar, está el incomparable G. K. Chesterton. ¿Humor e ironía al servicio de la teología? ¿Puede un protestante hacer eso? Bueno, Lutero habría aprobado la idea; está ahí en el mismo inicio de la tradición protestante; y es una gran pena que la hayamos perdido. Si quieres saber cuánto hemos perdido, dedica unas horas a leer las obras de GKC, que hace por el cristianismo básico lo que Terry Eagleton hace por la crítica literaria marxista.

Entonces, para quien quiera luchar contra los problemas del mal y la redención, ¿hay alguna novela mejor que *Brighton Rock*, de Graham Greene? Y a esto se pueden añadir los nombres de Walker Percy, Flannery O'Connor, Evelyn Waugh, y (al menos, se podría decir—sé que los estudiosos tienen opiniones encontradas al respecto—William Shakespeare. Tolkien también—aunque, como leal británico, yo mismo tiendo a reivindicarlo geográficamente para la Tierra Media más que teológicamente para la iglesia.

Todos estos escritores son expresiones literarias de varios temas morales y teológicos importantes con los que los protestantes deberían sentirse identificados. De hecho, como buen calvinista, estoy más de acuerdo con la visión de Greene sobre la naturaleza humana que con el tipo de tonterías pelagianas que se encuentran en las estanterías de la mayoría de las librerías cristianas.

Una tradición con un credo compartido del trinitarismo

El segundo ámbito es el de los credos. Aquí, tanto los católicos como los protestantes confesionales comparten una gran estima por las grandes declaraciones ecuménicas de la iglesia primitiva, en particular el Credo Niceno-Constantinopolitano, el Credo de los Apóstoles y el Credo de Atanasio. En efecto, dado que el Dios cristiano no es un dios cualquiera en general, sino un Dios muy particular—el que es tres en uno, Padre, Hijo y Espíritu Santo— esta base trinitaria común personificada en el Credo Niceno no es poca cosa.

Irónicamente, la presencia explícita de esto en la liturgia católica garantiza el aspecto trinitario obvio del culto cristiano; mientras que gran parte del protestantismo evangélico repudia el uso de credos en el culto por un deseo de ser más bíblico, pero no ofrece ninguna alternativa adecuada para salvaguardar la Trinidad en el culto—y, por lo tanto, la naturaleza explícitamente cristiana del Dios que se adora.

Como protestantes evangélicos, deberíamos reconocer humildemente nuestra herencia trinitaria común con la iglesia católica y hacer nuestras críticas a su liturgia en este punto, no gritando lo contrario sobre el principio de la Escritura frente al uso de credos hechos por el hombre en el culto (¡la mayoría de los protestantes usan himnos, no salterios, después de todo!), sino mostrándoles una forma mejor, si es que existe.

Grandes teólogos cristianos

El tercer ámbito en el que los protestantes deberían apreciar el catolicismo es el de ciertos grandes teólogos. Por supuesto, no hace falta decir que los primeros padres de la iglesia que proporcionaron el trasfondo intelectual y teológico de los credos deberían formar parte de la educación de cualquier ministro o profesor protestante, junto con autores posteriores evidentes, como Agustín, sin los cuales no se puede entender ni el catolicismo tradicional ni el protestantismo confesional.

Pero hay otros autores, más definitivamente católicos, con los que todo protestante reflexivo y teológico debería estar familiarizado. Tomás de Aquino es uno de ellos, en parte porque es sin duda la fuente intelectual más importante para el catolicismo anterior al Vaticano II; pero también porque sus escritos representan una declaración y defensa clásicas de algunas doctrinas básicas que el catolicismo y el protestantismo reformado tienen en común.

Por ejemplo, es antipelagiano; y su declaración básica de la doctrina de Dios constituye el fundamento de las posteriores nociones ortodoxas reformadas de la misma, apropiadas críticamente a través de una red exegética y filosófica posterior. En mis propios estudios sobre John Owen, pronto descubrí que para entender la mente del gran puritano tenía que entender primero la mente del Doctor Angélico.

Sin embargo, ninguna lista de lectura protestante debería terminar con el Aquino. Los escritos de Blaise Pascal son también un tesoro: sus *Cartas Provinciales* (Provincial Letters) son quizás la mayor obra de polémica religiosa satírica jamás producida, una crítica devastadora tanto del semipelagianismo como de la verborrea teológica con la que todos los líderes cristianos deberían familiarizarse. Y en cuanto a sus *Pensamientos* (Thoughts), hay tanto oro que extraer de sus reflexiones sobre la vida y la cultura que estos aforismos son probablemente más relevantes ahora que el día en que los escribió. Pascal ve a través de la superficialidad de una cultura obsesionada por el placer y el ajetreo de una manera más devastadora y astuta que cualquier otro teólogo que yo conozca.

Se podría continuar: desde John Henry Newman hasta Etienne Gilson, pasando por figuras como Brian Davies y Thomas Weinandy en nuestros días, la iglesia católica ha producido una corriente de destacados escritores teológicos que merece la pena leer; incluso en aquellos puntos en los que el lector protestante debe separarse de ellos, el estímulo a la claridad de pensamiento que ofrecen vale su peso en oro. De hecho, yo diría que hay pocos estilistas de la prosa más grandes en la literatura inglesa considerada en su conjunto que el gran cardenal Newman, un maestro de la palabra. Y en cuanto a la teología contemporánea, durante muchos años he preferido leer a los últimos escritores católicos reflexivos que a sus contemporáneos evangélicos, a menudo demasiado superficiales.

Escuchar a un católico romano como Eugene McCarraher sobre, por ejemplo, el postmodernismo, es mucho más estimulante, críticamente profundo y provocativo que cualquier post-evangélico que conozca.

Causa común en cuestiones morales

Un cuarto ámbito en el que los protestantes pueden colaborar provechosamente con los católicos es el de las cuestiones morales. Muchos de los desafíos morales actuales que preocupan a los protestantes—aborto, matrimonio homosexual, pobreza, justicia social—son áreas en las que existe una fuerte tradición de reflexión y práctica católica que puede ser estudiada con provecho por los protestantes.

El aborto, las cuestiones relacionadas con el derecho a la vida y la sexualidad humana son áreas en las que el catolicismo y el protestantismo comparten un terreno común; y la fuerza numérica, el conocimiento de los medios de comunicación y el poder político de la iglesia católica garantizan que estas cuestiones tengan un perfil público más alto de lo que podría ser el caso. Conviene advertir que, en algunas de estas cuestiones, los fundamentos del pensamiento católico no son compartidos por el protestantismo. Por ejemplo, la oposición al matrimonio homosexual se basa, al menos en parte, en que dicho matrimonio rompe el vínculo entre la relación sexual y la reproducción. La mayoría de los protestantes (¡y de los católicos!) ya rompen este vínculo mediante el uso de la anticoncepción, por lo que muchos pensadores católicos considerarían que la oposición protestante a la homosexualidad está fatalmente comprometida de entrada. Sin embargo, en la plaza pública, las políticas prácticas deseadas por los católicos conservadores y los protestantes conservadores son sustancialmente las mismas.

Lealtad a la Iglesia

Un quinto aspecto positivo, en el que los protestantes pueden aprender de los católicos, es la lealtad a la iglesia. A pesar de todas las preocupaciones que tengo sobre las nociones católicas de la iglesia y del culto, hay una cosa que me parece notable e impresionante: la lealtad de muchos católicos a la iglesia y no a personalidades concretas. A menudo, en el protestantismo, la actitud hacia la iglesia como institución es débil o inexistente. Así, una iglesia protestante llama a un pastor que no gusta a algunos de los feligreses porque consideran que su predicación es aburrida o que su familia es difícil o que su forma de dirigir las reuniones de la congregación es menos que estelar; la reacción de muchos de los que no están satisfechos con su nuevo ministro es simplemente renunciar a su membresía y pasar a la siguiente iglesia, y seguir moviéndose hasta que encuentren una iglesia que satisfaga todas sus necesidades.

Lo que me llama la atención de los amigos católicos es que la llegada de un sacerdote con el que no están muy entusiasmados rara vez les lleva a cambiar de iglesia de esta manera. La iglesia local no es tratada con tanta ligereza como muchos protestantes tratan la suya. Ahora bien, soy consciente de que algunas de las razones de esta diferencia en la respuesta son, en teoría, teológicas; pero en la práctica sospecho que las desviaciones protestantes tienen más que ver con permitir que el gusto triunfe sobre la eclesiología que con cuestiones reales de principios sustanciales. La lealtad eclesiológica de los católicos puede ser teológicamente errónea; pero la respuesta a esto es que los protestantes lo hagan mejor, no que abandonen la eclesiología al completo, como ocurre a menudo.

Estas son, pues, cinco áreas en las que creo que los protestantes pueden aprender fructíferamente del catolicismo. Ahora, quiero examinar las áreas en las que existen desacuerdos de principio. Espero hacerlo no con un espíritu censurador o fariseo, sino con el deseo de que haya puntos en los que los protestantes y los católicos deban separarse debido a creencias sinceras y apreciadas. Por supuesto, estas áreas de desacuerdo son a menudo históricamente y teológicamente complejas, y no pueden ser tratadas aquí de forma realmente adecuada; así que lo que ofrezco es, en efecto, un breve inventario de las mismas que espero que sirva como punto de partida para una mayor investigación y reflexión.

Tradición y autoridad

Si se pregunta a un protestante reflexivo en qué se diferencian más significativamente el protestantismo y el catolicismo, es probable que mencione las áreas estrechamente relacionadas de la tradición y la autoridad. Ahora bien, los protestantes tienden a ser muy suspicaces cuando se habla de que la tradición desempeña un papel en la teología, ya que parecería estar en cierta tensión con la visión de la Reforma de que sólo la Escritura es la base autorizada para la reflexión teológica. De hecho, la propia Reforma representó una lucha sobre dos tipos de tradición, la que los estudiosos llaman T1, tradición basada en la Escritura como única fuente de revelación (la posición de protestantes como Lutero y Calvino, y de algunos católicos pre-tridentinos), y la que llaman T2, tradición basada en dos fuentes, es decir, la Escritura y una tradición oral mediada por el magisterio de la iglesia.

Podría decirse que esta última fue la posición codificada en el Concilio de Trento, aunque parece que la frontera entre T1 y T2 es en la práctica a menudo borrosa, y muy difícil de definir en un sentido formal o preciso; sin embargo, como dispositivo heurístico la distinción es útil y es realmente sólo cuando los protestantes llegan a entender exactamente cuál es el punto de vista católico de la tradición (es decir, T1 más T2) que pueden llegar a entender adecuadamente cómo la tradición (T1) no subvierte la noción de la sola Escritura.

Un momento de reflexión sobre la práctica protestante debería demostrar la verdad de esto. Cada vez que un minúsculo protestante saca un comentario de su estantería para ayudarse en la preparación del sermón, o abre un volumen de teología sistemática, o asiste a una conferencia sobre un tema teológico, prácticamente reconoce la importancia de la T1, le importe admitirlo o no.

La creencia en la Escritura como fundamento cognitivo único y omnipresente para la teología no puede, de hecho, excluir el uso de fuentes extrabíblicas y, por tanto, *tradicionales*, como ayuda. Tanto el protestantismo como el catolicismo valoran la tradición; la diferencia radica en la fuente y la autoridad de esta tradición: La tradición protestante se justifica y, en última instancia, sólo es vinculante en la medida en que representa una síntesis de la enseñanza de la única fuente normativa de la revelación: la Sagrada Escritura.

El catolicismo es más flexible. Aunque, como se ha señalado anteriormente, la frontera donde termina T1 y comienza T2 no es fácil de formalizar o definir, el catolicismo ha demostrado estar mucho más abierto al desarrollo de dogmas que no son inmediatamente justificables sobre la base de las Escrituras, y también ha estado dispuesto a tomar más en serio la práctica antigua como una guía significativa. Así, la práctica de orar a los santos no tiene una justificación bíblica aparente, pero era algo evidente desde muy temprano en la era postapostólica, un punto utilizado por los católicos para argumentar a favor de su validez (un buen ejemplo de un dogma T2).

La referencia a la tradición, por supuesto, está relacionada con otras referencias a la autoridad. La creencia en la perspicuidad básica del mensaje cristiano subyace en las nociones protestantes de las Escrituras. Esto fue el núcleo de la disputa de Lutero con Erasmo. Erasmo consideraba que la Escritura era complicada y oscura y que, por lo tanto, requería que el magisterio de la iglesia diera explicaciones definitivas sobre lo que enseña; Lutero consideraba que el mensaje básico era claro y accesible para todos los que tuvieran ojos para ver y oídos para oír.

La disputa básica entre Erasmo y Lutero personifica la división entre católicos y protestantes en esta cuestión y también nos recuerda por qué el papado y el magisterio de la iglesia son tan cruciales en el catolicismo. El problema del anglicano John Henry Newman, al escribir su obra maestra sobre el desarrollo de la doctrina, no era que ésta se desarrollara, sino cómo el protestantismo podía discernir qué desarrollos eran legítimos y cuáles no. Cuando se publicó la obra, Newman ya era católico y se había convencido de que la autoridad de Roma, y no la perspicuidad bíblica de Wittenberg, era el único medio para resolver el problema.

Se podría añadir aquí, casi como un aparte, que el caos canónico y hermenéutico de los estudios bíblicos y la teología sistemática protestantes modernos, junto con la anarquía moral y epistemológica y eclesiológica que trae consigo, es intrínsecamente inestable desde una perspectiva eclesiástica. No es de extrañar que haya proporcionado el contexto para algunas conversiones de alto perfil a Roma en las últimas décadas: El protestantismo nació de convicciones sobre la perspicuidad básica de las Escrituras; la destrucción de esa doctrina puede leerse como un prolegómeno involuntario a un retorno a una estructura de autoridad que es funcionalmente como la de Roma; y, dada la opción de elegir entre eruditos o arribistas posmodernos o el Vicario de Roma que toma las decisiones, no es sorprendente que muchos hayan elegido lo segundo.

La Nueva Perspectiva sobre Pablo es el ataque más evidente al legado de Lutero en el protestantismo; pero igual de significativa es gran parte de la hermenéutica moderna, que representa el triunfo póstumo del espíritu de Erasmo sobre el de Lutero.

Otras religiones

Uno de los grandes misterios para los observadores casuales del catolicismo desde la década de 1970 ha sido el aparente conflicto entre las políticas internas y externas del Vaticano. Por un lado, profesores católicos liberales, como Kung y Schillebeeckx, se han encontrado en el extremo receptor de reformas internas muy conservadoras; por otro lado, tanto Juan Pablo II como Benedicto XVI han perseguido lo que parece ser (desde una perspectiva protestante evangélica) una actitud bastante liberal y concesiva hacia otras religiones, sobre todo el islam.

La política del Vaticano es, de hecho, coherente con sus creencias, a pesar de la apariencia. El Catecismo Católico deja claro que el Dios del cristianismo y el Dios de, por ejemplo, el islam son el mismo Dios. Esto no relativiza el catolicismo y el islam en el sentido de hacerlos expresiones igualmente legítimas del culto humano; pero refleja el reconocimiento católico estándar del cristianismo como una forma superior y más pura del fenómeno más general del teísmo.

Ahora bien, la teología natural es una cuestión controvertida en el protestantismo, en parte debido al beligerante "¡NO!" de Karl Barth a Emil Brunner en la década de 1930, y en parte debido a la persistente interpretación errónea de los reformadores y los ortodoxos reformados sobre estas cuestiones a través de la historiografía popular del tema a manos de escritores tan diversos como Francis Schaeffer, Cornelius Van Til y Stanley Grenz y sus diversos discípulos. Sin embargo, incluso la lectura más sensible desde el punto de vista histórico de las tradiciones protestantes confesionales requiere que hagamos hincapié en la centralidad de la Trinidad para la identidad y la revelación divinas, y que utilicemos esto como medida crítica para juzgar a otras religiones, como el Islam.

Para un protestante confesional, si Alá es uno, si Alá no tiene Hijo, entonces Alá no es Jehová, ya que Jehová no es un dios en general, sino el Dios Trino en particular; en consecuencia, no debería haber servicios de culto conjuntos con el imán local, ni difuminar las fronteras religiosas, independientemente de las plataformas de frente popular que podamos compartir en cuestiones morales.

Sacramentos, justificación y seguridad de salvación

La diferencia estética más evidente entre el catolicismo y el protestantismo es el papel de los sacramentos, concretamente el de la Misa o la Cena del Señor, en las respectivas tradiciones. Al entrar en la catedral de Colonia, los ojos se dirigen inmediatamente al final del pasillo, donde se encuentra el altar; al entrar en la catedral de San Giles, en Edimburgo, los ojos se dirigen al centro, donde se encuentra el púlpito. Los respectivos arquitectos conocían su teología, ya que cada edificio centra la atención en la acción más importante que tiene lugar allí. Mientras que los católicos siempre han tenido la predicación, se centran en la misa; mientras que los protestantes siempre han tenido los sacramentos, se centran en la lectura y la predicación de la Palabra.

Detrás de estas diferencias de énfasis hay diferencias fundamentales de teología. Los católicos romanos consideran que la gracia llega a través de la participación sacramental en la iglesia; los protestantes consideran que la gracia les llega a través de la promesa de la Palabra captada por la fe cuando se lee y se predica. Además, junto a estas diferencias hay otras: El catolicismo ve la justificación como un proceso por el cual la justicia de Cristo es impartida al creyente a través de esta participación sacramental; el protestantismo de la Reforma ve la justicia de Cristo como imputada al creyente por la gracia a través de la fe en Cristo. El catolicismo entiende la naturaleza humana en términos de sustancia; el protestantismo la entiende en términos de relación. Así, la salvación para los católicos implica un cambio sustancial; para el protestantismo, implica un cambio de relación o estatus.

Se ha escrito mucho, por supuesto, sobre la coincidencia básica entre el catolicismo y el protestantismo en cuanto a la justificación, pero las diferencias enumeradas anteriormente son reales y no pueden dejarse de lado como aberraciones menores. La feminista postcristiana Daphne Hampson ha escrito sobre el fracaso de las discusiones ecuménicas a la hora de abordar seriamente las diferencias fundamentales sobre la identidad humana; y me encuentro básicamente de acuerdo con ella en este punto.

Se podría ir más allá: la continua centralidad de la Misa, la persistencia de la creencia catequética católica en el purgatorio, y el énfasis tridentino en la capacidad humana frente a la gracia, muestran que sigue habiendo diferencias fundamentales entre Roma y Ginebra en esta cuestión. Compartimos un canon y un vocabulario paulino común, y compartimos una historia de conceptualización agustiniana de las cuestiones relacionadas con la gracia y la salvación, pero sólo podemos unirnos si una de las partes, o ambas, abandonan creencias apreciadas que se encuentran en el corazón de nuestras respectivas identidades teológicas y eclesiásticas.

Ahora bien, muchos protestantes no pueden articular una doctrina completa de la justificación por la gracia a través de la fe, del mismo modo que muchos católicos no entienden realmente la misa. Afortunadamente, no nos salvamos por el compromiso con un dogma, sino por creer en Jesucristo. Pero la diferencia en la justificación conduce a una visión fundamentalmente diferente de la vida cristiana.

Para el católico romano, la seguridad del favor de Dios no es un problema; de hecho, la seguridad puede ser algo peligrosamente subversivo, ya que fomenta la laxitud moral y el mal manejo de la iglesia. Para el protestante, sin embargo, es absolutamente crucial: sólo cuando estamos seguros del favor de Dios podemos entender su santidad sin desesperarnos, y hacer buenas obras—¡vivir como cristianos!—de una manera que no es servil, sino más bien afiliativa y familiar. Los católicos, y de hecho los protestantes, que tienen una comprensión defectuosa de la justificación, se están perdiendo, como mínimo, la pura alegría y el placer de la vida cristiana asegurada.

Espero que estas breves reflexiones hayan puesto de manifiesto algunas áreas de acuerdo y desacuerdo entre el catolicismo y el protestantismo. Ciertamente, no es una lista exhaustiva: en el lado de los desacuerdos, la mariología y la sucesión apostólica son dos áreas que no he abordado y que representan los puntos más serios de desacuerdo. Sin embargo, aunque soy un protestante comprometido y apasionado, todavía puedo reconocer en el catolicismo muchas cosas en las que me deleito, incluso cuando veo muchas cosas de las que debo apartarme.

Lo he dicho antes y lo volveré a decir: Los protestantes necesitan buenas razones para no ser católicos. El catolicismo ha sido la posición occidental por defecto. Si usted no considera que las grandes confesiones de fe y catecismos de los siglos XVI y XVII son bíblicos en su enseñanza sobre la justificación, entonces probablemente debería hacer lo más decente y hacerse católico romano. Las implicaciones que su posición tiene para la enseñanza de las Escrituras, para la historia de la iglesia y para las nociones de autoridad, hacen que esa medida sea buena. Convertirse al catolicismo no es un crimen, después de todo.

Sin embargo, la justificación no es la única cuestión: si usted acepta la anarquía teológica del pensamiento evangélico moderno, y la reconoce como lo que es—una afirmación sobre la oscuridad fundamental de la enseñanza de las Escrituras— entonces haga lo que John Henry Newman hizo en circunstancias similares: acudir a Roma.

Sin embargo, si usted valora la tradición protestante sobre la justificación, y su riqueza pastoral concomitante, el de la normatividad de la seguridad del individuo, puede, de hecho, debe, apreciar mucho de lo que el catolicismo y el protestantismo comparten en común, pero debe permanecer en Ginebra y no dirigirse a Roma.

Para mí, el derecho a reclamar la Primera Pregunta del Catecismo de Heidelberg como propia, como la declaración más profunda de una fe y una ética verdaderamente infantiles, es demasiado valioso como para cederlo a los insensibles del evangelicanismo posmoderno o a los genios de Roma, incluso al gran Newman:

Pregunta: muerte?	¿Cuál es su único consuelo en la vida y en la
Respuesta:	Que yo, con cuerpo y alma, tanto en la vida como en la muerte, no soy mío, sino que pertenezco a mi fiel salvador Jesucristo, quien, con su

preciosa sangre, ha satisfecho plenamente todos mis pecados, y me ha librado de todo el poder del Diablo; y me preserva de tal manera que, sin la voluntad de mi Padre celestial, no puede caer ni un pelo de mi cabeza; sí, que todas las cosas deben estar subordinadas a mi salvación, y, por lo tanto, por su Espíritu Santo, me asegura también la vida eterna, y me hace sinceramente dispuesto y preparado, en lo sucesivo, para vivir para él.

2.7. ¿DÓNDE SE ENCUENTRA LA AUTENTICIDAD?

Hace algunos años escribí un breve editorial para la revista *Themelios* titulado "¿Qué cantan los cristianos miserables?" (What do miserable Christians sing?).[1] Me llevó unos treinta minutos escribirlo, editarlo y enviarlo por correo electrónico al director. Sin embargo, de todas las cosas que he escrito, he recibido más—y más positivas—respuestas sobre ese breve artículo que sobre cualquier otra cosa que haya hecho. ¿Cuál era mi tesis básica? Que la iglesia cristiana típica no ofrecía a los quebrantados de corazón nada en absoluto para cantar en alabanza a Dios un domingo; y al hacerlo, la iglesia estaba fallando en su deber de cuidar a los dolientes, los oprimidos, los deprimidos.

La respuesta que propuse fue la recuperación del canto de salmos, no porque el canto de salmos sea la única forma pura de adoración, sino porque ofrece un lenguaje verdaderamente profundo y auténtico para expresar toda la gama de emociones y

---

[1] Esto se reimprimió en *The Wages of Spin* (Fearn: Mentor/Christian Focus, 2004), 157-63. Este libro será publicado por la Editorial Teología para Vivir en Noviembre del 2021.

experiencias humanas a Dios en el acto mismo de alabarlo. Ningún himnario o colección de coros que conozca se acerca a lo que los salmos ofrecen en este sentido; y sólo por esta razón, yo personalmente estaría encantado de no cantar más que los salmos. Uno de los llamamientos que escucho con más frecuencia en los sectores de la iglesia que se identifican como "emergentes" es el de la autenticidad. Por supuesto, los llamamientos a la autenticidad son un poco como los llamamientos al fin de la pobreza o del abuso de los niños o del maltrato a las esposas. Nadie, salvo los criminales dementes, estaría en desacuerdo con esas cosas tan puntiagudamente deseables, aunque es cierto que puede haber poco consenso sobre cómo lograr esos fines. No obstante, sean cuales sean mis reservas sobre la teología de la iglesia emergente, agradezco el sincero y bienintencionado recordatorio de que el cristianismo debe buscar siempre ser auténtico; y estoy convencido de que los salmos deben ser básicos para ello, no sólo por lo que dicen sino también por la forma en que lo dicen.

Mi suposición en todo esto es que la vida humana tal como la conocemos es, considerada en sí misma, en última instancia una tragedia. Sí, muchos de nosotros disfrutamos de buenos momentos, tenemos familias amorosas, experimentamos deleite y alegría, pero incluso la vida más rica y feliz termina en tragedia. La muerte es el límite que destroza a toda la humanidad; es una invasión malvada y caótica de la creación; y condena todas nuestras vidas a la tragedia final e inevitable. Creo que esta realidad del mal y de la muerte confiere a la vida su arquitectura trágica, y que, por tanto, debe informar todo lo que hacemos.

En mi anterior editorial argumenté que los salmos deberían ser el centro de la alabanza pública, porque dan una expresión divinamente sancionada de todas las emociones humanas, que

puede ser utilizada en el culto a Dios; en este artículo quiero
ampliar un poco ese tema y argumentar que la visión trágica que
los salmos expresan tan bellamente también exige que ampliemos
y enriquezcamos las formas en que se enseña la teología ortodoxa
en el hogar, en la iglesia, en el seminario.

La trágica verdad de la vida en un mundo caído puede expresarse
de diversas maneras. Probablemente todos estamos
familiarizados con los resúmenes que aparecen en las pegatinas
de los parachoques, variaciones de una declaración como "La
vida apesta; luego te mueres". No es particularmente profundo, a
pesar de toda la verdad que pueda contener. Es, por supuesto, el
mismo pensamiento que subyace en el siguiente famoso pasaje de
la gran obra de Shakespeare, *Macbeth*. En el quinto acto de la
obra, Macbeth, el hombre que ha conseguido la corona de Escocia
mediante el asesinato y la traición, se entera de la muerte de su
esposa y pronuncia uno de los grandes discursos del drama inglés:

Mañana, y mañana, y mañana,

Se arrastra en este ritmo mezquino de día en día,

Hasta la última sílaba del tiempo grabado;

Y todos nuestros ayeres han iluminado a los tontos

El camino a la muerte polvorienta. ¡Se apaga, se apaga, breve
vela!

La vida no es más que una sombra que camina; un pobre actor,

Que se pavonea y se agita en su hora sobre el escenario,

Y luego no se oye más: es un cuento

Contado por un idiota, lleno de sonido y furia,

Que no significa nada.

El significado de ambos, la pegatina y el soliloquio de Shakespeare, es básicamente el mismo: la vida es desagradable, sin sentido y corta. Sin embargo, hay un sentido en el que el segundo enriquece la comprensión del lector de una manera que el primero no lo hace. El lenguaje, los sonidos de las palabras, las imágenes, la aliteración, la estructura métrica—todo ello proporciona una expresión elaborada y compleja que arrastra al público a un encuentro más profundo, más aterrador, más impactante, con lo absurdo de la existencia. Shakespeare no sólo nos proporciona una forma poética de hablar de un aspecto de la vida que ya conocíamos; al hacerlo, yo diría que realmente cambia y profundiza nuestro conocimiento de la misma de forma sutil pero apreciable.

Tanto la pegatina como Shakespeare nos dicen que la vida es corta y aparentemente sin sentido; pero sólo este último nos enfrenta realmente a toda la complejidad de la verdad y, por tanto, nos transforma en relación con ella. Cuanto más luchamos con la forma de expresión, la sutileza de las imágenes y la pura belleza de las palabras, más profundamente nos vemos obligados a indagar en la naturaleza de lo que realmente se afirma sobre la existencia en general y sobre nuestra propia existencia en particular. Lo que se enseña es inseparable de cómo se expresa.

Este es un punto que no desarrollé en mi anterior llamamiento para que se canten más salmos en las iglesias, pero que creo que es fundamental para la importancia de los salmos en la vida y la experiencia cristiana, tanto individual como colectiva. No sólo nos enseñan lo que debemos esperar de la vida y nos permiten expresar nuestras emociones más profundas en alabanza a Dios; también nos proporcionan un lenguaje, una forma de hacer estas cosas que nos permite entendernos mejor a nosotros mismos tanto en relación con Dios como con el mundo que experimentamos a nuestro alrededor. Y, fundamentalmente, esto se comunica tanto a través de la estructura poética y el lenguaje de los salmos como a través de las realidades más allá del texto que el salmista tiene a la vista.

Al igual que las dolorosas reflexiones de Macbeth sobre la inutilidad de la vida no pueden separarse de la forma en que las expresa, la enseñanza de los salmos no puede separarse de las formas de las palabras que utilizan; y al igual que las imágenes utilizadas por Shakespeare siguen persiguiendo y dando forma a nuestros pensamientos mucho después de que caiga el telón al final de la obra, los salmos siguen agitando, provocando y calmando alternativamente las almas que se han empapado del rico y poético mundo del Salterio.

Esta complejidad literaria es fundamental por la complejidad que el mal y la muerte provocan en la vida. La muerte confiere a todas las vidas humanas una dimensión inevitable de tragedia misteriosa. Estar junto a la tumba de un niño o de un anciano no tiene ninguna diferencia teológica. Nadie debería estar junto a una tumba por la sencilla razón de que nadie debería morir. La mortalidad es un intruso antinatural e indeseado en nuestras vidas, y no hace más que causar estragos tanto en la persona que se lleva como en los seres queridos que deja atrás. Es la manifestación más evidente del mal en el mundo y, como tal, el aspecto más problemático de la existencia humana.

Por lo tanto, sugiero que es imposible comprender todas las dimensiones de la tragedia del mal, del sufrimiento y de la muerte mediante simples declaraciones de hechos. Hacerlo es caer en la trampa de reducir la verdad sobre la vida y la muerte a algo parecido a la sabiduría de las pegatinas: tales eslóganes pueden ser verdaderos, pero apenas ofrecen una explicación adecuada del tema en cuestión.

Aquí es donde el Salterio se impone: ofrece un relato completo no sólo de la gama de emociones humanas, sino, específicamente, de la gama de emociones humanas dentro del marco humanamente incomprensible de un mundo caído que clama por la salvación, sabe que la salvación está por llegar, pero soporta agonías y contradicciones durante el tiempo de espera para que esa salvación llegue. Los salmos son brutalmente honestos sobre el hecho de que, en este mundo caído, en contra de todo lo que Dios se propuso, el mal sigue siendo una realidad que crea un conflicto inimaginable para los seres humanos con la creación, con los demás y, lo más misterioso de todo, incluso con ellos mismos.

El lenguaje humano se esfuerza por hacer justicia a esta realidad; y aquí es donde la forma literaria y no sólo el contenido teológico se vuelven tan críticos. La poesía de los salmos es, por tanto, vital para captar las trágicas realidades de un mundo invadido por la muerte y los innumerables males menores que apuntan hacia ella. En estas circunstancias, las afirmaciones con pegatinas no suenan auténticas. La confusión y la tragedia de la muerte y el mal desafían tales reducciones literarias; la autenticidad frente a estas cosas requiere el genio de la expresión literaria que encontramos en el Salterio.

La naturaleza del Salterio indica que la auténtica enseñanza cristiana, la que conecta las verdades divinas con la vida real, debe por tanto tener en cuenta no sólo el contenido, concebido en términos generales, de la teología cristiana, sino también las formas en que se expresa esta teología. El predicador puede enseñar sobre el mal, tanto cósmico como personal; pero el mal y el sufrimiento son inescrutables, y la complejidad del tema exige una forma literaria que lo refleje.

La poesía del Salterio nos ofrece un modelo de cómo se puede hacer esto, ya que nos atrae a su mundo, resuena con nosotros, expresa y explica nuestros sentimientos y pensamientos más profundos, y nos lleva a entendernos a nosotros mismos y al mundo como realmente es.

¿Cuál es la implicación práctica de lo que estoy tratando de decir aquí? Creo que son tres. En primer lugar, y la más obvia: los salmos deben ocupar un lugar central en el culto cristiano, tanto en privado como en corporativo. A Martín Lutero le preguntó una vez su barbero (o, como dirían mis hijos, peluquero) cómo mejorar su vida de oración. Lutero corrió a su casa y escribió un pequeño y maravilloso tratado sobre la oración (imagínense: el reformador más importante y ocupado de Europa se preocupaba tanto por su pueblo que estaba dispuesto a escribir un tratado para un barbero que tenía problemas con la oración). ¿Su principal consejo en esta obra? Leer los salmos en privado, y si eso no ayuda, ir a la iglesia y escuchar los salmos que se cantan en el culto público. Los salmos nos encuentran donde estamos; y nos llevan desde donde estamos hasta donde deberíamos estar. Eso es autenticidad para ti.

En segundo lugar, no debemos conformarnos con cantos de alabanza y oraciones que sean menos honestos y, por tanto, menos auténticos que los salmos. Los salmos nos dan un punto de referencia de autenticidad que se opone a tanta piedad cristiana de todos los tiempos. Con demasiada frecuencia, los cristianos tratan de ajustarse a lo que creen que debería ser el cristianismo, en lugar de cómo es. Para los fans de Dylan: ¿qué es más auténtico, el material sentimentalizado de *Slow Train Coming*, producto de la fase cristiana de Dylan, o la compleja amargura emocional de, por ejemplo, "Like a Rolling Stone" o "Positively 4th Street"? Es trágico que la fase cristiana de Dylan parezca menos auténtica en su descripción de la experiencia humana que su material anterior.

En tercer lugar, y quizá lo más controvertido, quiero sugerir que la propia existencia de los salmos exige que los que pertenecemos a la tradición confesional y evangélica reflexionemos mucho sobre la forma en que enseñamos teología. A menudo se nos critica por nuestra visión referencial del lenguaje y nuestra visión propositiva de la verdad. Yo lucharía hasta el final por mantener el importante lugar que ambos deben ocupar en nuestra teología. Pero, como he insinuado antes, creo que el contenido de verdad preposicional de la teología cristiana puede enriquecerse enormemente si se toma en serio la forma literaria del modo en que la Biblia nos enseña.

Una vez más, no estoy defendiendo que se cambie a Bavinck y Berkhof por alguna tontería difusa y sensiblera. Pero me pregunto si, por ejemplo, las discusiones sobre la depravación total no se enriquecerían de forma espectacular si se abordara la poesía de los salmos; es más, quizás se enriquecerían no sólo viendo cómo nuestros grandes sistemáticos formulan la doctrina, sino también cómo los grandes escritores luchan con la cuestión en poesía y prosa. Tal vez el estudio del personaje de Pinkie en *Brighton Rock* de Graham Greene, o de Iago en *Otelo* de Shakespeare, o de Claggart en *Billy Budd* de Melville, podría ofrecer a los estudiantes cristianos de la naturaleza humana algunas ideas. ¿O qué decir de la lucha entre el bien y el mal que todos los cristianos sienten en su interior? De nuevo, podemos y debemos enseñar esto de forma directa.

Pero consideremos estos versos del poema "The Welsh Marches" de Alfred E. Housman. Partiendo de la imagen de ejércitos medievales ingleses y galeses enfrentándose en la frontera de las dos tierras, pasa a identificarlas con la división que siente en su interior:

En mi corazón no ha muerto,
La guerra que duerme en el lado de Severn;
No dejan de luchar, este y oeste,
En las marchas de mi pecho.
Aquí, los ejércitos sin verdad todavía
Trample, revolcado en sangre y sudor;
Ellos matan y matan y nunca mueren;
Y yo pienso que cada uno es yo.

Puede que no sea el mejor ejemplo de poesía inglesa, pero el movimiento de la imagen del poema y la rima de las coplas sirven para llevar a casa el conflicto interior con una fuerza emocional memorable. Una vez más, la riqueza poética de los salmos, combinada con la brutal honestidad de la propia expresión del salmista, es crucial para enriquecer nuestro conocimiento de nosotros mismos, del mundo caído y del Dios que actúa para salvar dentro de ese mundo.

En efecto, la ira salvaje contra la prosperidad de los malvados, el resentimiento hirviente contra Dios que estalla en determinados salmos, las imprecaciones y los gritos de rabia, todo ello toca la fibra sensible de todos los que han luchado alguna vez contra la injusticia de la vida en todas sus contradicciones y absurdos. Esos salmos tienen un anillo de autenticidad porque son espejos de las partes más profundas y atormentadas de nuestras propias almas. Que el Señor legitime tal expresión en los cantos de alabanza es, sin duda, un acto de suprema gracia y condescendencia; como lo es el hecho de que, por el propio movimiento poético dentro de estos salmos, conduzca suavemente a quienes los toman como propios a la realización de su bondadosa soberanía. Pero hay más. Seguramente hay una lección aquí sobre la pedagogía cristiana: la expresión dramática de estas luchas en una forma poética y literaria es significativa y debería influir profundamente en cómo enseñamos teología en el aula.

Los escritores de la Biblia apreciaron claramente la necesidad de formas literarias complejas para dar plena expresión a las complejas ideas teológicas y a la complejidad de la vida en alianza con Dios en un mundo caído. Los programas de estudios teológicos, en el hogar, en el seminario y en la iglesia, deberían sin duda tomar las formas de la enseñanza bíblica con la misma seriedad con la que toman el contenido básico (en la medida en que incluso es posible separarlas). Sólo así podremos evitar que la sabiduría bíblica se reduzca a eslóganes de calcomanía; sólo así nuestra teología encontrará una expresión auténtica.

2.8. IDOLATRÍA NORTEAMERICANA

Comienzo con una confesión vergonzosa. Pertenezco a una familia que ve con regularidad esa espantosa basura televisiva llamada *American Idol*. Lo único que puedo alegar como atenuante es que mis hijos son ávidos seguidores del programa; y ambos hijos compensan este defecto con un gusto musical, por lo demás, impecable, que incluye generosas raciones de The Who, los Rolling Stones, Aerosmith, Jimi Hendrix y Led Zeppelin. Sin embargo, *American Idol* ejerce cierta fascinación incluso para un snob del rock clásico como yo. Como el concepto fue creado por uno de mis compatriotas, no puedo jugar mi habitual carta de superioridad cultural; todo lo que puedo hacer es disculparme en nombre del pueblo británico por un programa tan monumentalmente vacuo, mientras que tal vez me satisfaga la idea de que es una pequeña retribución nacional por la imposición de *Friends* por parte de EE.UU. al mundo (aparentemente, este programa se supone que es una comedia; y si usted cree eso, llámeme—puedo hacerle un gran negocio en el puente de Brooklyn).

Sin embargo, el programa ha tenido un éxito notable: la mayoría de los programas de telerrealidad entran en un declive pronunciado después de la tercera serie; *Idol* ha seguido aumentando su cuota de audiencia en la red hasta bien entrada su quinta temporada. Evidentemente, la mezcla de cultura popular burda, la variedad de karaoke variable y la oportunidad de presenciar la creación potencial de una estrella han resultado una combinación irresistible.

Por supuesto, *Idol* se ajusta a varios cánones del entretenimiento popular estadounidense, siendo el más obvio la alineación de jueces. Está Paula Abdul, una atractiva dama estadounidense que siempre trata de ser lo más amable posible con los intérpretes. Sospecho que podrías tener a Ozzy Osbourne (de mi ciudad, por cierto) con dolor de garganta cantando *On Moonlight Bay* mientras hace gárgaras de ácido sulfúrico y la Sra. Abdul seguiría considerándolo "maravillosamente sensible y conmovedor".

Luego hay un tipo llamado Randy, cuyo vocabulario de chistes está simplemente más allá de mi comprensión del inglés de clase media, pero que parece (pienso) ser generalmente positivo sobre los concursantes, aunque no en la misma medida incondicional que la Sra. Abdul. Finalmente, el tercer juez es alguien llamado Simon. Es inglés. ¿Hace falta decir más? La nacionalidad lo delata: es el hombre duro, el que dice las cosas como las ve, el que hace llorar a los concursantes. En otras palabras, en el contexto americano, es el malo de la película.

Esto es, por supuesto, algo habitual en la cultura popular estadounidense. El grupo étnico que la cultura popular estadounidense retrata de forma más sistemática en términos de estereotipos negativos es, sin duda, el inglés. Desde George Sanders como Shere Khan en *El Libro de la Selva* hasta Jeremy Irons como Scar en *El Rey León*, pasando por el último villano de *24* (que se supone que es ruso, pero sigue teniendo un acento anglosajón. Qué sorpresa!) hasta Sean Bean y Clive Lloyd en casi todo, el inglés siempre es el malo. No el malvado en el sentido de psicópata con sierra mecánica, sino el malvado en el sentido de "tengo un plan inescrutablemente retorcido y malicioso para apoderarme del mundo entero".

Esto estropea bastante la trama aquí—en cuanto oyes el acento inglés, sabes exactamente quién es el culpable, aunque "eso" aún no haya sido "hecho". Si alguna vez la ACLU presentara una demanda colectiva, los exiliados ingleses en EE.UU., como yo, ganarían una pequeña fortuna por el daño emocional y la desventaja social que ha producido este persistente prejuicio mediático. Sin embargo, hasta ese día de justicia, mi filosofía es la del emperador romano Calígula: que nos odien, mientras nos teman.

Sin embargo, este personaje de Simon es significativo en otros aspectos, más allá de la figura simbólica del odio inglés. Para empezar, está tan interesado en entablar una "conversación estética" como Moisés, Jeremías o el apóstol Pablo lo estaban en una "conversación teológica". Lo ame o lo odie, él sabe lo que la mitad de los EE.UU. comprará cuando se trata de papilla fácil de escuchar y lo que dejará en el estante. La mayoría de las versiones sub-shatnerianas que forman la base de *Idol* reciben el filo de su lengua; la actuación, ocasionalmente buena técnicamente pero sosa, puede esperar el más mínimo pase. Los estadounidenses pueden estremecerse ante la franqueza de sus valoraciones, pero sus patrones de voto posteriores indican que generalmente están de acuerdo con sus análisis.

Sospecho que hay dos aspectos de *Idol* que han servido para que tenga tanto éxito. El primero es que señala muy claramente el culto a la fama y la celebridad que tanto fascina al Occidente moderno. En las entrevistas televisadas a los concursantes hay un par de puntos que llaman la atención. En primer lugar, los concursantes quieren ser famosos; y, en segundo lugar, casi todos ellos se sienten especialmente destinados a serlo. Este segundo punto, creo, explica el hecho de que rara vez ofrece cualquier razón profunda para el primero. Ninguno de ellos parece preguntarse nunca por qué quieren ser famosos, por qué la fama es algo tan deseable.

El dinero podría ser la respuesta obvia; pero, por supuesto, uno puede ganar dinero, mucho dinero, sin ser famoso, y al hacerlo no tener ninguno de los problemas que la fama trae consigo. Por lo tanto, creo que se puede descartar el dinero como motivación principal, por mucho que sea una ventaja colateral. En cambio, yo diría que su ambición es el resultado de haber sido criados en una cultura en la que la fama y la celebridad son valores incuestionables, evidentemente deseables en sí mismos. Además, los concursantes han crecido en un mundo en el que el valor personal, el propósito y la autoestima se entienden cada vez más en términos solipsistas.

Todo el razonamiento del consumismo libertario, del que dependen básicamente nuestras economías occidentales, se enfoca en la centralidad del individuo, y sus necesidades, como el principal lugar de valor y significado. El resultado final de esto es el narcisismo, la noción de que yo soy singularmente importante en el gran esquema de las cosas; y en consecuencia, cualquiera que intente relativizarme a mí, mis habilidades o mis necesidades está blasfemando la importancia divina que mi narcisismo me lleva a atribuirme. En el contexto de *Idol*, este narcisismo llega a su máxima expresión. *American Idol* es, en otras palabras, un contexto maravilloso para observar la idolatría americana, la idolatría del yo.

Esto se hace más evidente, por supuesto, en los ridículos aspirantes a las primeras audiciones, que cantan de forma tan desafinada como ruidosa, y que creen sinceramente que son el próximo Elvis Presley, principalmente, al parecer, porque sus madres sordas se lo han dicho. El autoengaño es a menudo aterrador, pero es totalmente coherente con el mundo narcisista que hemos creado, en el que la crítica se considera siempre opresiva, nadie parece crecer nunca, y la diferencia entre lo bueno y lo malo se convierte en una mera cuestión de preferencia personal. Decir lo contrario, "hacer un Simon", por así decirlo, llamar a la basura por su nombre, es optar por no participar en la conversación, exhibir una arrogancia dogmática, convertirse en un cascarrabias reaccionario.

Sin embargo, los ídolos, al ser creaciones mudas de la mente humana, nunca son buenos compañeros de conversación; y, por lo tanto, no se puede resolver el problema charlando con ellos; sólo se puede resolver el problema aplastándolos, ya sea con palos, piedras o, lo que es más mortífero, con palabras.

Pero si lo que he dicho hasta ahora explica el atractivo de *Idol* para los concursantes y sus familias, ¿qué hay del segundo punto que explica su atractivo? ¿Cómo se explican sus espectaculares cifras de audiencia? El espectador, al fin y al cabo, no gana nada con verlo. Por supuesto, a algunos les atrae la emoción vicaria de ver a otros cumplir sus sueños, pero yo tengo una explicación más oscura: Creo que es el placer de ver a otros fracasar, de ver sus sueños derribados, de ser aplastados por los comentarios cortantes del duro inglés del panel lo que ejerce la atracción.

Fue George Orwell quien dijo que todos los seres humanos son masoquistas o sádicos; y tengo la ligera sospecha de que la mayoría de nosotros nos inclinamos más por lo segundo que por lo primero. Es el espectáculo semanal de ver a más aspirantes mordiendo el polvo lo que mantiene a todos sintonizados, episodio tras episodio. De hecho, lo confieso: No hay nada que me guste más que ver cómo le arrancan de las manos a Jessica, Mary-Lou, Brad o Chad sus esperanzas de llegar al estrellato y luego los envían de vuelta a las cajas del supermercado de donde salieron. Es desagradable, pero cierto. Citando dos frases del cínico de los cínicos, Gore Vidal: no basta con tener éxito; los demás deben fracasar; y (quizás aún más horriblemente honesto) cada vez que me entero del éxito de un amigo, un trocito de mí muere. *Idol* juega sin pudor con esos instintos básicos, instintos que se encuentran en todos nosotros.

Visto así, *Idol*, tanto para los concursantes como para los espectadores, es una especie de microcosmos trivial del mundo tal y como lo vivimos ahora, un mundo en el que la armonía entre el Creador y la creación, y entre una criatura y otra, se ha visto gravemente alterada. Por eso tiene tanto éxito, y la reflexión sobre él es tan instructiva. Divididos entre el deseo de ser dioses nosotros mismos y el deseo de ver a todos los demás pretendientes al trono derribados de sus pedestales, vemos en *Idol* la forma en que el mundo es como desearíamos que fuera, representado en la comodidad de nuestras salas para nuestro propio entretenimiento.

Si quieren entender el Occidente moderno, vean el programa y observen el narcisismo desmesurado de los concursantes (¡sobre todo en las primeras rondas!); y si quieren entender lo que les hace vibrar, reflexionen sobre qué es exactamente lo que les atrae del programa. ¿Es Buzz de Omaha desmembrando *Dream On* de Aerosmith? ¿Es Dionna, de Detroit, la que más se esfuerza por cantar R-E-S-P-E-T-O? ¿O es algo más profundo, más oscuro, mucho más placentero pero mucho más siniestro dentro de tu propio corazón?

La idolatría encarnada en *American Idol* es, pues, doble. En primer lugar, la de los concursantes, que quieren la fama como si ésta fuera algo que valiera el esfuerzo. Sin embargo, la fama sólo lo es en la medida en que nos engaña haciéndonos creer que somos imprescindibles e importantes, ya que nos permite realizar nuestra idolatría latente del yo. En segundo lugar, la del espectador, que se regocija al ver cómo se le dice a los demás, en términos muy claros, que son unos hazmerreíres sin talento y prescindibles, y que no son, en definitiva, dioses. No es tan bueno como ser dios uno mismo, por supuesto, pero ver cómo se niega la divinidad a otros es probablemente lo mejor.

Lo he dicho muchas veces en clase, y ahora lo escribo en mi columna: la clave para entender y criticar gran parte de la cultura humana es la depravación total. El impulso de ser como Dios es lo que llevó a Adán a la pena en el Jardín del Edén; la desesperación engendrada por el éxito de un hermano fue lo que llevó a Caín al asesinato. Puede que seamos más educados y superficialmente respetables que estos dos, pero muchos aspectos de nuestra cultura, incluso trivialidades como *American Idol*, indican que las preocupaciones centrales de la naturaleza humana caída permanecen obstinadamente intactas, incluso en nuestras actividades más aparentemente inofensivas.

¿Qué podemos aprender de esto? Dos cosas: contemplar la oscuridad del corazón humano no redimido, incluso en las cosas pequeñas. Y, si realmente quieres hacer dinero en Estados Unidos, inventa un programa de televisión que capitalice la idolatría. Ah, y si te decides por esto último y quieres que algún tipo inglés desagradable haga de figura de odio, llámame.

2.9. REFLEXIONES SOBRE EL REGRESO A ROMA DEL PROFESOR BECKWITH

La sorprendente noticia de otra conversión de alto nivel a Roma es aún más sorprendente por la particular identidad del converso: Francis J. Beckwith, presidente de la *Sociedad Teológica Evangélica* (Evangelical Theological Society - ETS). Beckwith, que se crió como católico romano y se hizo evangélico, ha vuelto a la iglesia de su juventud.[1] Lo que empezó como algo que podría haber sido simplemente un rumor de un blog travieso ha resultado ser cierto. ¿Los blogs dicen la verdad? Tal vez tenga que matizar mi opinión sobre los blogs después de todo. Tal vez algunas personas han estado creyendo la mía todo el tiempo. Una idea que da miedo.

Permítanme comenzar diciendo que respeto enormemente la integridad del profesor Beckwith al tomar esta decisión. Dada su posición, y, presumiblemente, el hecho de que este movimiento podría poner en peligro su carrera, por no hablar de muchas

---

[1] En el momento de escribir este artículo, la explicación del profesor Beckwith sobre su decisión puede encontrarse en www.elca.org/ecumenical/ecumenicaldialogue/romancatholic/jddj/index.html

amistades, ha tomado una decisión difícil pero honorable. Probablemente le habría resultado mucho más fácil ocultar su cambio intelectual y espiritual. El hecho de que el momento se precipitara (y, por tanto, se hiciera más difícil para él) por la petición de un sobrino que se había alejado de la iglesia y había vuelto y quería que él actuara como padrino en su primera misa es un detalle conmovedor que no hace sino aumentar el respeto por la humanidad de Beckwith.

En cuanto a los detalles de su cambio, creo que el párrafo clave de su testimonio no es el que trata del dilema de la ETS, sino el que describe los últimos meses de su peregrinaje espiritual:

> Los últimos cuatro meses han sido muy rápidos para mí y mi esposa. Como probablemente sepan, mi trabajo en filosofía, ética y teología siempre ha sido afín al catolicismo, pero nunca habría predicho que volvería a la iglesia, pues me parecían demasiadas cuestiones teológicas y eclesiásticas que parecían insuperables. Sin embargo, en enero, por sugerencia de un querido amigo, empecé a leer los primeros padres de la iglesia, así como algunas de las obras más sofisticadas sobre la justificación de autores católicos. Me convencí de que la iglesia primitiva es más católica que protestante y que la visión católica de la justificación, correctamente entendida, es bíblica e históricamente defendible. Aunque también creo que el punto de vista reformado es bíblico e históricamente defendible, creo que el punto de vista católico tiene más poder explicativo para dar cuenta tanto de todos los textos bíblicos sobre la justificación como de la comprensión histórica de la iglesia sobre la salvación antes de la Reforma, hasta la iglesia antigua de los primeros siglos. Además, mucho de lo que he dado por sentado como protestante—por ejemplo, los credos católicos,

las doctrinas de la trinidad y la encarnación, la comprensión cristiana del hombre y el canon de las Escrituras—es el resultado de una iglesia que emitió juicios sobre estas cuestiones y sobre la que los no católicos, incluidos los evangélicos, han declarado y fundamentado su ortodoxia cristiana en un mundo hostil a ella. Dadas estas consideraciones, me pareció prudente fallar a favor del lado de la iglesia con continuidad histórica y teológica con las primeras generaciones de cristianos que siguieron a los apóstoles de Cristo.

Destacan varios puntos. Primero, el papel de los escritos patrísticos. Segundo, la cuestión de la justificación. Tercero, la base teológica común del catolicismo y el protestantismo como algo determinado originalmente por la iglesia. Cuarto, el peso de toda esta evidencia que apunta a la opción "más segura" de respaldar a la iglesia católica. Sólo puedo hacer unas breves reflexiones sobre cada una de ellas, pero aquí están, por lo que valen.

En cuanto a que los escritos patrísticos son más católicos que protestantes, yo sería el primero en conceder que el evangelicanismo moderno no ha sido fuerte en su estudio y uso de los autores patrísticos, a diferencia de los grandes fundadores del protestantismo como Ecolampadio, Calvino, Owen, etc. Esto es una gran y grave falta y pone al evangelicanismo en serio peligro de no ser católico en el mejor y verdadero sentido. Pero argumentar que los autores patrísticos son más católicos que protestantes es, posiblemente, imponer categorías anacrónicas a los cinco primeros siglos.

Además, dada la naturaleza variada incluso de los escritos patrísticos existentes, es plantear preguntas del tipo: ¿qué autores? ¿La teología de quién? La tentación, tanto para los católicos como para los protestantes, ha sido siempre la de dar prioridad a los escritores más conformes con sus propias tradiciones posteriores.

En general, muchas de las primeras declaraciones patrísticas, por ejemplo sobre el gobierno de la iglesia, son ambiguas y podrían leerse como coherentes con una variedad de eclesiologías posteriores. Conozco a quienes leen los padres apostólicos como si apuntaran claramente hacia el episcopado posterior; pero para mí hacen declaraciones totalmente compatibles con la política presbiteriana. A decir verdad, carecemos de contexto para emitir un juicio definitivo en uno u otro sentido.

Luego están los típicos problemas de nudos relativos a cómo se define el catolicismo para encontrarlo en los primeros escritos. Por ejemplo, la fecha relativamente tardía de la clara supremacía romana (apenas un dogma católico periférico) hace que los primeros escritos patrísticos puedan ser muy poco católicos en el sentido romano. ¿Y qué hay de la mariología? ¿El vínculo entre el sistema penitencial y el purgatorio? ¿La intercesión de los santos? Todo ello puede estar insinuado en algunos documentos de la iglesia primitiva, pero sólo se pueden trazar esas líneas una vez que se presupone la iglesia católica posterior.

Este fue precisamente el dilema al que se enfrentó John Henry Newman mientras investigaba y escribía su obra maestra sobre el desarrollo de la doctrina, y la razón por la que era católico cuando la publicó. En otras palabras, la verdadera cuestión de cómo leer a los primeros padres de la iglesia es, tanto para Beckwith como para Newman, una cuestión de autoridad eclesiástica.

Este es sin duda también el caso de la justificación. El problema de abordar los puntos de vista anteriores a la Reforma sobre la justificación es, por supuesto, que la iglesia, en sentido estricto, no tenía ningún punto de vista: la propia crisis de la Reforma precipita la primera formulación elaborada de la justificación por parte de la iglesia católica en el Concilio de Trento, un decreto que luego impuso el orden en los dogmas de la iglesia católica en este ámbito. La cuestión de los precedentes de, por ejemplo, la posición de Lutero, es controvertida y Beckwith tiene razón al preguntar dónde estaba esto antes de la Reforma. Pero eso es, por supuesto, sólo un problema potencialmente insuperable desde la perspectiva del catolicismo tridentino.

La doctrina católica se desarrolla, como dejó claro Newman, y podría haberse desarrollado en Lutero (como ha demostrado el trabajo de, por ejemplo, Heiko Oberman sobre el nominalismo tardío medieval). El hecho de que no lo hiciera nos remite de nuevo no tanto a los problemas específicos de la historia del dogma per se, sino a la cuestión de la autoridad eclesiástica.

También confieso en este punto mi perplejidad por el hecho de que el profesor Beckwith considere que tanto la noción católica como la reformada de la justificación son histórica y bíblicamente defendibles, inclinándose la balanza, al parecer, por el hecho de que la primera lo es más. Son muchas las cuestiones que se podrían plantear aquí, pero dos serán suficientes. En primer lugar, las visiones católica y protestante de la justificación tienen mucho en común, sobre todo en cuanto a una base cristológica común en la justicia de Cristo. De hecho, esto nunca fue un problema en la Reforma.

Pero las diferencias clave—impartición frente a imputación, y la instrumentalidad de la fe—se excluyen mutuamente. Uno tiene que estar equivocado, ambos pueden estar equivocados, pero ambos no pueden estar en lo cierto. De nuevo, la cuestión parece ser, en última instancia, la de la naturaleza de la autoridad eclesiástica a la hora de tomar la decisión final sobre algo que no está claro en las Escrituras.

Podría continuar en este punto con mi segundo punto: toda la cuestión de la seguridad—seguramente la cuestión pastoral frente a la justificación en la Reforma—es crítica. En la iglesia romana no existe la seguridad tal y como la entienden los protestantes, y los católicos consideran que la enseñanza protestante sobre la seguridad conduce directamente al antinomianismo y a la presunción. No se trata de un asunto menor; es decisivo para todo, desde el papel de la iglesia hasta la forma de la piedad individual.

Pero, si Beckwith considera realmente que las Escrituras son ambiguas o poco claras en este aspecto, tiene razón al volver a Roma: en primer lugar, la justificación es históricamente innegociable para el protestantismo; y, en segundo lugar, ve claramente la necesidad de una autoridad eclesiástica o de alguna revelación extrabíblica que rompa el vínculo; ambas cosas requieren realmente una comprensión romana de las Escrituras y de la autoridad. Su regreso a Roma sólo por esta cuestión sería, por tanto, necesario y de gran integridad personal, incluso si no hubiera otras cuestiones que le causaran dificultades.

En cuanto al tercer punto, efectivamente me alegro de la herencia en cuanto al credo común del catolicismo y el protestantismo. Pero no creo en los credos porque la iglesia los haya aprobado. Ahora bien, permítanme matizar esto. Estoy básicamente de acuerdo con Heiko Oberman sobre la naturaleza de la lucha de la Reforma por la autoridad. Sostuvo que el enfrentamiento entre Roma y los protestantes no era un enfrentamiento entre la tradición y la Escritura solamente, sino una lucha sobre la naturaleza de la tradición.

Los protestantes (y, de hecho, algunos católicos en ese momento) sostenían la noción de que había una fuente de revelación de la que fluía la tradición de la iglesia, es decir, la Escritura; y que esta tradición (que Oberman llama T1) era, por tanto, siempre en principio corregible por la Escritura. Sin embargo, hubo otros en la iglesia católica que defendieron una teoría de la tradición de dos fuentes, la Escritura y la revelación extraescritural reconocida o definida por la iglesia (T2), una posición codificada en Trento.

Esta distinción es importante, ya que me permite, como protestante, reconocer mi deuda con la tradición de una manera honesta y realista, sin que se me exija someterme a la iglesia como autoridad última. Por lo tanto, mi enfoque de los credos es decididamente el de un adherente de la T1: los tomo muy en serio porque son la obra de la iglesia a nivel corporativo, pero, en última instancia, sólo creo en ellos porque parecen haber hecho el trabajo de proporcionar categorías, conceptos y lenguaje que han dado sentido a las Escrituras durante al menos 1.500 años y siguen haciéndolo. Por lo tanto, me exigen mi adhesión, pero no más allá de lo que sigue siendo una síntesis creíble y coherente de lo que dice la Escritura.

Esto nos lleva al último punto del profesor Beckwith: el movimiento erasmiano. En 1525, Lutero se enfrenta a Erasmo sobre la naturaleza de la acción de la voluntad humana en la salvación. El debate suele leerse simplemente como una repetición de Agustín contra Pelagio, pero en realidad es mucho más sutil que eso. Lo que Erasmo argumenta es que la enseñanza de las Escrituras es poco clara e incierta; por lo tanto, debemos mantener la especulación al mínimo y quedarnos con la iglesia.

Para Lutero, por el contrario, la Escritura es clara en cuestiones centrales como la voluntad (y la naturaleza de Dios, la

Encarnación, etc.) y, por lo tanto, debemos proclamar estas verdades y, si es necesario, ponernos incluso en contra de la iglesia institucional cuando contradice la Escritura en estas áreas. El debate es, si se quiere, sobre la Escritura y la autoridad eclesiástica. Y este es el peso del cuarto punto del profesor Beckwith: dado que hay un cierto carácter equívoco en el debate católico-protestante sobre la justificación, mejor respaldar a la iglesia con la continuidad histórica y teológica con las primeras generaciones de cristianos que siguieron a los apóstoles de Cristo.

Ya he dicho lo suficiente para indicar que creo que esta afirmación implica una visión romántica tanto de la iglesia primitiva como de la iglesia católica contemporánea; y lo que es más importante, se apoya en nociones de autoridad eclesiástica y de perspicuidad y suficiencia bíblica, así como en el derecho y la capacidad del individuo para leer y aprender de las Escrituras. El profesor Beckwith ha llegado a repudiar claramente las posiciones básicas de los protestantes en este ámbito.

Por ello, el profesor Beckwith tiene toda la razón al volver a unirse a la iglesia de su juventud. No hacerlo habría sido, presumiblemente, ir en contra de su conciencia. Sin embargo, me gustaría hacer un disparo en este punto: aunque la cuestión de la autoridad es demasiado complicada para abordarla aquí de forma satisfactoria, es importante decir que, a pesar de todo el cacareo sobre el caos del protestantismo por parte de varios exprotestantes católicos romanos, no conozco ninguna noción de autoridad más flexible en la práctica y sin sentido alguno en última instancia que la que ha practicado históricamente el papado católico.

El caos del protestantismo actual puede ser más evidente a nivel institucional; pero tal vez eso sólo lo hace más honesto sobre su condición. No lo digo para ser grosero (¡aunque no parezca demasiado cortés!) sino simplemente para señalar lo que para muchos protestantes es el elefante obvio en la habitación católica. Hace unos años, un buen amigo mío, el Dr. Ray Van Neste de la Union University-TN, hizo una encuesta entre varios académicos, preguntando si podían firmar la declaración doctrinal de la Sociedad Teológica Evangélica (Evangelical Theological Society – ETS). Al menos un destacado católico respondió que sí, y la única razón por la que un protestante podía hacerlo era porque la iglesia católica había definido primero estas doctrinas básicas. Si el profesor Beckwith puede seguir siendo legítimamente miembro de la ETS es algo que deben decidir otros. Yo ya no soy miembro de ETS. Irónicamente, hace dos años dejé de ser miembro y me uní a la Sociedad Patrística Norteamericana (North American Patristic Society – NAPS).

Mi razón: ahora hay tantos tipos posmodernos y teístas abiertos en la ETS (que pueden, creo, firmar con integridad la declaración doctrinal, tan mínimamente ortodoxa e inadecuada como declaración cristiana que es) que decidí que era extraño seguir siendo miembro de un grupo con muchos de cuyos miembros tenía menos en común que con buenos amigos católicos confesionales. En su lugar, decidí utilizar mi dinero para aprender más sobre los primeros padres de la iglesia de los que se desarrolló el cristianismo posterior, tanto católico como protestante. Francamente, la NAPS tiene una mejor relación calidad-precio; y, lo crea o no, la lectura y estudio de la patrística me ha convencido aún más de seguir con Ginebra, en lugar de ir a Roma.

2.10. EL TEATRO DEL ABSURDO

Una de las preguntas que me han hecho con cierta frecuencia durante el último mes es por qué mis contribuciones al blog de *Reformation 21* tienden a tener un toque de humor. Estoy tentado de responder simplemente que ese es el tipo de persona que soy. Si quieres un blog soso, hay muchas opciones por ahí, pero, como Mariah Carey no hace escaleras, yo me esfuerzo por no hacer soso. No está claro si tengo éxito o no, aunque la cantidad de mensajes de odio es muy alentadora en este sentido: por favor, sigan enviándolos; significan mucho para mí y, a juzgar por los adjetivos, sé que también significan mucho para ustedes.

Sin embargo, hay algo más que el hecho de que todavía tengo la mente de un colegial de diecisiete años atrapada en un cuerpo mayor pero claramente no más sabio. Es que todo el fenómeno de los blogs es intrínsecamente ridículo; que cuanto más serio intenta ser, más absurdo y pomposo se vuelve; y que creo que si no se puede vencer la inevitable deconstrucción blogológica, es mejor unirse a ella, y eso con gusto. Como dice el viejo proverbio budista: "Ante lo inevitable, hay que limitarse a aceptar lo inevitable".

¿Por qué es así? Bueno, retrocedamos un poco. El derecho a la libertad de expresión es uno de los aspectos más preciados de la Constitución estadounidense, consagrado en la Primera Enmienda. La libertad de prensa es básica para ello; sin embargo, todos sabemos que la prensa es, en general, el privilegio de una élite adinerada. ¿Cuántos de nosotros somos propietarios de periódicos o canales de televisión o tenemos acceso a los contactos, los materiales físicos y las redes de distribución necesarios para dar nuestra opinión en la prensa o en la caja? Muy pocos. En teoría, todos somos libres de escribir, decir o leer lo que queramos; en la práctica, sin embargo, existen considerables limitaciones, ideológicas y materiales, personales e impersonales, a nuestra capacidad de realizar esta libertad en toda su extensión teórica.

Aquí es donde la web hace las cosas más que diferentes. Al menos en la superficie, la web permite que cualquiera, en cualquier lugar, pueda opinar. Por supuesto, la realidad es algo menos que eso: necesitas tener dinero para financiar tu hábito tecnológico; necesitas tener la formación educativa para usar un ordenador; y necesitas tener tiempo para dedicarte a tu pasión. Aunque los blogs y las salas de chat pueden estar "cambiando la forma de ser del mundo", sospecho que eso es más cierto para los hijos de los corredores de bolsa de los suburbios estadounidenses que para los nómadas del norte de Mongolia o los bereberes del desierto marroquí. Sin embargo, está claro que la capacidad de participación en lo que podríamos llamar "conversación mediática" es ahora mucho mayor, y mucho más instantánea, de lo que nunca fue posible con la prensa o la televisión.

Podría decirse que esta mayor libertad ha traído consigo una democratización radical del conocimiento. Mientras que en el pasado la disponibilidad del conocimiento y la oportunidad de participar en las diversas instituciones y conversaciones en torno al conocimiento eran limitadas, ahora esas limitaciones se han debilitado decididamente. Por un lado, esto es de agradecer. Francamente, si dependiera de los medios de comunicación estadounidenses para saber lo que ocurre fuera de, bueno, Filadelfia y sus suburbios inmediatos, estaría perdido, condenado a asumir que la catastrófica actuación de los Eagles en la NFL este año ha sido recibida con una decepción universal, desde Chestnut Hill hasta Samarcanda.

Sin embargo, gracias a la web, todavía puedo enterarme cada día de lo que ocurre en el viejo continente, desde los deportes propiamente dichos, como el rugby, hasta la política, las artes y el entretenimiento. Y la web puede dar poder a grupos que, de otro modo, tendrían dificultades para expresarse—un poco como la prensa clandestina de Europa del Este, que tanto contribuyó a debilitar el Telón de Acero en los años setenta y ochenta.

Sin embargo, aunque esta creciente libertad es bienvenida, no está exenta de problemas inherentes. En el pasado, si quería contar mis opiniones sobre la física subatómica, lo mejor que podía hacer un idiota como yo era autopublicar un libro sobre el tema; y en cuanto los gerentes de las librerías y los editores de las revistas se dieran cuenta de que el libro había sido publicado por el "Centro Carl R. Trueman para la Investigación Científica Realmente Muy Complicada", ninguna librería de la corriente principal lo vendería y ningún órgano de renombre lo reseñaría.

Hoy en día, sin embargo, podría simplemente abrir mi propia página web o blog, y alguien por ahí—probablemente un grupo de mis propios discípulos y alumnos, embelesados pero no cualificados e muy incompetentes—se lo tomaría en serio, destacaría mis trabajos como excelentes, rodearía mis blogs y artículos de elogios, y me haría parecer un actor creíble en el mundo de la investigación subatómica en Internet. Creíble, es decir, para cualquiera que se tomara la web al pie de la letra y no supiera casi nada del tema o de mi propia falta de cualificación en el campo correspondiente.

El problema es el siguiente: el libre acceso a la exposición pública que proporciona la web ha facilitado lo que parece ser una peligrosa confusión de categorías, la del derecho a hablar con el derecho a ser escuchado. Ahora bien, como se ha señalado anteriormente, todos en Estados Unidos, desde Larry Flynt hasta James Dobson, desde Jesse Jackson hasta David Duke, tienen un derecho constitucional a hablar; y como yo soy, en términos políticos, una persona de izquierdas y libertaria, defendería su derecho a hacerlo; pero negaría que cada uno de ellos tuviera el mismo derecho a ser escuchado. Francamente, gente como Flynt y Duke me enferman hasta la boca del estómago; pueden decir lo que quieran, pero no me voy a molestar en escucharlos; y la Constitución no exige que lo haga.

Aquí es donde la democratización del conocimiento que ha impulsado la web es tan perjudicial. Ahora cualquiera puede hablar de cualquier cosa y encontrar una audiencia, sin importar lo odioso, inepto o ignorante que sea. Al fin y al cabo, el ciberespacio disuelve la diferencia entre una denominación grande y creíble, por ejemplo la Iglesia Presbiteriana en América, y un loco de la supervivencia en el oeste que se reúne con su mujer y sus hijos todos los domingos y tiene una página web titulada "La Iglesia Presbiteriana en América (reconstituida)".

En el mundo de la web, ambos parecen tener una existencia igualmente legítima y un derecho igualmente legítimo a ser escuchados. En un nivel más prosaico y menos dañino, las páginas web y los blogs permiten que cualquier Tom, Dick o Harriet, independientemente de su cualificación, se exprese sobre casi cualquier cosa. Y aquí es donde todo se vuelve increíblemente complicado e incluso, en el sentido técnico, deconstructivo.

Un par de ejemplos recientes que me han llamado la atención pueden ayudar a iluminar el problema. Uno de ellos era un sitio de blogs que denunciaba a los "autoproclamados guardianes" que no hacen más que criticar negativamente a los demás. Pues yo nunca. Un ataque a los perros guardianes negativos autoproclamados lanzado por—umm—un negativo, autoproclamado perro guardián. Sin embargo, la aparente absurdidad de la situación se le escapó por completo al maestro blogger que se dedicó a esta actividad, ajeno a las evidentes contradicciones de su actividad y actitud. Parece que, en lo que respecta a la web, la negatividad y la autodesignación están en los ojos del que mira. En este caso, la blógica superó la lógica, y el resultado fue muy desafortunado.[1]

También está el caso de un joven que quería entablar una conversación por correo electrónico sobre algo que yo había escrito. Lo que me fascinó fue la forma en que esta persona se refirió a sí misma en un momento de nuestro intercambio como un erudito. Sin embargo, no tenía ningún título superior, ni un historial de publicaciones que hubiera pasado el examen de sus compañeros de profesión. De hecho, todavía es un estudiante, que ni siquiera ha comenzado un programa de doctorado. De hecho, está muy lejos de poseer el más básico de los carnés académicos: un doctorado.

Supongo que estoy anticuado, pero la categoría de académico debería estar reservada a aquellos que se han establecido en su campo por sus logros académicos reales, no simplemente por hablar bien. Esta credibilidad se consigue

---

[1] Lógica blogger. Trueman esta usando un juego de palabras: blog + lógica. (Nota del traductor).

mediante contribuciones consistentes, cuidadosas y académicas a un campo en términos de publicaciones arbitradas que luego disfrutan de la moneda entre pares calificados fuera del círculo inmediato de amigos epígonos de la persona. Sobre todo, "erudito" es un título que uno nunca se aplica a sí mismo.

Sin embargo, aquí estaba este joven habitante de la web llamándose a sí mismo "erudito", un título ante el que incluso la mayoría de los distinguidos académicos con los que estoy familiarizado se sonrojarían si se les aplicara. ¿Qué es lo que está pasando? Sólo puedo suponer que este tipo había sido engañado por el hecho de que se pasa el día en las páginas de los blogs con amigos virtuales que se afirman mutuamente, imaginando que era un verdadero actor en el mundo académico serio más allá de la blogosfera, por así decirlo.

Sin embargo, uno podría replicar que tener un voto y visitar un colegio electoral cada cuatro años no le convierte a uno en un político profesional, y mucho menos en el primer ministro o el presidente. Una vez más, la blógica ha superado la lógica; y, una vez más, el resultado ha sido muy desafortunado.

Para ir al grano, el peligro de la red es el siguiente: cuando todo el mundo tiene derecho a hablar, todo el mundo acaba creyendo que tiene derecho a ser escuchado; y cuando todo el mundo en general cree que tiene derecho a ser escuchado, entonces se llega a una situación en la que no se escucha a nadie en particular.

Concluyamos llevando el punto a la iglesia: el peligro de una actitud acrítica hacia la web y hacia los blogs es que se adapta muy fácilmente al modelo conversacional de la teología que ahora está ganando terreno entre los defensores del modernismo avanzado (también conocido como posmodernismo) de la situación de la iglesia occidental, donde "Así dice el Señor" está siendo desplazado por "Entra, Dios, mi viejo amigo. Tomemos una taza de café y charlemos". La democratización absoluta del conocimiento a la que conduce una actitud acrítica hacia los blogs, etc., es, después de todo, contraria a cualquier visión jerárquica de la verdad, y se siente totalmente cómoda con el enfoque "esta es mi verdad, ahora dime la tuya", que está ganando terreno incluso mientras escribo.

Entonces, ¿cómo podemos luchar contra esto? Bueno, no podemos abandonar los medios de comunicación basados en la web, así que no deberíamos intentarlo. Sin embargo, me parece que la única manera de evitar ser cooptados en la pomposa y arrogante insensibilidad de un mundo en el que los estudiantes dicen ser eruditos y los pitbulls lamentan genuinamente la inaceptable agresividad de los caniches es hacer una de dos cosas. Podríamos asegurarnos de que las cosas que leemos en el mundo virtual están respaldados por los logros obtenidos en el mundo real. Si un maestro blogger es un obispo de la iglesia católica o ha sido moderador de una denominación presbiteriana o tiene una serie de publicaciones revisadas por pares en un campo determinado, el término "autodesignado" es algo diferente cuando se aplica a esa persona que a un chico con apetito de autopublicidad y un ordenador en red en su dormitorio. Este último tiene ciertamente derecho a hablar; pero el primero se ha ganado realmente el derecho a ser escuchado.

O puedes intentar otra forma, lo que podríamos llamar la opción "Samuel Beckett": enfrentarte a este teatro del absurdo de frente; unirte a los otros nadie que pretenden ser alguien; reírte de tu propia y ridícula complicidad en este sinsentido; exponer las contradicciones sistémicas por todo lo que valen; burlarte del mundo de los blogs por toda su fútil prepotencia; y al hacerlo,

intentar de alguna manera subvertir el sistema desde dentro.
Puede que al final no funcione, pero te divertirás en el proceso.

2.11. LIDERAZGO, HOMBRES SANTOS Y LECCIONES DE AGUSTÍN

El triste incidente de la caída del líder eclesiástico Ted Haggard por la exposición pública de una relación con una hombre prostituto homosexual ha provocado una variedad de respuestas, incluyendo una serie de entradas en el blog adjunto a *Reformation 21*.[1] La mayoría son predecibles, y la mayoría son válidas hasta cierto punto, ya sea que critiquen a Haggard por su hipocresía o lo usen como ejemplo del poder del pecado que está agazapado a la puerta de todos los seres humanos, incluso—o quizás especialmente—de los creyentes.

Sin embargo, una respuesta que no he observado es la prueba que el caso Haggard ofrece de la importancia de estudiar la historia patrística de la iglesia para comprender el presente. Por supuesto, dado el dolor y el trauma causado a su familia por sus acciones, y la decepción que deben sentir muchos de los que confiaron en él, esto no es sorprendente: la idea de que la

---

[1] Ted Haggard, pastor de una megaiglesia y líder de la *National Association of Evangelicals* (Asociación Nacional de Evangélicos), renunció a todos sus cargos de liderazgo a raíz de este escándalo en noviembre de 2006.

disciplina de estudiar los áridos y polvorientos tomos de la historia de la iglesia, por no hablar de la historia de la iglesia antigua, pueda tener algo que ofrece en esta coyuntura probablemente no esté en la imaginación popular. Sin embargo, me gustaría sugerir tres formas en las que el estudio de ciertos aspectos de la iglesia antigua puede ayudarnos a entender con más detalle lo que ha sucedido en este caso.

Llegados a este punto, algunos pueden responder simplemente diciendo: "Mira, el tipo es un pecador; los líderes tienen más oportunidades de pecar, aspiran a las alturas y, por tanto, caen más dramáticamente cuando son sorprendidos haciendo algo malo. ¿Necesitamos insistir más en el asunto?" Todo eso es indudablemente cierto; pero, como historiador, sugeriría que cuanto más universal es la razón que se da para un hecho concreto, menos satisfactoria suele ser la explicación.

Por ejemplo, si alguien me preguntara por qué se derrumbaron las Torres Gemelas el 11 de septiembre de 2001, y yo respondiera que fue por las leyes de la gravedad, mi explicación sería impecable y verdadera; pero al mismo tiempo también sería claramente muy inadecuada, históricamente incompleta, y de poca ayuda para tratar de evitar que ocurran sucesos similares en el futuro. Del mismo modo, la respuesta de que Haggard cayó a causa del pecado es cierta; pero esta explicación es demasiado general para ser satisfactoria y no ofrece ninguna posibilidad de aprender lecciones para el futuro.

Los tres conceptos relacionados con el estudio de la iglesia primitiva que yo sugeriría que son clave para desarrollar una comprensión más profunda y satisfactoria de la situación de Haggard son estos: El donatismo; el papel y la función del hombre santo; y la visión agustiniana del pecado como amor propio que encuentra su realización puramente en sí mismo.

Donatismo

En cuanto al primero, el donatismo, no quiero dedicar mucho tiempo, ya que la cuestión es bastante prosaica: el poder del mensaje evangélico no está en función de la probidad moral del predicador. Si no fuera así, ¿quién podría salvarse? Esto fue parte de la cuestión planteada en las controversias donatistas de los siglos IV y V, en las que la cuestión de qué hacer con los desertores en tiempos de persecución se volvió crítica.

El argumento básico de Agustín y otros fue que la iglesia no depende para su existencia y autoridad de la fibra moral de sus líderes. En absoluto. La Palabra es poderosa porque es la Palabra de Dios, acompañada y aplicada por su Espíritu. Cuando un líder cae, es decepcionante; hiere a la familia; desanima a los que pueden haber invertido mucho en esa persona; pero no invalida necesariamente el mensaje que predicaban, como tampoco lo validaba su carácter previamente intachable. ¿Predicaron la Palabra de Dios? Esa es la única pregunta clave que hay que hacer en este punto. Haggard ha herido a su familia y ha decepcionado a su iglesia; pero en la medida en que predicó la Palabra (y confieso que no estoy familiarizado con su ministerio), entonces eso resistirá la prueba del tiempo.

El hombre santo

El segundo aspecto del estudio patrístico que resulta útil en este contexto es la noción de hombre santo. Los hombres santos eran individuos que eligieron una vida de ascetismo personal y de negación de sí mismos, y que se ganaron un gran número de seguidores en el siglo IV y más allá. A menudo vivían a poca distancia de los centros de población (pero no tan lejos como para no poder abastecerse de alimentos y otras necesidades de la vida; después de todo, los historiadores de la iglesia nunca deben descuidar las necesidades materiales básicas de la vida en sus análisis).

Symeon Stylites, el de la fama de "sentarse en un poste durante décadas", y que luego fue inmortalizado en una película del surrealista español Luis Buñuel, es quizás uno de los más conocidos. A medida que crecía su santidad, sus postes se hacían más grandes; y después de su muerte, el culto a la personalidad continuó, con la construcción de una iglesia en el lugar de su último—y más grande—podio.

Más significativas que las vidas reales de estos hombres fueron sus Vidas literarias. Los hombres santos vivían más allá de la tumba en los relatos de sus hechos que se transmitían de generación en generación; si estos relatos eran verdaderos según alguna norma empírica moderna o no, es en gran medida irrelevante; sus enseñanzas, su modelo de vida, sus valores se comunicaban a través de las representaciones literarias construidas por sus biógrafos; y la más famosa e influyente de estas "vidas" fue la Vida de Antonio, un hombre santo egipcio del siglo IV, cuyos hechos se registraron en un relato tradicionalmente atribuido a Atanasio, el gran obispo de Alejandría y campeón de la ortodoxia nicena.

De estos relatos se desprenden dos cosas que tienen relación con la comprensión del incidente de Haggard. La primera es el claro desarrollo de la autoridad de un individuo basado no en su ubicación en un sistema de poder institucional, sino en su carisma. Antonio y los suyos eran llaneros solitarios, que no respondían ante nadie en las narraciones de sus vidas; seguían su camino solitario con vigor y un éxito notable; se enfrentaban a la tentación (invariablemente exteriorizada en forma de demonios, riqueza o mujeres) por sí mismos en una forma de combate mortal espiritual; y sus acciones nunca se cuestionaban, sino que simplemente eran la ocasión para la creciente devoción acrítica de su creciente banda de seguidores.

En los relatos, esto no es un problema, ya que los ataques a sus almas son todos externos (escépticos, demonios, animales salvajes) y siempre son despachados tras una lucha superficial, aunque vigorosa. Los relatos contribuyen a fomentar la imagen de individuos invulnerables y dotados que no necesitan responder ante nadie más que ante Dios mismo. De hecho, hay momentos en los textos en los que el lenguaje que se utiliza para referirse a ellos es prácticamente cristológico, tan exaltado es su estatus. Eran los superhéroes, los semidioses de la iglesia primitiva.

Ahora bien, la forma en que los escritores de estas vidas establecen la condición de superhéroes de los Hombres Santos es interesante y pertinente para el caso Haggard. Lo hacen subrayando continuamente los valores e ideales a los que generalmente se ajusta el Hombre Santo. Esto en sí mismo no es sorprendente. Sin embargo, lo que sí es sorprendente es la naturaleza de estos valores: a menudo son indistinguibles de los del mundo pagano en el que opera el Hombre Santo.

Por ejemplo, los Hombres Santos ejemplifican un estilo de vida de ascetismo abnegado que estaba bien establecido en el mundo antiguo como una virtud, y también realizan milagros que satisfacen las necesidades de aquellos con los que se encuentran (además de proporcionar una justificación dentro de la estructura de las narraciones de la utilidad social y económica de los hombres santos). En otras palabras, el tipo de cosas en las que destaca un Hombre Santo son precisamente aquellas que ya son tenidas en alta estima por el mundo pagano en el que vive.

La conexión entre estos dos puntos—las acciones carismáticas de los Hombres Santos y su conexión con los valores de la sociedad pagana—tiene un doble efecto: el poder del Hombre Santo reside en el hecho de que puede superar a los paganos en su propio juego; y al hacerlo, se convierte en un individuo que destaca con los cánones normales de la responsabilidad rutinaria e institucional. Las acciones del Hombre Santo no son tan cualitativas como cuantitativamente diferentes a las de la oposición pagana; su "apologética" es, por tanto, una apologética basada en hacer mejor las mismas tareas, en el éxito puro y duro; y, como todo el mundo sabe, el éxito es su propia respuesta a la crítica y debilita, si no suprime, los canales normales de responsabilidad.

¿Cómo se conecta todo esto con Ted Haggard? Sencillo: era un Hombre Santo moderno. De acuerdo, no vivía en el desierto de Utah en lo alto de un gran poste; pero el ascetismo nunca fue el objetivo, ni siquiera entre los Santos patrísticos; el objetivo era superar a los paganos según su propio esquema de valores. Y en una cultura obsesionada con el éxito, con los números, con el estatus social y político y la influencia, Haggard lo tenía todo; y, fundamentalmente, tenía más que la mayoría de los paganos.

Para mí, el comentario más revelador que escuché en todo el escándalo fue una frase desechable en una entrevista televisiva, filmada antes de que estallara la tormenta como parte de un documental. En ella, Haggard declaró que una encuesta tras otra indicaba que los cristianos evangélicos tenían la mejor vida sexual. Ahora, por supuesto, este comentario bastante trivial parece tristemente irónico; y los medios de comunicación sin duda jugaron con él simplemente para demostrar la triste hipocresía del hombre.

Sin embargo, al hacerlo, en realidad perdieron el verdadero significado de lo que Haggard estaba haciendo en ese momento y desperdiciaron la oportunidad de realizar un análisis realmente inteligente y profundo del comentario al utilizarlo para obtener una risa barata y banal. De hecho, la referencia de Haggard a la superioridad sexual de la vida amorosa de los evangélicos fue un movimiento clásico que podría haberse inspirado en una antigua narración del Hombre Santo: El cristianismo es mucho mejor en todas las cosas que el paganismo aprecia. ¿Los paganos tienen sexo? ¡Pues nosotros lo tenemos mejor! Una vez más, Haggard jugó a superar a los paganos incluso en el terreno que ellos mismos consideran más sagrado.

El resultado neto de todo esto es, por supuesto, que los Hombres Santos como Haggard no tienen que rendir cuentas a nadie: el tamaño y el compromiso de su congregación, como la multitud reunida en torno a Symeon en su poste o a Antonio en el desierto, confirmaron su carisma y validaron su éxito; y el éxito no sólo engendra éxito, sino que también inmuniza contra la crítica. En efecto, en un contexto así, las críticas deben parecer siempre mezquinas, desagradables y envidiosas. Después de todo, ¿quién va a pedir cuentas o dudar de la integridad de un hombre que parece estar superando a los paganos con armamento cristiano en los mismos puntos en los que esos mismos paganos ponen la mayor parte de su orgullo? Cuando uno llena su iglesia hasta los topes, disfruta del té de la tarde en la Casa Blanca y se codea con George W, realmente está por encima del rebaño ordinario.

El amor propio como fin en sí mismo

Esto me lleva al tercer aspecto del caso Haggard sobre el que el estudio de la iglesia primitiva puede arrojar luz. Es bien sabido que Agustín consideraba que la esencia del pecado era el amor a sí mismo como un fin en sí mismo. Si bien los seres humanos fueron concebidos para amar, en realidad estaban destinados a amar a Dios en sí mismo y por sí mismo, y a amarse a sí mismos y a los demás principalmente como un medio para ese amor último e incondicional a Dios. La tragedia de la humanidad caída es que los hombres y mujeres se aman a sí mismos y que ese amor se considera un fin en sí mismo. Así, podríamos decir que la esencia del pecado es que los humanos se colocan a sí mismos donde debería estar Dios—en el lugar de lo que debe ser amado.

Cuando examinamos un caso como el de Ted Haggard, uno de los puntos obvios a destacar es que Haggard era un líder cristiano; y la sabiduría recibida es que los líderes tienen mayores tentaciones y mayores oportunidades de pecar. Ciertamente es así, pero creo que el pecado en el liderazgo es algo más que el simple hecho de que los líderes tienen más posibilidades de desviarse moralmente.

Los líderes son criaturas interesantes en cualquier ámbito en el que se encuentren. Para empezar, tienen más responsabilidad, soportan más presión y más golpes que los que no son líderes. El mercado lo reconoce y, por lo general, paga mejor a quienes ocupan puestos de responsabilidad en determinados ámbitos: el director de un banco gana más que el cajero; el comisario de policía, más que el policía de guardia; el Primer Ministro, más que el diputado recién llegado. En todos los casos es porque la carga de responsabilidad es mucho mayor para el primero que para el segundo.

Teniendo en cuenta esto, una forma de enfocar el pecado en el liderazgo podría ser enfatizar el hecho de que el líder que habitualmente asume más responsabilidades podría adquirir el hábito de ser más indulgente en lo que respecta a las ventajas y los beneficios adicionales que le llegan. El argumento podría ser: "Yo asumo más responsabilidades, por lo tanto, debo disfrutar un poco más de la buena vida que los demás"; y uno podría ciertamente plantear este argumento en términos de amor propio y ver en él la proverbial pendiente resbaladiza que podría, si no se controla, conducir al caos moral personal. Hoy me doy el gusto de tomar una copa de vino de más en el almuerzo; mañana me sirvo de la esposa de un subalterno.

Ciertamente hay algo de verdad en este tipo de argumento; pero creo que la psicología del pecado de Agustín ofrece una explicación teológica más satisfactoria. Yo sugeriría que la clave para entender el pecado de los líderes reside en el estatus casi divino de los propios líderes, un estatus que proporciona un rico terreno para el tipo de autodeificación que se encuentra en el corazón del pecado.

Los líderes son divinos dentro de sus esferas de autoridad: establecen normas; hacen cumplir las normas; ordenan a la gente que haga cosas y ésta obedece o afronta las consecuencias. En este nivel, el liderazgo es altamente seductor, jugando con la tendencia innata en todos los seres humanos caídos de exaltarse a sí mismos como Dios. En pocas palabras, el poder en la esfera humana sólo sirve para confirmar la mentira que se dice a sí mismo el corazón humano que se ama a sí mismo: *tú* eres Dios; *tú* eres el objeto que has de amar para encontrar *tu* verdadero ser y *tu* plenitud.

Ahora podemos llevar este punto un paso más allá: en este contexto, el de las aspiraciones divinas del liderazgo, el pecado se vuelve increíblemente atractivo. En las *Confesiones*, Agustín lo deja claro en relación con un acto trivial del crimen juvenil de robar unas peras del árbol de un vecino. No eran las peras en sí, argumenta, lo que hacía atractivo el delito—recuerda que tenía mejores peras en su propio jardín—sino el acto de la transgresión. Le gustaba *romper las reglas* mucho más que el sabor de las peras; y podríamos glosar esto diciendo que le gustaba romper las reglas porque, al romperlas, se declaraba a sí mismo efectivamente como dios, el que crea sus propias reglas y, por tanto, está por encima de la ley.

Cuando relacionamos esto con el liderazgo, es fácil ver por qué la cultura del liderazgo es una cultura en la que el pecado no es simplemente un peligro debido a las mayores oportunidades que ofrece el liderazgo; también es un peligro porque la cultura del liderazgo es una cultura en la que hacer las reglas y aplicarlas como y cuando se desee es parte de la forma en que opera el líder. En su campo respectivo, el líder tiene un sabor más dulce, profundo y embriagador de una libertad pseudo-divina que la disponible para la persona ordinaria en la calle, y dada la naturaleza autodirigida de la humanidad caída, es inevitable que fuera de la gracia de Dios los resultados sean desastrosos.

El amor propio que es un fin en sí mismo es, por supuesto, narcisismo; y a menudo se observa cómo muchos narcisistas llegan a la cima en sus respectivos campos, impulsados por la necesidad de alimentar su propia imagen de sí mismos, para saciar, como diría Agustín, lo insaciable: se aman a sí mismos, y ese amor, porque no termina en el Dios infinito, nunca puede satisfacer; y por lo tanto sólo sirve para impulsarlos a mayores alturas de amor propio, evidenciadas en la vida cotidiana por la superación masiva. Por eso, según la sabiduría popular, tienden a llegar a la cima.

Además, los delirios de deidad de los narcisistas les llevan a
romper ellos mismos las reglas de forma rutinaria, al tiempo que
imponen estas reglas con una eficiencia despiadada a los que
están por debajo de ellos. Al fin y al cabo, los narcisistas se creen
dioses; y al igual que los dioses están por encima de sus propias
leyes, exigen obediencia absoluta a los seres inferiores que están
por debajo de ellos. Como podría haber dicho Agustín, todos los
demás se convierten en algo que el individuo utiliza meramente
para lograr los fines de su propio amor propio, instrumentos
mantenidos en su lugar por la subyugación a la ley de la que el
narcisista se considera libre debido a su superioridad.

Tal vez no sea insignificante que un rasgo distintivo de la
presencia pública de Haggard fuera su abierta oposición al
matrimonio homosexual; dada la naturaleza de su caída, es
dificultoso no recordar este clásico patrón narcisista de exigir
rígidamente la obediencia de los demás en un punto en el que uno
mismo se permite la transgresión de forma rutinaria.

Dada esta tendencia, la sabiduría recibida—que los
narcisistas tienden a ascender a la cima—quizás deba ser
modificada. Las pretensiones divinas del narcisista y las
analogías divinas de la naturaleza del propio liderazgo son quizás
simbióticas, alimentándose mutuamente. Tal vez no sean los
narcisistas los que hacen el material de liderazgo, sino el
liderazgo que capitaliza las debilidades humanas y alimenta y
fortalece esas tendencias que convierten a los individuos en
narcisistas. Teniendo en cuenta esto, no es de extrañar que los
líderes caigan con frecuencia y de forma espectacular.

No se trata simplemente de que los líderes tengan más
oportunidades de pecar; es que la propia naturaleza del liderazgo
seducirá a todos, excepto a los más cuidadosos, a creer que son
pequeños dioses, que hacen las reglas y que pueden salirse con la

suya. Rodea a estos líderes con multitudes de seguidores que los adoran acríticamente y tendrás la tormenta perfecta: el autoengaño seguido de la autodestrucción son, humanamente hablando, casi inevitables.

Tal vez valga la pena señalar en este punto, casi como un aparte, que un factor refrescante en el caso de Haggard fue la forma en que sus seguidores lo trataron con firmeza y decisión. El amor propio del líder es a menudo paralelo al amor propio de los seguidores; y siempre es sorprendente ver durante cuánto tiempo, y con qué vehemencia, los seguidores de líderes moralmente desacreditados y en bancarrota siguen comprometidos con sus antiguos maestros. Parece que el mutuo acoso al ego del líder y el discípulo a menudo da dividendos para el primero cuando la pasta de dientes finalmente sale del tubo; así como el Hombre Santo da a sus seguidores carismática e importancia vicaria durante los buenos tiempos, el efecto parece durar mucho tiempo después de que la gracia se haya ido bien y verdaderamente.

Esto me lleva a mi última opinión agustiniana sobre el asunto de Haggard: para Agustín, la unión sexual es el lugar clásico del amor propio. Por eso cree que el pecado original se transmite: incluso el mismo acto de la concepción está pervertido por el amor propio y, por tanto, los productos de esa unión están dañados desde la concepción. De hecho, en el pensamiento de Agustín, la separación de la unión sexual de la procreación es un ejemplo del amor propio como fin en sí mismo en acción.

Una vez que el propósito de la unión sexual termina en el placer y no en la reproducción, el juego se acaba en lo que respecta al sexo virtuoso. En esta cuestión, no estoy de acuerdo con Agustín y encuentro persuasiva, por ejemplo, la reciente defensa de Gilbert Meilaender de las relaciones sexuales con fines distintos a los reproductivos. Sin embargo, una vez que la unión sexual se divorcia del contexto del matrimonio, creo que la crítica agustiniana es básicamente sólida: el sexo con fines distintos a los reproductivos o al fortalecimiento y alimentación del vínculo matrimonial termina siendo sexo con fines egoístas, ya sea el placer físico personal, el poder personal o lo que sea.

Teniendo en cuenta esto, el hecho de que el pecado sexual sea tan a menudo el talón de Aquiles de los líderes, incluso de los líderes cristianos, no es sorprendente. Después de todo, uno esperaría que aquellos que se ahogan en el amor propio y, por lo tanto, en el autoengaño con respecto a su condición de pequeños dioses, sean propensos a dar expresión a eso en sus acciones; y seguramente la máxima expresión de esto es el sexo puramente motivado por la satisfacción personal.

Incluso las amantes no proporcionan esta oportunidad para un amor propio total, ya que el vínculo del entre los amantes podría implicar algún nivel de compromiso emocional personal y mantener abierta la posibilidad de procreación y vida familiar; pero las prostitutas, quizás especialmente los prostitutos homosexuales, proporcionan precisamente una salida nihilista para la actividad sexual en la que el enfoque está seguramente dirigido por completo a un comportamiento transgresor y anárquico que coloca la autosatisfacción y la realización personal justo en el centro, quedando totalmente excluida cualquier necesidad emocional o reproductiva de la pareja.

Conclusión

Para resumir los argumentos hasta ahora: los líderes como Ted Haggard son similares a los Hombres Santos de la iglesia primitiva. Son individuos de gran carisma que simbolizan la superioridad del cristianismo al superar a los paganos en cuanto a las medidas de éxito dentro de la sociedad en general; y ese éxito culturalmente aceptable los eleva por encima de las críticas, dándoles un estatus casi divino.

Además, existe un cierto paralelismo entre la naturaleza del liderazgo humano en general, que implica poder, y la naturaleza del pecado humano, que es la transgresión de la ley de Dios. Si añadimos a la mezcla multitudes de seguidores que los adoran y una cultura que juzga el éxito por el número de personas, la riqueza, el acceso a los medios de comunicación y a los grandes y buenos de Washington o de cualquier otro lugar, tenemos una situación en la que la capacidad de amor propio y autoengaño del ser humano puede salirse de control. El hecho de que esto se exprese tan a menudo en encuentros sexuales de la naturaleza más transgresora no debería sorprender, ya que dicha actividad es el amor propio humano en su forma más pura.

¿A dónde nos lleva esto? Concluyo con sólo tres puntos:

1. La historia antigua de la iglesia, lejos de ser un asunto de interés únicamente anticuario, puede, cuando se hace con un ojo debidamente crítico, proporcionarnos categorías que nos permiten analizar los acontecimientos del presente con una profundidad a la que no podríamos acceder de otro modo. Responder a incidentes como los que involucran a Ted Haggard con respuestas que simplemente señalan que es un pecador, o que sus acciones son tontas, es legítimo; pero no nos permite realmente indagar en la psicología del liderazgo y en los problemas peculiares que dicho liderazgo conlleva dentro de una cultura como la nuestra.

2. El liderazgo es una posición potencialmente letal. Aquellos que son líderes no tienen simplemente más oportunidades de pecar; en realidad habitan un lugar que fomenta positivamente el tipo de autoengaño que se encuentra en el corazón mismo de lo que es el pecado. Si el pecado rutinario nos permite, aunque sea momentáneamente, pensar que somos dioses, entonces el líder vive en un mundo donde esa imagen potencial de sí mismo puede ser reforzada una y otra vez por el poder y por la adulación y/o la obediencia de los demás. Tal vez las personas que necesitamos para dirigirnos, en las que realmente podemos confiar, son, en primer lugar, aquellas que no quieren ser líderes, sino que se les impone ese papel. La Escritura nos dice, por supuesto, que es una cosa buena y noble desear ser un líder; pero tal vez tengamos que prestar mucha atención a la forma en que alguien desea ser un líder, y a la responsabilidad que ha demostrado en las pequeñas cosas de la vida antes de asumir automáticamente que el deseo de ser un líder confirma realmente la llamada al liderazgo.

3. Por lo tanto, la rendición de cuentas es crucial en el liderazgo. La elección de asesores y confidentes es fundamental. La tragedia de Haggard y de otros como él es que no colocaron a los hombres y mujeres adecuados antes de que surgiera el problema. Si uno quiere evitar un desastre moral personal como cristiano, necesita establecer mecanismos de responsabilidad antes de pensar que tiene algún problema; y para los líderes esto es aún más imperativo. Estar rodeado de hombres que dicen sí y de lacayos puede acariciar la imagen de uno mismo; pero no hará nada para evitar la autodestrucción.

Y esto lo aprendí a partir de una reflexión crítica sobre textos escritos hace más de 1.500 años.

2.12. ESCAPAR DE LA FERIA DE LA VANIDAD: UNA PALABRA DE ALIENTO DE NIETZSCHE

La domesticación de las ideas radicales es un fenómeno bien conocido por cualquiera que haya dedicado tiempo a reflexionar sobre la historia. Navegando en "Borders" recientemente, encontré el *Manifiesto Comunista* de Marx en una de las estanterías. Esto no era en sí mismo sorprendente, pero lo que sí lo fue sorprendente fue el hecho de que podía comprarlo en no menos de cinco ediciones diferentes.

El mismo libro, el mismo texto, pero cinco portadas diferentes. Era la ironía en acción: el grito de guerra básico anticapitalista y anticonsumista disponible en tantas ediciones convenientes. ¿Por qué? Porque, por supuesto, Marx vende; su libro se ha convertido en una mercancía; y la variedad de ediciones habla de la forma en que el consumismo ha superado e interiorizado su crítica, convirtiéndola de un ataque apasionado y de la predicción de su perdición en un artículo más en la estantería, para ser empaquetado y comercializado, reempaquetado y recomercializado. ¿Qué ocurrirá a continuación? ¿Podemos esperar que esta escritura secular siga el camino de más textos sagrados, con ediciones del *Manifiesto* para solteros, jóvenes casados, adolescentes, grupos pequeños, directores ejecutivos, vegetarianos, mujeres jóvenes, hombres mayores y personas que adelgazan? Si se puede vender, tarde o temprano se hará.

Una domesticación similar ocurre también con los individuos que encarnan ciertas posturas radicales: El Che Guevara es quizás el ejemplo arquetípico de los últimos cincuenta años. En vida, fue un revolucionario disciplinado y decidido, un asesino despiadado y de sangre fría, que tenía fama de ser algo adusto, con poco tiempo para nada ni nadie que no estuviera relacionado con el objetivo final de la revolución socialista.

Sin embargo, al morir, se convirtió casi inmediatamente en un icono de un movimiento de protesta juvenil hedonista que tenía poco interés en la disciplina o la abnegación o la ejecución despiadada de los enemigos; y, en los años transcurridos desde 1967, se ha convertido en poco más que un logotipo de marketing, un símbolo y un facilitador del capitalismo que despreciaba. Separado de su contexto original, su rostro mesiánico, vestido de guerrillero, mira de forma portentosa desde una miríada de camisetas, tazas de café, botellas de cerveza y bolsos de diseño.

Si hay una ironía real y divertida en la domesticación de Marx y del Che, se puede ver que el mismo tipo de principios se aplica al mundo de la música. En este caso, la historia se complica por el hecho de que la música de, por ejemplo, Bob Dylan o los Rolling Stones o Bruce Springsteen siempre ha sido parasitaria del sistema que atacaba: todos estos rebeldes dependían de las compañías discográficas con el poder y la inteligencia de marketing para producir y promocionar sus productos; todos dependían de la gente con dinero para comprarlos.

Así, desde el principio, casi se podría haber predicho que, tarde o temprano, los profesores de teología de mediana edad y clase media escucharían el gran himno de The Clash "London Calling" mientras se dirigían al trabajo por la mañana. En la dialéctica de la protesta y el comercio, la protesta perdió, el contenido resultó ser menos importante que la estética, y el rock se convirtió en una mercancía más vendible del establecimiento comercial.

La religión cristiana tampoco es ajena a esta domesticación. Un ejemplo de primer orden sería el Jesús rubio y de ojos azules que tanto gustaban a los ilustradores de la Biblia para niños y a los artistas cristianos cursis de generaciones anteriores. Tal vez fuera relativamente inofensivo representar al Señor en una Biblia para niños con el aspecto de Benny (¿o era Bjorn?), el teclista de ABBA; pero cuando recordamos que el Mesías rubio y de ojos azules también fue objeto de la *olvidada* búsqueda del Jesús histórico—la que persiguieron los eruditos alemanes antisemitas en el periodo de entreguerras—está claro que esa domesticación no siempre es tan trivial.

Por supuesto, los eruditos, desde Adolf Schlatter hasta N. T. Wright, han estado desacreditando este tipo de basura desde hace bastante tiempo; pero, en todo el esfuerzo para liberar a la Biblia de las categorías domesticadas, a veces se olvida que la domesticación del cristianismo no se limita al texto bíblico. Por ejemplo, una vez que la educación teológica se convirtió en un gran negocio competitivo, su comercialización se convirtió en algo mucho más allá de la simple descripción a los futuros estudiantes de lo que ocurre en un seminario o una universidad.

Existe una compleja relación entre los planes de estudio tradicionales, las exigencias de la iglesia, las expectativas de los estudiantes y la capacidad del propio mercado no sólo para satisfacer necesidades, sino también para crearlas y abrir nuevos mercados. Las implicaciones de la teología como mercancía aún no han sido abordadas de forma consciente por las instituciones educativas; y, dada la naturaleza del libre mercado como una especie de vaca sagrada en el pensamiento occidental actual, es poco probable que se presionen estas cuestiones en un futuro previsible.

Pero la educación no es el único objeto de domesticación en la cultura religiosa. Tomemos como ejemplo al escritor C. S. Lewis. Según tengo entendido, no era un evangélico y nunca pretendió serlo. De hecho, sospecho que, como anglicano patricio empedernido, no le habría gustado la idea de convertirse en el santo patrón de una religión con una ética tan populista y democratizada.

Sin embargo, ha desarrollado un estatus casi de culto dentro de la cultura evangélica de Norteamérica. ¿Qué debemos hacer con esto? Bueno, siempre les digo a los estudiantes que la primera pregunta que hay que hacerse sobre cualquier acción histórica es ésta: ¿quién gana dinero con el negocio? Y no hay duda de que los escritos de Lewis representan una sólida fuente de ingresos para quienes publican y venden libros religiosos, y que gran parte de la cuota de mercado la representan los evangélicos.

Sin embargo, el mercado de Lewis entre los evangélicos no puede reducirse a un argumento de venta de una editorial: independientemente de lo que hayan argumentado algunos de los miembros más duros de la Escuela de Frankfurt, los consumidores no son simples incautos del sistema; la relación entre el productor y el consumidor es más compleja que eso; y, por tanto, el mercado de Lewis debe encontrar algún punto de apoyo dentro de la propia cultura evangélica estadounidense. Yo sugeriría tres causas internas que han facilitado su comerciabilidad—y no es una lista exclusiva, sino meramente sugerente.

En primer lugar, defiende un mero cristianismo que resulta muy atractivo para el espíritu interdenominacional del evangelicalismo estadounidense, especialmente en el mundo estetizado del posmodernismo. En segundo lugar, sus libros están bien escritos y son accesibles, una combinación difícil de encontrar en la mayoría de los escritos evangélicos (los católicos tienen a Chesterton, Waugh y Greene, por nombrar sólo tres; nosotros tenemos a Jenkins y a La Hay...). Y en tercer lugar—y quizá lo más importante—la cultura americana moderna considera que el desacuerdo intelectual es algo que se entiende mejor utilizando las categorías de la antítesis moral.

Esta es seguramente una de las razones por las que el lenguaje de las campañas políticas en Estados Unidos tiene tan poco que ver con las políticas reales y tanto con las evaluaciones del carácter y con los ejercicios de eslogan moral simplista. Si alguien no está de acuerdo conmigo sobre cómo debe financiarse la recogida de basuras local, no se trata simplemente de que los dos discrepemos sobre cómo deben recaudarse y repartirse los impuestos.

Es sin duda una señal segura de que probablemente pega a su mujer, es maleducado con su madre y tiene un impulso frecuente e irresistible de empujar a las ancianas bajo las ruedas de los trenes que se acercan—todo lo cual lo hace incapaz de organizar la recolección de basura. Así, un pensador cristiano como Lewis representa un problema para los evangélicos, dadas sus opiniones sobre temas como el purgatorio y la expiación.

Pero aún así nos ofrece ciertas cosas que son atractivas: el cristianismo puro, la buena escritura, etc., cosas que queremos poder apreciar y utilizar. Entonces, ¿qué hay que hacer?

Simplemente esto: hay que convertirlo en uno de nosotros para que podamos sentirnos cómodos con él. Y, como apunte, se podría añadir que es bastante útil que esté muerto en este punto, ya que su reputación, así como sus restos literarios, ya no son suyos para poseerlos y definirlos. Un poco como el bautismo mormón de los muertos.

Sin embargo, Lewis no es el único candidato a una transformación. En muchos sentidos, un ejemplo más interesante de domesticación es el de *El Progreso del Peregrino* de John Bunyan. Este es seguramente uno de esos libros que goza de un atractivo casi universal entre los cristianos, más allá de las fronteras confesionales, por la profunda sencillez de su narración de la vida cristiana a través de la alegoría. Sin embargo, la simplicidad del libro es engañosa, y su recepción en el canon de los clásicos cristianos universales debería ser en realidad muy sorprendente para todos los que lo lean.

Para empezar, la imagen que pinta del papa, sentado farfullando en una cueva mientras roe los huesos ensangrentados de los mártires, habría llevado a esperar que su atractivo dentro de los círculos evangélicos ecuménicos modernos (¡por no mencionar los de los católicos romanos!) podría ser algo limitado. Después de todo, Bunyan formaba parte de una cultura protestante que veía a Roma como una agencia del Diablo y que era aún más hábil para encontrar jesuitas bajo las escaleras que Joseph McCarthy para encontrar rojos bajo las camas.

Sin embargo, la feroz crítica de Bunyan no se limita a las divisiones doctrinales y eclesiásticas de su época. La indignación por la injusticia social y económica también impregna la obra. Bunyan era, después de todo, un hombre pobre, un calderero, un reparador de ollas y sartenes, un hombre sin importancia en un mundo cada vez más comercial.

Vuelve a leer *El Progreso del Peregrino* y fíjate en cómo su condición de pobre y su miedo a los ricos y a los hombres de negocios bullen en la narración. ¿Quién es el Gigante Desesperado? Un terrateniente matón. ¿Dónde están los peregrinos más notablemente maltratados, incluso hasta el punto del martirio por uno de ellos? En la Feria de la Vanidad, un escenario de comercio y decadencia. ¿Y cuántas veces los canallas de las narraciones son descritos también como caballeros? Los términos son prácticamente intercambiables. ¿Surge algún patrón sugerente? Ningún lector razonablemente reflexivo del siglo XVII habría pasado por alto la brutal polémica contra los ricos y el sistema.

A decir verdad, el gran clásico puritano de Bunyan no es simplemente una declaración de teología radical; es también una expresión de política radical, una acción histórica que no puede entenderse adecuadamente aislada del turbulento entorno de una monarquía resurgente, un republicanismo puritano fracasado, la opresión de los pobres y el temor a un renacimiento político y religioso católico. Sin duda es una obra de profunda piedad; pero leerla y no comprender su radicalismo social, político y eclesiástico subversivo es domesticarla y perder gran parte de su valor crítico. Es, por decirlo sin rodeos, domesticar al calderero.

Estas lecturas de Lewis y Bunyan representan dos fenómenos distintos pero relacionados. En el caso de Lewis, como ya he dicho, parece ser en gran medida una artimaña de venta que lo acomoda a los límites del mercado potencial: los evangélicos, porque se definen a sí mismos doctrinalmente en algún nivel, aunque sea mínimamente, luchan con aquellos con los que no están de acuerdo ("¿Son realmente cristianos si creen/no creen en *x*?"), un rasgo que se ve agravado por las predisposiciones culturales norteamericanas; por lo tanto, si quiere venderse bien, Lewis debe ser empaquetado y presentado como un evangélico.

En el caso de Bunyan, se trata más bien del problema de un contexto textual cambiado: el mundo cristiano del siglo XXI es sencillamente tan diferente al de la Inglaterra del siglo XVII que gran parte de la intención original de Bunyan se pierde en la transmisión. El calderero viaja a través del tiempo y es domesticado por ese mismo proceso.

La relación entre los dos fenómenos reside en el hecho de que ambos demuestran la disposición de los seres humanos a leerse a sí mismos en los textos y, por tanto, a evitar los desafíos que dichos textos nos plantean. La verdadera pérdida en la domesticación de Lewis y Bunyan, en la reducción de ellos a las dimensiones de una piedad cristiana genérica, es la pérdida del pasado como base crítica para la reflexión y el autoexamen. Una historia que se adapta al mercado o a los límites establecidos por las expectativas del público moderno se convierte en poco más que una proyección de las preocupaciones contemporáneas. Puede utilizar los modismos de la historia—el tiempo pasado y el lenguaje de la tradición sagrada—pero no es historia en absoluto. Destruye la utilidad real de estos hombres al imponerles imperiosamente el presente, al exigirles que sean como nosotros, los clientes; y sólo sirve para aislarnos de la crítica y para reforzar nuestra propia creencia en nuestra propia rectitud.

Por el contrario, yo diría que Lewis, Bunyan y todas las grandes voces teológicas hablan de forma importante precisamente en aquellos puntos en los que menos encajan con mis expectativas evangélicas, porque es en esos puntos donde me obligan a pensar más cuidadosamente sobre quién soy, dónde estoy, en qué creo y por qué lo creo.

Sin embargo, esa crítica es algo muy difícil de mantener en un mundo en el que las fuerzas del mercado son los poderes invisibles y no detectados que dan forma a gran parte de la realidad, desde las instituciones de educación hasta las iglesias y los gustos individuales. Las voces críticas que el mercado no puede interiorizar no apelan ni a las fuerzas de mercado divinas del consumismo ni a la tendencia de adoración de sí mismo de mi propia mente; pero como cristiano estoy seguramente obligado a luchar contra todas las idolatrías, externas e internas.

¿Cómo se puede hacer esto? Yo diría que la necesidad del momento es el desarrollo de una teoría crítica evangélica adecuada, o, quizás mejor, una teoría autocrítica evangélica. No una que simplemente desarrolle un lenguaje técnico arcano diseñado para impresionar al mundo con la sofisticación gnóstica de sus defensores, como parece ser el caso de algunas de las sobrecargas hermenéuticas de los últimos años—eso es simplemente un nuevo elitismo; ni una que simplemente repita como un loro los últimos clichés culturales en un triste intento de parecer moderno y a la moda como un académico de mediana edad con barriga de cerveza, con una cola de caballo y una camiseta de "Legaliza la hierba"; y mucho menos una que termine simplemente en un análisis inteligente pero despreciativo que simplemente describa el mundo tal y como es. No. Necesitamos una teoría crítica que busque cambiar el mundo desafiando al mundo—incluido el mundo de los evangélicos—en sus idolatrías consumistas impulsadas por el mercado.

Dada la forma en que la cultura evangélica en Estados Unidos está tan profundamente arraigada en los sistemas, las prácticas y las aspiraciones de la cultura estadounidense en general—desde sus universidades y seminarios hasta sus editoriales, pasando por su implacable visión de "lo grande es lo mejor", sus cultos a la personalidad de los teólogos famosos, sus megaministerios y su asombrosa capacidad para transformar a cualquiera, incluso al patricio anglicano C. S. Lewis y al calderero radical John Bunyan—en aliados evangélicos amistosos, el panorama no es brillante.

Para decirlo sin rodeos, vivimos en la Feria de la Vanidad, y parece que somos bastante felices allí. Pero reconocer el problema es, sin duda, la primera parte de la solución, y hacerlo, aunque sea impresionante y aterrador en un nivel, no debería desanimarnos excesivamente. Citando a Nietzsche, lo que no me destruye me hace más fuerte.

2.13. LA MUERTE, LA ÚLTIMA FRONTERA

Se puede decir que en los últimos cien años se ha producido una interesante inversión en la sociedad occidental, en la que el gran tabú de la época victoriana y la gran obsesión del mismo periodo han cambiado radicalmente de lugar. El gran tabú para los victorianos era, por supuesto, el sexo. Todos los seres humanos dependen del sexo—ignorando por un momento la fecundación *in vitro*, cada uno de nosotros es la prueba viviente de un acto sexual; sin embargo, los victorianos demostraron ser notablemente hábiles en mantener todo el asunto bien y verdaderamente fuera de la vista del público. La muerte, sin embargo, estaba en todas partes, desde los elaborados rituales funerarios y los grotescos mausoleos, hasta las grandes obras de arte y literatura. El sexo, un tabú; la muerte, una obsesión.

Hoy en día, los papeles se han invertido un poco. El sexo está en todas partes. Ni siquiera puedo encender el televisor a la hora del desayuno sin encontrarme con una noticia o una entrevista que sonroja a mi mujer y me hace correr hacia el interruptor antes de que mis hijos reciban una inesperada lección sobre los últimos chismes sexuales. Ver los anuncios no es mejor: parece que la noción de que el sexo vende se aplica ahora universalmente a cualquier cosa que necesite marketing, desde clips hasta coches deportivos. Pero la muerte—es una historia diferente. La muerte es algo que la mayoría de nosotros intenta evitar.

La sociedad occidental ha generado diversos medios para evitar pensar en la muerte. Por un lado, están los caprichos triviales del lenguaje: por ejemplo, si se saca a alguien de un edificio en llamas o de un barco que se hunde, hablamos de *una vida que se salva*, no de *una muerte que se pospone*. Lo primero parece de alguna manera más aceptable, aunque lo segundo es posiblemente más exacto. Luego está la verdadera industria de los productos antienvejecimiento, que ya he señalado en esta columna (y he confesado haber comprado para mi mujer).

Más sutilmente, está la trivialización de la muerte en las diversas películas, programas de televisión e incluso en los noticiarios, donde se convierte en una pieza surrealista de entretenimiento de dibujos animados, en un objeto de sentimentalismo sacarino, o simplemente en un tema que puede ser tratado muy brevemente y luego olvidado antes de pasar a la previsión del tiempo, o a los resultados deportivos. En las noticias, es algo que le ocurre a otras personas en países lejanos, o en barrios que pocos de nosotros frecuentamos.

Por eso, el asesinato de un hombre blanco en los suburbios a menudo precipita más el miedo y el pánico sobre el fin de la civilización que la muerte de miles de personas en hambrunas en el extranjero o incluso el asesinato diario de numerosos hispanos y afroamericanos a sólo cinco millas de la carretera. Cuando nos pasa a "nosotros", no podemos desinfectarlo tan fácilmente.

Sin embargo, a pesar de todos estos mecanismos para sanear y neutralizar la muerte, ésta sigue siendo obstinadamente universal. A primera vista, después de nacer, es lo más natural del mundo: parece seguro que todos, hombres, mujeres y niños, morirán algún día.

Esto plantea la cuestión de por qué la muerte es tan traumática: si es natural, ¿por qué sigo sintiendo dolor, tantos años después, cuando pienso en la última vez que vi a mi querido abuelo con vida, sabiendo que sólo le quedaban horas de vida? ¿Por qué es una experiencia demoledora perder a un padre, o a un hermano, o a un amigo, o, quizás lo más pesadillesco de todo, a un hijo a manos del último gran enemigo? Si es natural, ¿por qué la muerte causa tantos estragos en nosotros? ¿Y por qué nos esforzamos tanto en ignorarla, en sentimentalizarla o en ficcionalizarla?

En este contexto se me ocurren varias reflexiones. La muerte no es, por supuesto, natural. Es una intrusión en el reino creado. Cuando Dios creó al hombre, lo único que no era bueno era el hecho de que estaba solo, por lo que la mujer fue creada para ser su compañera. No había ningún signo de muerte; más bien, la muerte se entrometió en la creación como resultado de la desobediencia de la humanidad y, por tanto, no forma parte de la estructura natural creada de la realidad. Wittgenstein describe en alguna parte, de forma bastante memorable, que la muerte no es un acontecimiento de la vida, sino un límite; y el cristiano puede, creo, decir amén a eso, con el añadido necesario de que es un límite *que no debería estar ahí*. No es natural y, por lo tanto, no deberíamos esperar que trajera nada más que caos y trauma a su paso.

Además, la muerte es total. Uno puede coger un resfriado y ponerse bien de nuevo; uno puede contraer el SIDA y mantenerse vivo durante muchos años; uno puede incluso tener un paro cardíaco y seguir reviviendo. Pero la muerte, cuando todos los órganos vitales se apagan, es completa y total. No hay vuelta atrás. Vivo en una tierra alejada de mis padres y hermanos; pero puedo subirme a un avión y estar con ellos en menos de diez horas. Mis abuelos están muertos y enterrados. Puedo viajar por todo el mundo y conocer a miles y miles de personas; pero ninguna de ellas será mi abuelo o mi abuela; se han ido; su muerte es total; ya no se pueden encontrar en la tierra de los vivos.

Sin embargo, como cristianos, hay una parte de nosotros que se activa en este punto: ¿acaso no suceden todas las cosas según la voluntad de Dios? Y si la muerte sucede según la voluntad de Dios, ¿qué derecho tenemos a enfadarnos y a sentirnos heridos por ella? ¿Acaso el conocimiento de que Dios tiene el control no hace que esos sentimientos sean erróneos?

P or supuesto, la teología que subyace a este tipo de afirmaciones es totalmente correcta. Dios tiene el control. Pero, ¿significa eso que nos equivocamos al sentir dolor y heridas? En absoluto. La oscuridad de la muerte puede caer sobre cada uno de nosotros en el momento y el lugar y de la manera que Dios ha decretado, pero, como se ha señalado anteriormente, la muerte no es natural; es algo que va en contra del diseño de la naturaleza y, por lo tanto, es algo que trae el caos y el trauma a nuestras vidas.

Además, la Biblia no sólo enseña que todas las cosas suceden dentro del ámbito de la voluntad de Dios; también enseña que la muerte es dolorosa, y que los sentimientos de ira, dolor, desesperación y compasión no son malos. Basta con leer los Salmos y ver cómo las almas de los salmistas claman en agonía, y cómo esas mismas palabras de agonía son utilizadas por el Señor para formar una parte sustancial del propio libro de alabanzas de Dios.

Piensa también en Job, que se lamentó y no pecó (Job 1:20-22), e incluso en el propio Señor Jesucristo, que estuvo de pie ante la tumba de su amigo y lloró (Jn. 11:33-36). La tristeza, la profunda tristeza y el luto ante la muerte no están mal: son el resultado de enfrentarse a un límite que no debería estar ahí. Si Thomas Hobbes pudo describir la vida como desagradable y brutal, ¿cuánto más se aplica esa descripción a la muerte, la última frontera de esa vida?

Pero la naturaleza antinatural de la muerte no es la única razón por la que duele y por la que nos lamentamos cuando ocurre. Los seres humanos no están diseñados para vivir aislados; estamos hechos para vivir en relación con los demás. Estamos diseñados, ante todo, para vivir en relación con Dios. Nuestra identidad fundamental es la de criaturas de Dios. Para entenderme correctamente, tengo que comprender que he sido creado por Dios, a su imagen, y que dependo totalmente de él para todo lo que soy y hago.

Sin embargo, mi identidad es mucho más que eso. Si no era bueno que Adán estuviera solo, está claro que Adán fue diseñado no sólo para vivir en relación con Dios, sino también para encontrar su plena identidad existiendo en relación con otra criatura del mismo tipo. En otras palabras, quien soy no es un individuo aislado. Soy alguien que se encuentra en una compleja red de relaciones con otros. Así, cuando alguien muere, me veo reducido, dañado, cambiado.

Antes tenía abuelos; ahora soy el hombre cuyos abuelos se han ido; antes un hombre era un padre; ahora, trágicamente, ya no es un padre sino el hombre cuyo hijo ha muerto. En cada caso, los que se quedan atrás se ven reducidos, son menos de lo que eran antes; y eso es doloroso. Como dijo John Donne con tanta elocuencia: no preguntes por quién suenan las campanas. Suenan por ti.

Sin embargo, hay una última razón por la que la muerte nos resulta tan dolorosa: la muerte de otros es un espejo en el que vemos reflejada nuestra propia mortalidad. Al enfrentarnos a la muerte de otro, nos vemos obligados, aunque sea brevemente, a afrontar nuestra propia e inevitable desaparición. La mayor parte del tiempo podemos vivir, y lo hacemos, como si fuéramos inmortales, como si fuéramos pequeños dioses, reyes supremos del universo en el que vivimos; pero la muerte de otro es un recordatorio sorprendente de que no somos divinos, de que habrá un ajuste de cuentas final con la muerte, de que el límite que no debería estar ahí para nosotros estará un día demasiado presente. Ya sea el fallecimiento de un conocido lejano, que nos susurra que nosotros también pereceremos, o la muerte de un amigo íntimo o de un ser querido, que parece agarrarnos violentamente por el cuello y nos obliga a mirar el abismo de nuestra propia finitud—sea lo que sea, cuando presenciamos la muerte de otros, anticipamos el día de nuestro propio fallecimiento.

Así pues, la muerte es desagradable, brutal y dolorosa por diversas razones. ¿Cómo debemos responder entonces, como cristianos, a todo esto? Permítanme sugerir tres cosas:

En primer lugar, está bien llorar, sentir agonía y dolor, incluso saborear la amargura de una cierta desesperación, ante la muerte. Los Salmos y el ejemplo del propio Cristo no dejan lugar a dudas al respecto. La desesperación, por supuesto, nunca puede ser total para un cristiano que mira a Dios para todas las cosas; pero puede existir una oscuridad grande, incluso abrumadora, cuando nos enfrentamos a la realidad de la muerte. Y si alguien pregunta: "¿Cómo puedo hablar con Dios en tales circunstancias?" mi consejo es sencillo: si te faltan las palabras, ora a través de los Salmos. Por ejemplo, basta con leer el Salmo 88 y ver hasta qué punto la desesperación, aunque enmarcada en el contexto de clamar a Dios con fe, se apodera del escritor.

Descubrirás en los Salmos que no hay una sola emoción que sientas que el Señor mismo no nos haya dado las palabras para expresarle en oración y alabanza. Aprende a orar los Salmos en privado, porque ahí encontrarás los recursos para afrontar el día de la muerte y la oscuridad. Y lo he dicho antes y lo vuelvo a decir: el descuido del Salterio en el culto cristiano público sienta las bases para el desastre pastoral: tiene el efecto de defraudar a los corazones rotos cuando se acercan a Dios en compañía de sus hermanos en el Día del Señor.

Los cristianos miserables tienen todo el derecho, y de hecho deben, expresar su miseria a Dios en la oración y la alabanza. Impedirles hacerlo es un acto de crueldad pastoral. ¿Y no es maravilloso que tengamos un Dios como el que condescendió en amor y gracia hacia la humanidad rota para darnos los Salmos para estos mismos tiempos de oscuridad? Entonces, no los descuidemos; usémoslos tanto como podamos, en la oración privada y en el culto público.

En segundo lugar, nunca tratemos de consolar a un creyente afligido diciéndole simplemente que la muerte de un ser querido estaba dentro de la voluntad de Dios. Eso es cierto, pero si nos detenemos ahí, damos sólo la mitad de la historia y nos hacemos vulnerables a las acusaciones de crueldad pastoral. La otra mitad de la historia cristiana cuando se trata del sufrimiento y la muerte es que debemos sentirnos junto a los dolientes y a los afligidos en su dolor y pérdida, compadeciéndonos, afligiéndonos y llorando con ellos.

Tal vez esto implique decir palabras de consuelo, o simplemente sentarse con ellos en silencio mientras lloran de dolor. Pero nunca utilicemos selectivamente nuestra teología, por muy correcta que sea, como excusa para ser menos humanos ante el sufrimiento de otro.

Por último, no olvidemos nunca que el evangelio es también para los cristianos. Necesitamos que se nos predique la Palabra, ya sea desde el púlpito un domingo o en una conversación con otros creyentes. Si un hermano o una hermana están de luto, no nos limitemos a decirles que la muerte de su ser querido está dentro de la voluntad de Dios; ni siquiera nos limitemos a sentir compasión y simpatía por ellos; señalémosles también al Señor Jesucristo, que resucitó de entre los muertos.

La muerte es un ultraje, un límite ilegítimo; es desagradable y brutal; pero el capitán de nuestra salvación ha traspasado ese límite y ha salido por el otro lado. Ha resucitado de la tumba; y en su resurrección vemos que, aunque vivamos en un valle de lágrimas y agonía aquí y ahora, donde la muerte parece tener todas las cartas de triunfo, hay un día ciertamente próximo en el que sabemos que nosotros también, y todos los seres queridos que nos han precedido en Cristo, resucitaremos para estar con Cristo. Su muerte fue agonizante, pero no pudo retenerlo; la nuestra será sin duda terrible y traumática; pero gracias a Cristo, la muerte tampoco nos retendrá.

2.14. UN REGALO PELIGROSO PARA MI ESPOSA

Hace poco, mientras esperaba un vuelo a Filadelfia en la Terminal 4 de Heathrow, me dediqué a mi ritual habitual: comprar a mis hijos ejemplares del *Beano* y de los cómics *Dandy*, y algo de chocolate con sabor a chocolate de verdad (aparentemente ilegal en EE.UU.), y encontrar un regalo para mi mujer. Hace un par de años, resolví este último problema al descubrir que le gustaba el perfume Gaultier; pero, al haber viajado tanto, lo he comprado a un ritmo algo mayor que su capacidad para usarlo y tenía instrucciones de no traer más de eso a casa.

Es extraño, no puedo imaginar que, si los papeles se invirtieran, mi mujer pudiera comprarme demasiado brandy o whisky o música rock. "Por favor, amor, no más de ese brandy; no tengo más espacio en el armario de las bebidas para guardar otra botella..." Citando a John Wayne, ese será el día. Pero ahí tienes—los hombres son de Marte, las mujeres son realmente de Venus.

En cualquier caso, al encontrarme en la clásica situación de crisis masculina de tener que comprar algo bonito para mi mujer pero no tener ni idea de qué regalarle, puse en marcha una

258 PENSAMIENTOS IMPOPULARES SOBRE TODO

estrategia de probada eficacia: Me planté firmemente en la sección de cosméticos de la tienda World Traveller Duty Free y adopté una expresión facial que era mitad confusión, mitad puro pánico. Esta estratagema nunca falla: en unos instantes, se me acercó una de las señoras que trabajan en la tienda y que, presumiblemente, está entrenada para detectar la presencia de cualquier neandertal casado como yo que se enfrenta al "dilema del regalo de esposa".

Le expliqué mi problema, cómo el perfume no iba a ser suficiente esta vez y cómo necesitaba desesperadamente encontrar otra forma de propiciación conyugal. Ella respondió con una pregunta astutamente diseñada, creo, para diagnosticar las profundidades de mi ignorancia: "¿Qué tipo de piel tiene?" preguntó. "Bueno, le cubre todo el cuerpo y es de un color rosa blanquecino, supongo. ¿Sirve eso como respuesta?" respondí, mirando con esperanza a la señora en busca de señales de que ese era el tipo de información que necesitaba.

Una vez comprobado que se trataba de un caso extremo de incompetencia e insensibilidad masculina, la señora preguntó entonces por la edad de mi mujer. "Treinta y nueve", respondí. "¿Ha pensado en los cosméticos antienvejecimiento?" fue la siguiente pregunta. ¿Cosméticos antienvejecimiento? "¿Crees que eso es, eh, sabio? ¿No habría que preparar cuidadosamente un regalo así?" pregunté con cierta inseguridad. Me imaginaba que cualquier caja con la leyenda "antienvejecimiento" sería un regalo tan bienvenido para mi mujer como uno con la leyenda "píldoras de pérdida de peso de emergencia" o "depilador de exceso de vello facial". "Está bien, señor, no se preocupe", me dijo la señora, "no usamos esa frase en el paquete. Y este tipo de productos empiezan a utilizarse a partir de los treinta y cinco años". Alivio; problema resuelto; la ineptitud masculina una vez más superada por la omnicompetencia femenina.

En el vuelo de vuelta, me encontré reflexionando sobre cómo la noción de un producto antiedad es tan típica del mundo occidental en el que vivimos, un mundo que ha convertido la juventud en un verdadero culto. De hecho, muchos de nuestros fetiches culturales modernos hablan claramente de esta obsesión: la moda, el deporte, las celebridades—todos ellos son una celebración de la juventud, la vitalidad y la falta de arrugas.

Sospecho que la razón por la que se valora tanto la juventud no puede separarse de estos fetiches sociales (y, admitámoslo, económicos). La juventud probablemente comenzó su inexorable ascenso a la importancia con el desarrollo de las economías basadas en la producción a principios de la era moderna, donde la capacidad de producir era crucial—un punto que era un poco desalentador para las mujeres que ya habían pasado la edad de tener hijos y, por lo tanto, ya no eran capaces de la contribución más obvia a la productividad económica.

Este es, sin duda, un factor que influye en la desproporcionada atención que se presta a las mujeres de más edad en ese fenómeno de aspecto medieval que es el juicio a las brujas. Luego, con la llegada del consumo como factor clave que impulsa las economías occidentales, la apertura del crédito fácil y la identificación de la juventud y todo lo juvenil como grandes oportunidades de marketing, el triunfo de lo joven y lo bello estaba garantizado.

Incluso en las sociedades que se han modernizado sin el evidente abandono de los valores feudales, como las del Lejano Oriente, la juventud se está imponiendo poco a poco: en un reciente viaje a Corea me llamó la atención el incómodo conflicto entre la típica veneración confuciana de la edad y el evidente auge—y algo anómalo—del mercado de la cirugía plástica. En fin, hasta aquí la historia económica de la importancia de la juventud.

Sin embargo, desde el punto de vista filosófico, podríamos considerar la idolatría de la juventud de una manera diferente. La obsesión por la juventud es, tal vez, una parte de la negativa a aceptar nuestros límites, nuestra mortalidad, como de cualquier otra cosa. La juventud es excepcionalmente arrogante en su autoestima. ¿Ha conocido alguna vez a un joven de dieciocho años que no pensara, al menos en la práctica, que iba a vivir para siempre? Yo ciertamente lo creía a esa edad.

Y ahora, al final de la treintena, hago todo lo que puedo para recuperar esa sensación—mantener mi peso bajo, correr y montar en bicicleta todo lo que puedo, examinar ávidamente los resultados de las carreras para ver cuántos adolescentes y veinteañeros he conseguido pasar en la última media milla. Por supuesto, mantenerse en forma es un poco la cara de Jano en este sentido: te mantienes sano, pero la ley de los rendimientos decrecientes con respecto al entrenamiento y los resultados también te hace ser muy consciente de que el tiempo, lenta pero inexorablemente, se acerca a ti.

Por supuesto, no hace falta ser un fanático de la gimnasia para participar en el culto a la juventud. Si no se puede molestar con toda esa palabrería del ejercicio—"un poco demasiado como el trabajo duro"—hay otras maneras de engañarse a sí mismo pensando que va a engañar a la Muerte. Por ejemplo, siempre me doy cuenta cuando estoy esperando en el aeropuerto en una fila que contiene una alta proporción de estadounidenses. En esas colas suele haber una proporción anormalmente alta de hombres mayores con tupés espantosos, tintes y trasplantes de pelo evidentes.

No es que los estadounidenses sean especialmente depravados en lo que respecta a las malas estrategias con respecto al cabello; sospecho que simplemente tienen más dinero para permitirse esos desastres y viven en una cultura en la que la gente tiene demasiado miedo de decir lo que es obvio. ¿Por qué, me pregunto, alguien que pesa 150 kilos y tiene obviamente más de 60 años se molestaría en llevar un tupé naranja tan espantoso? Pero ahí está; ocurre con demasiada frecuencia; y el resto de nosotros debemos aprender a lidiar con ello.

Sin embargo, el culto a la juventud tiene un lado aún más siniestro que el uso de tupés naranjas. A pesar de que la juventud y la jovialidad son grandes oportunidades de marketing en la sociedad occidental contemporánea, a pesar de que representan un deseo de evitar enfrentarse a la realidad de la progresión del tiempo y la inevitabilidad de nuestra propia mortalidad, también están inextricablemente ligadas a un evidente infantilismo en la sociedad en general.

Al igual que la juventud se ha convertido en algo estéticamente deseable, los valores inmaduros de la juventud son cada vez más aceptables en el conjunto de la sociedad adulta. No hay más que ver el comportamiento de los famosos que juegan un papel tan profundo en el mundo en el que vivimos, combinando vidas de sobreindulgencia masiva e infantilismo (¿recuerdas que Mariah Carey no "hace" escaleras? ¿Y el rancho Neverland de Michael Jackson? ¿O las cabriolas de Tom Cruise en el sofá de las tertulias?) con pronunciamientos ridículamente portentosos sobre todo tipo de temas de adultos, desde el aborto hasta la pobreza mundial, de los que realmente no saben casi nada? Se trata de personas que nunca han pasado de la adolescencia; pero, mientras que la mayoría de nosotros tuvimos que conformarnos de adolescentes con robar conos de tráfico para llevarlos a fiestas tontas, gruñir a nuestros padres y pontificar con una o dos pintas sobre cómo podríamos cambiar el mundo, estas personas tienen programas de televisión enteros dedicados a ellas.

Los valores de la ridícula y mimada adolescencia se transformaron en el sistema de valores de toda una cultura ensimismada. Como la juventud vende, también lo hace la inmadurez. Afortunadamente, la mayoría de nosotros superamos la tontería de la adolescencia; era divertida, pero era justo que llegara a su fin.

Lo preocupante es que el marketing de la juventud parece ir de la mano de la promoción del infantilismo como forma de vida; y las sociedades más avanzadas en términos de economía de consumo son a menudo las sociedades en las que se valora tanto el infantilismo en la vida pública adulta. Ya sea la retórica infantil en blanco y negro de los políticos al hablar de cuestiones complejas y sutiles, la inmadurez trivializadora de gran parte del pensamiento posmoderno, o la necesidad constante de entretenimiento incluso en las aulas y en la iglesia, la reversión al infantilismo parece estar a la orden del día en Occidente.

A menudo se critica al consumismo por la forma en que exalta la elección individual a expensas de todo lo demás, con el resultado de que el valor se convierte simplemente en una función del mercado. Sin embargo, yo diría que no es sólo el hecho de que el consumismo haya llevado a una exaltación de las opciones en sí mismas lo que lo hace responsable de la noción reduccionista del valor; es el hecho de que el consumismo ha hecho en realidad la elección equivocada. Al identificar la juventud como el producto significativo del mercado, ha apoyado la inmadurez por encima de la edad, la necedad por encima de la sabiduría, la arrogancia del sabelotodo por encima del reconocimiento humilde de las limitaciones y la mortalidad.

Y las sociedades—ya sean estados económicos o incluso iglesias locales—que optan por construirse sobre el consumismo deben darse cuenta, más pronto que tarde, de que el crédito fácil y el egocentrismo que se encuentran en el corazón de su proyecto filosófico sólo pueden manifestarse en el infantilismo. Retórica infantil, ambiciones infantiles, logros infantiles.

Los productos antienvejecimiento no sólo son regalos arriesgados para comprar a su esposa; quizá sean incluso más peligrosos que eso. Tal vez también simbolicen una sociedad decidida a invertir el proceso de envejecimiento—¿o debería ser de maduración?

2.15. EL CALVINISMO ZEN Y EL ARTE DE LA SUSTITUCIÓN DE VEHÍCULOS

Al volver a casa una noche de principios de verano, descubrí que la transmisión de mi furgoneta se había estropeado. Afortunadamente, ocurrió en mi camino de entrada; por desgracia, tenía que estar en el aeropuerto a las 6 de la mañana, lo que significaba que estaba en deuda casi permanente con el colega que amablemente se arrastró fuera de la cama a las 5 de la mañana y me llevó en coche las 35 millas hasta el aeropuerto internacional de Filadelfia. Aun así, es un viento malo que no sopla nada bueno para nadie, y me dio la oportunidad de sustituir el minivan de madre futbolista por un Dodge Neon algo más fresco, aunque igual de anticuado. Dada mi necesidad compulsiva de música rock casi constante, también es útil tener una capacidad de cuatro CD en el sistema de audio.

Mientras hacía los trámites en el concesionario para el coche "nuevo", el vendedor, al notar mi acento, me preguntó qué me había traído a los Estados Unidos. La enseñanza en un seminario, respondí. Vaya, vaya, dijo, qué casualidad: la empresa para la que trabajaba y a la que iba a comprar el coche era una empresa cristiana, propiedad de un cristiano, y reflejaba valores cristianos. En ese momento, estuve a punto de marcharme—¿una empresa cristiana? Dame un judío honesto, un musulmán, un agnóstico, un ateo, un defensor de los árboles o un adorador Presley-teriano de Memphis del "rey", pero, cuando se trata de servicio e integridad en los negocios, ¡mantenme alejado de los cristianos!

¿Por qué digo esto? Bueno, cuando miro a los 22 años de mi vida como cristiano, me doy cuenta de que he visto todo lo que han hecho los que nombran el nombre de Cristo: homosexualidad, adulterio, acoso, robo, mentiras, abuso sexual de menores, amenazas, fraude, maltrato a la esposa, difamación, intimidación, murmuración, avaricia, herejía, y todo tipo de groserías.

Y en cuanto al lenguaje de la gracia y el perdón—bueno, como dirían los invitados de los programas de entrevistas estadounidenses, "¡Ni siquiera vayas por ahí!" Francamente, he perdido la cuenta de las veces que ese lenguaje se ha utilizado para excusar y luego bautizar y santificar comportamientos inferiores, tanto morales como profesionales. En resumen: según mi experiencia, los cristianos pueden ser personas horribles; y, básicamente, no se puede confiar en ellos para venderte un chicle, y mucho menos un coche usado.

Es decepcionante, dado que el cristianismo afirma tener la clave del significado de la vida, del universo y de todo. Más decepcionante aún, uno puede añadir, cuando la iglesia también pretende representar las pretensiones de un Dios justo y santo en la tierra, y prefigurar la gran comunidad celestial que llegará a existir de forma plena y definitiva al final de los tiempos. Teniendo en cuenta todo esto, seguramente debería haberme levantado y salido del concesionario de coches y llevarme mi negocio a otra parte.

Pero no lo hice; y las razones por las que no lo hice fueron simplemente estas—en primer lugar, mi esposa es escocesa y reconoce un buen coche (es decir, barato) cuando lo ve; y, en segundo lugar, soy un zen calvinista comprometido, y por lo tanto capaz de enfrentarme a la vida tal y como es realmente sin que me perturbe especialmente. De hecho, sólo mi zen-calvinismo me mantiene cuerdo (aunque algunos podrían discutir la conveniencia de aplicar esta palabra a mí mismo).

¿Qué es el zen-calvinismo? Al igual que el movimiento budista del mismo nombre, el zen-calvinismo es una escuela de pensamiento religioso que permite a sus adeptos vivir en armonía con el mundo, sin que les afecten en última instancia los golpes y las flechas que les lanza la vida. También es contracultural y, por tanto, representa un estilo de vida profundamente alternativo. Permítanme explicar un poco esta mentalidad contracultural.

En el corazón del zen-calvinismo está la creencia de que todos los seres humanos son moralmente imperfectos, a diferencia de las visiones del mundo proyectadas por la cultura comercial saturada de celebridades del Occidente moderno. En esta última, la imperfección se concibe como una falta de felicidad, entendida a su vez como una falta de acceso a productos, concebidos en sentido amplio, ya sean coches rápidos, fama, belleza o poder.

En el fondo, podríamos decir que, en Occidente, la imperfección humana se percibe cada vez más como una falta de dinero—porque el dinero puede comprar cualquiera de estas cosas o todas ellas y, por tanto, permitirnos ser perfectos. De hecho, esta cultura es en sí misma profundamente defectuosa y, en última instancia, autodestructiva—el dinero, como el crack, ofrece soluciones a corto plazo, pero la experiencia de comprar algo sólo dura un momento. Y, para que conste, creo que esto se debe a que no es la compra de *productos* lo que, en última instancia, impulsa el consumismo; es la *compra* de productos lo que lo hace (esto es material para un futuro artículo).

Cuando compro algo, durante una fracción de segundo, me convierto en dios; yo, Carl Trueman, utilizo mis poderes divinos para transubstanciar un trozo de papel o plástico sin valor en una barra de pan, un libro, un coche, una casa. Esta autodeificación momentánea satisface mi idolatría del yo, pero sólo por un momento; tiene que repetirse una y otra y otra vez si quiero seguir persuadido de que soy realmente dios, dueño de todo lo que contemplo.

En contraste con esto, el zen-calvinismo entiende que el predicamento humano no se resuelve con ese consumo desenfrenado; de hecho, este consumo es en sí mismo una manifestación del deseo humano de desprenderse de la responsabilidad de Dios y divinizar a la propia humanidad. También reconoce la naturaleza fútil de este consumo, que los efímeros estímulos y emociones que proporciona son, al final, otros tantos recordatorios de nuestra propia mortalidad.

En su lugar, reconoce su naturaleza moralmente defectuosa, su constante tendencia a situarse en el centro del universo, y pone en primer plano la dependencia de Dios, no la huida consumista de Dios. Los zen-calvinistas también aceptan que ellos mismos no son mejores que los demás; y, al comprender su propia tendencia a tratar a todos los demás de una manera poco perfecta, no se sorprenderán cuando se les devuelva el favor. Los zen-calvinistas son uno con la depravación del universo caído; esperan ser tratados como saben que han tratado a otros.

El segundo elemento importante del zen-calvinismo son los mantras que utilizamos para adorar. A diferencia de los que se utilizan para esconderse de la realidad, ya sea la última cancioncilla de Britney Spears o alguna canción nostálgica que ensalza las virtudes míticas de antaño, el libro de mantras zen-calvinista tiene sus raíces en las 150 canciones que encontramos en el libro de los Salmos de la Biblia.

Aquí, tanto el maestro como el novato zen-calvinista encuentran palabras para expresar sus anhelos más profundos, sus miedos más profundos y sus deseos más apasionados en palabras que, como inspiradas por Dios, tienen el emblema divino. En efecto, aquí hay palabras que, si Dios no hubiera declarado "yo las he escrito y me pertenecen", podríamos dudar en utilizarlas en un discurso dirigido a él. Sin embargo, he aquí un libro que permite que todas las emociones humanas se expresen en el culto a Dios.

La espiritualidad pública y privada construida sobre estas palabras será, por definición, contracultural y nos equipará para la vida tal y como es realmente. Contracultural porque aquí aprendemos que está bien estar deprimido, enfadado, frustrado, con el corazón roto, y que la respuesta a estas cosas no es ni fingir que no existen ni "consumir" nuestra salida de ellas pretendiendo ser nosotros mismos Dios y usando nuestras tarjetas de crédito para huir del Creador. La respuesta es más bien comprender nuestra condición caída, finita y trágica, afrontarla en toda su desnuda y cruda realidad, y luego mirar al Dios de toda la historia como la única fuente última de estabilidad en el presente y de felicidad en el futuro.

El último elemento del zen-calvinismo es quizás el más importante: la comprensión de que todo el mal ha sido subvertido para los propósitos del bien mayor del Dios que ama a su iglesia. Si el crimen supremo de la historia de la humanidad—el asesinato judicial del mismísimo Hijo de Dios —puede ser utilizado para el mayor bien, entonces cualquier otro crimen, pecado o falta moral también puede ser frustrado y convertido en algo bueno. Y eso se aplica no sólo a la conducta libertina y corrupta de los demás; se aplica supremamente a la del zen-calvinista que reflexiona sobre estas cosas.

Por eso, en contra de mi buen juicio, no hui de la empresa cristiana de venta de coches, y cómo mi zen-calvinismo me permitió comprar el coche con confianza. Sí, espero que me timen y me traten mal, especialmente los cristianos, porque sé que no son mejores que yo. Afortunadamente, en el momento de escribir estas líneas, el coche que compré ha demostrado tener una excelente relación calidad-precio.

Está claro que se trata de una empresa cristiana que se toma en serio la integridad. Pero aunque no fuera así, seguiría disponiendo de las armas de los grandes maestros zen-calvinistas para asegurarme de que, lejos de llevarme a la desesperación, ese comportamiento no hace más que confirmar lo que ya sé sobre el universo (que está caído, igual que yo); me impulsa de nuevo a mis mantras (los inspirados Salmos) que me enseñan a articular la realidad y la identidad personal como realmente es, no como me dice algún comercial; y me señala la realidad última (Jesucristo, crucificado y resucitado).

Por lo tanto, si quieres un estilo de vida alternativo de verdad, aprópiate del zen-calvinismo y enciende los salmos, sintoniza con la realidad de la depravación y, con respecto a la idolatría consumista, abandónalo.

POSDATA: SHERLOCK HOLMES Y EL CURIOSO CASO DEL LIBRO DESAPARECIDO

Fue en el invierno de 2004 cuando llegué al 221b de Baker Street y encontré a Holmes de pie junto a la ventana, contemplando un Londres cubierto de nieve y masticando el tallo de su fiel pipa. Claramente agotado por las exigencias de los acontecimientos que rodean el espeluznante caso del Gato Psíquico de Kuala Lumpur (una historia para la que el mundo aún no está preparado), parecía preocupado.

Tras unos minutos de silencio, declaró, de forma un tanto retórica (o eso parecía) "Es realmente una cosa curiosa. "

"¿Qué es eso, Holmes? ", respondí.

Holmes se giró y me miró a los ojos. "¡El libro perdido, Watson! ¡El libro que falta! Al igual que el perro que no ladró, a menudo en estos casos es lo que debería estar ahí, pero que tan rotundamente no está, lo que proporciona los detalles más importantes".

¿El libro desaparecido? Como de costumbre, había echado un ojo a los periódicos. Las páginas de sociedad habían estado llenas de los cotilleos y trivialidades habituales, y se había producido la típica ronda de pequeños delitos, pero no había visto ninguna referencia a un libro desaparecido. Tal vez, pensé, algún acaudalado coleccionista de libros privados se había desprendido de un volumen de excepcional rareza; o tal vez algún personaje de sociedad había descubierto que un diario o una revista de especial sensibilidad había desaparecido. "¿Ha habido un robo?" pregunté.

"En cierto modo. Es curioso, amigo mío, que un libro que ha gozado de autoridad y de uso común durante tanto tiempo haya desaparecido tan dramáticamente de la escena pública."

"Vamos, vamos Holmes", dije, algo exasperado porque mi amigo, aunque aparentemente se dirigía a mí, parecía más bien hablar consigo mismo. "Dígame, ¿de qué libro está hablando?"

Holmes aspiró profundamente su pipa y luego sopló un perfecto anillo de humo en el aire. "Vaya, el Evangelio de Juan, mi querido y viejo amigo. Es sin duda algo extraño y un tanto perturbador que un libro que la iglesia reconoció tan temprano en su historia como parte autorizada del canon bíblico haya desaparecido en los últimos años de algunos de los escritos cristológicos más influyentes, incluso en sectores aparentemente evangélicos."

"¡Vaya, Holmes, eso es absurdo! "declaré. "En el Evangelio de Juan se exponen tantas doctrinas teológicas cruciales que, si este libro ha desaparecido realmente, el mundo de las creencias cristianas está en grave peligro."

"Ahh, Watson. Siempre puedo confiar en el contundente sentido común del médico británico para ver las cosas obvias que aquellos con mentes más sutiles tienden a pasar por alto. Por supuesto, tiene usted toda la razón. La doctrina de la Trinidad—esa doctrina que define la identidad particular del Dios cristiano frente a todos los impostores—se vuelve incalculablemente más difícil de defender una vez que Juan ha desaparecido. Luego están los otros puntos cardinales de la ortodoxia—la autoconciencia mesiánica de Jesús, la esperanza cristológica de Israel en el Antiguo Testamento... La construcción de cristologías basadas sólo en los Evangelios Sinópticos se desviará mucho en una serie de aspectos que son potencialmente letales para el evangelio. Las almas morirán, Watson, recuerde mis palabras. Las almas seguramente morirán."

"¿Pero quién haría algo así?" pregunté, y el terror de las palabras de Holmes se apoderó de mí. "¿Quién robaría el Evangelio de Juan cuando el testimonio de la historia está tan a favor del libro, y las implicaciones de tal robo para las Buenas Nuevas son tan devastadoras?"

"Sospecho de mi viejo rival, el profesor Moriarty. Lleva años sentando las bases de este robo, argumentando que la visión del mundo de Juan estaba demasiado influenciada por el pensamiento griego y por las categorías ontológicas. Afirma que, por tanto, representa una capa de paganismo filosófico que distorsiona el sencillo mensaje del Evangelio." Holmes dejó su pipa y se acercó a su estuche de violín. Sus manos acariciaron el estuche de laca negra. Sacó el Stradivarius y comenzó a tocar.

Al final, respondí. "Es cierto, pero fue detenido y condenado a cadena perpetua por ello. Si no recuerdo mal, el juez declaró que sus argumentos eran de los más criminalmente engañosos que había escuchado."

"Cierto, Watson, cierto. Pero, como usted sabe, Moriarty es un hombre tan aparentemente agradable, urbano y culto que el director de su prisión le permitió salir después de cumplir sólo una parte de su condena. Así, el pasado martes, volvió a ser, según me han dicho, un hombre libre. A las pocas horas de su liberación, el Evangelio de Juan había empezado a desaparecer misteriosamente incluso de algunas conocidas teologías evangélicas. El inspector Lestrade ha reunido a los sospechosos habituales y ha empezado a entrevistarlos. Algunos de ellos ya están hablando. Al parecer, se han dado diversas razones para las desapariciones. Algunos han sacado a relucir el trillado argumento del helenismo; otros han argumentado que construir una cristología puramente sinóptica no es ni más ni menos controvertido que construir una utilizando los cuatro evangelios; algunos han argumentado que Juan no es evidentemente 'historia' del modo en que lo son Mateo, Marcos y Lucas; luego hay unos pocos que argumentan que la teología es realmente narrativa, y que el tipo de cuestiones ontológicas introducidas por el Evangelio de Juan no son consistentes con el impulso básico de la historia redentora.

"Mi, mi, Holmes. Esto es preocupante. ¿Qué se puede hacer para contrarrestar estos argumentos antes de que sea demasiado tarde?"

"Se sugieren varias líneas de refutación." Holmes guardó el violín en su estuche y miró por la ventana.

"El argumento del helenismo es el más tedioso", suspiró. "Se ha tratado tantas veces a lo largo de los años que me parece que no tengo interés en montar una refutación."

"¿Pero qué pasa con los que dicen que construir una cristología sobre cuatro evangelios es un movimiento teológico tan controvertido como construir una sobre tres? Esto parecería un punto razonable, Holmes, ¿no es así?"

Holmes se rió. "Superficialmente plausible, pero totalmente erróneo. Como de costumbre, mi querido amigo, usted ve la supuesta justificación académica pero no observa las presuposiciones teológicas. Cuando la iglesia ha reconocido cuatro evangelios como autorizados desde al menos la época de Ireneo en el siglo II, son los que optan por los tres en lugar de los cuatro los que hacen el movimiento contencioso y altamente teológico y filosófico. Para cualquiera que se tome en serio la autoridad bíblica, el cuatro es el valor bíblico por defecto; el tres requiere una justificación filosófica extrabíblica."

Y continuó: "Por supuesto, en un nivel, es claro—de hecho, algo obvio incluso para la mayoría de los niños en la escuela dominical—que cada uno de los evangelios cuenta la historia de Jesús desde una perspectiva diferente, poniendo el énfasis en lugares diferentes. No hay nada malo, por tanto, en producir libros que traten, por ejemplo, la cristología de los sinópticos, o de Juan o de Mateo, etc. Siempre y cuando el escritor tenga en cuenta que cada evangelio no enseña nada que sea inconsistente con cualquier otro de los evangelios, y todas las conclusiones se comprueban para la coherencia con la enseñanza de la totalidad de las escrituras canónicas, entonces tales estudios pueden ser muy útiles para poner de manifiesto las riquezas y la variedad de énfasis en la Biblia. El problema es, por supuesto, que incluso los eruditos evangélicos han juzgado cada vez más que la enseñanza de Juan tiene poca o ninguna importancia para los sinópticos. Esto les ha permitido construir argumentos que niegan cosas claramente enseñadas en Juan, como la preexistencia y la autoconciencia mesiánica."

Holmes tenía fama de ser notoriamente arrogante, y su siguiente comentario indicaba por qué: "Lo único que me sorprende es que tantos eruditos evangélicos parezcan tan ignorantes de la historia que puedan plantear seriamente este caso sobre el helenismo y sobre el privilegio de los sinópticos sobre Juan, como si se tratara de algún tipo de idea original y no de una vieja herejía trillada. Pero, ¿no es siempre así? El viejo liberalismo de ayer es el evangelicanismo de vanguardia de hoy."

"Holmes", protesté "¡Puedes ser insufriblemente arrogante a veces!"

"El hecho de que sea insufriblemente arrogante no hace que mis comentarios sobre la erudición bíblica sean necesariamente falsos, mi querido amigo. En cuanto a eso de que Juan no es historia a la manera de, por ejemplo, Mateo, Marcos y Lucas, este argumento tampoco es especialmente reciente. Se basa más bien en las nociones de la Ilustración sobre lo que constituye y no constituye un escrito histórico. Toda la tesis es, por tanto, algo modernista, y debería ser igualmente inverosímil tanto para los evangélicos ortodoxos como para los historiadores posmodernos. Al menos, debería serlo en teoría. Por extraño que parezca, la actitud selectiva hacia la Ilustración que exhiben muchos evangélicos y expertos posmodernos significa que el Evangelio de Juan ha seguido sufriendo de la sospecha de no enseñar la verdad de ninguna manera, directa o no. Esto lo ha dejado muy vulnerable a ser robado."

"Es cierto, Holmes. ¿Pero qué hay del argumento de que una cristología construida sobre los evangelios sinópticos es más fiel a la estructura narrativa básica de la verdad, tal como se exhibe en la estructura histórica redentora de la Biblia?"

Holmes volvió a coger su pipa. "En cuanto a la noción de *narrativa*, cuando se introduce como dispositivo global para expresar la verdad, o como guía de toda la enseñanza bíblica, entonces se está introduciendo un marco filosófico ajeno como principio apriori para leer las Escrituras. Ciertamente, hay mucha narrativa en las Escrituras, pero utilizarla como único modelo axiomático para entender y explicar el Evangelio es falaz. En primer lugar, este enfoque ignora el hecho de que gran parte de la Biblia no tiene una estructura narrativa."

"En segundo lugar, este tipo de enfoque no se historiza al entender que el uso de la narrativa de esta manera surge en el contexto de la filosofía moderna, antimetafísica y antiontológica. Está potencialmente tan esclavizado a paradigmas filosóficos no bíblicos como cualquiera de los primeros apologistas griegos."

"En tercer lugar, convertir un enfoque histórico redentor radicalmente narrativo de las Escrituras en una ideología metodológicamente excluyente y exclusiva es un acto absurdo de arrogancia intelectual miope, antibíblica y antihistórica. Confunde una idea, una herramienta, con todo el conjunto de herramientas. Hacer teología utilizando nada más que la historia redentora es como tratar de construir una casa desde los cimientos, armado sólo con un martillo. Es inútil, viejo amigo, totalmente inútil."

"En cuarto lugar, no se da cuenta de que las narraciones en sí mismas sólo tienen coherencia trascendente cuando se coordinan con el tipo de ontología y metafísica trascendente que enseña el Evangelio de Juan."

Ante esto, no pude contenerme más. "Pero si perdemos la ontología y la metafísica, Holmes, entonces, si tienes razón, seguramente también perderemos la universalidad." Exclamé.

"Cuán cierto, Watson. Cada comunidad termina con su propia narrativa. Los bautistas, los anglicanos, los presbiterianos, los menonitas, los católicos, incluso los supremacistas blancos— todos tienen sus propias narrativas comunitarias, y ninguna puede ser criticada desde fuera. Incluso la crítica inmanente basada en la incoherencia interna resulta prácticamente imposible. Si se relega o rechaza toda la evidencia en el canon que podría militar en contra de sus teorías favoritas, por supuesto, usted puede salirse con la suya diciendo cualquier cosa."

"Las implicaciones son aterradoras, Holmes." Mi mente estaba acelerada, llena de pensamientos sobre todo lo que la iglesia podía perder ahora.

"Ciertamente, ciertamente. La preexistencia del Hijo; la autoconciencia mesiánica de Jesús; la esperanza de Israel; la naturaleza trinitaria de Dios; incluso, como he insinuado, el llamado universal, la exigencia y la promesa del evangelio se vuelven muy cuestionables. Todo ello está desapareciendo incluso de las páginas de las teologías bíblicas evangélicas. Y mientras el Evangelio de Juan siga desaparecido, tenemos poco material con el que contraatacar."

Los ojos de Holmes brillaron y habló con una urgencia que sólo he oído en un puñado de ocasiones. "El juego está en marcha, Watson. El evangelio está en peligro y el aspecto más aterrador de todo este caso es que está en peligro por parte de las mismas personas a las que se les ha encargado protegerlo, defenderlo y proclamarlo. Si no podemos persuadir a la próxima generación de pensadores evangélicos de que hay que encontrar el evangelio perdido, entonces se acabó el cristianismo tal y como lo conocemos. Esto, mi querido amigo, es un problema de cuatro pipas."

Con eso, Holmes volvió a mirar por la ventana y supe que era hora de que él pensara y yo me fuera. Me puse el abrigo y volví a salir a la nieve. El viento parecía aún más frío que cuando llegué. Llamé a un taxi y me dirigí a mis habitaciones, con las palabras de Holmes resonando en mi mente: "Las almas morirán, Watson, recuerde mis palabras. Las almas morirán sin duda."

ÍNDICE DE NOMBRES

Made in the USA
Monee, IL
18 September 2023

42918932R00173